JN111248

国際技術ライセンス契約

そのリスクとリーガルプランニング

井原 宏

International Technology License Agreement:
Risk and Legal Planning of International Technology License

東信堂

はしがき

本書の主題である国際技術ライセンスとは、一般的にいって特許権などの知的財産権の実施権を許諾することであるが、大きく他企業からの技術導入と他企業への技術移転に分けることができる。企業が自らの研究開発の成果を実施するには、特許権などの知的財産権を取得して、まず、第一に自ら事業化することであり、さらに他企業へ技術移転することが考えられる。事業化して製品を生産・販売するか、技術ライセンスによって対価を得るか、あるいは製品の販売と技術ライセンスの両者を並列させるかはそれぞれの企業の経営戦略によることとなる。

本書執筆の動機は、筆者の企業時代の企画部門・法務部門におけるライセンスにかかわる実務経験、日本ライセンス協会における理事として他社の専門家との交流、WIPO・インドネシア政府主催のライセンスに関する国際セミナーの講師や5回にわたる特許庁主催の発展途上国向けライセンスに関するセミナーの講師としての経験から国際技術ライセンスに関する概説書の必要性を認識したことに由来している。また、国際技術ライセンスにかかわる法律問題は、筆者の国際取引法に関する研究の原点に位置づけられるものである。

本書『国際技術ライセンス契約―そのリスクとリーガルプランニング』は、国際技術ライセンス契約にかかわる法律問題についてどのようなリスクがあるか、そのリスクにどのように対処するかという視点から分析し、体系的に整理したものであり、実際の英文ライセンス契約の条項を参照しつつ、8つの章から構成されている。

第1章は、国際技術ライセンス契約の機能と形態である。とくに知的財産戦略におけるライセンス戦略を解説する。第2章は、国際技術ライセンス契約の交渉である。ライセンサーによる事前調査の必要性およびライセンス契約の交渉プロセスを検討する。第3章は、ライセンス契約のリスクとリーガルプランニングである。国際技術ライセンス契約における基本的構造として、定義、許諾の対価、技術情報の提供・技術指導、ライセンス関係の解消およびライセンサーの破産等におけるライセンシーの保護を取り上げて、解説する。第 4 章は、ライセンサーの義務のリスクとリーガルプランニングである。改良技術の提供、許諾技術の保証、許諾特許権の強制、ライセンシーの最恵待遇について解説する。第 5 章は、ライセンシーの義務のリスクとリーガルプランニングである。とくに、改良技術のグラントバック、秘密保持義務、独占的ライセンシーの最善努力義務を検討する。第 6 章は、競争法による規制のリスクとリーガルプランニングである。アメリカ反トラスト法、EU 競争法およびわが国独占禁止法による規制を紹介する。第 7 章は、国際技術ライセンス契約の紛争解決である。国際仲裁と国際訴訟の基本的概念を解説する。第 8 章は、国際技術ライセンス契約関係の発展である。改良技術の交換、クロスライセンスとパテントプール、ライセンスネットワークとそのジョイントベンチャー、さらに事業提携関係への発展を概観する。

本書『国際技術ライセンス契約―そのリスクとリーガルプランニング』が、国際技術ライセンスに関心をもつ、企業の法務部門・企画部門・知的財産部門・事業部門等の実務家、大学等の知的財産法の研究者や学生の方々が国際技術ライセンスにかかわる法律問題を理解する上でお役に立つことを願っている。

ところで、新型ウイルスコロナに関連する知的財産権の最近の話題は、バイデン米政権がワクチンの供給を増やすため特許を一時的に放棄する方針に転じたことが、世界に波紋を拡げている。マクロン仏大統領は「ワクチンの供給増には、ワクチンと原材料の流通が止められてはいけない。現在はアングロサクソンが多くを止めている」などと米英を繰り返し批判した。当初、米の意向に賛同したが、特許放棄の優位性は低いとの立場を示した。メルケル独首相も「特許の放棄が普及につながるとは思えない」と異を唱えた。

今回のような地球規模のパンデミックに対応するには、一時の特許放棄というポリシーが必要と思われる。もっとも、実際にワクチンの供給につなげるためには、「特許放棄だけでは高品質のワクチンは生産できず、高度な生産技術の移転や労働者の習熟などで開発企業の協力が不可欠である」という意見があり、ワクチン生産体制の構築が必要であることはいうまでもないと思われる。

最後に本書の刊行に際して、東信堂の下田勝司社長には本書の意義を理解していただき、大変お世話になった。心から感謝申し上げたい。

2021 年 5 月

井原　宏

目次／国際技術ライセンス契約―そのリスクとリーガルプランニング

第 5 章
ライセンシーの義務のリスクとリーガルプランニング　132

第 6 章
競争法による規制のリスクとリーガルプランニング　151

第 7 章

国際技術ライセンス契約の紛争解決　233

第 8 章

国際技術ライセンス契約関係の発展　255

国際技術ライセンス契約

—そのリスクとリーガルプランニング

第 1 章

国際技術ライセンス契約の機能と形態

1　国際技術ライセンス契約の機能

（1）　知的財産戦略におけるライセンス戦略

かつて知的財産は、収入を生み出す実際の潜在能力を有しない二次的な重要性の資産にすぎないと考えられた時代があった。しかし、今や知的財産およびそのライセンスは、巨大な収入源となってきており、企業経営の成功の可能性を測定する重要な基準となっている。

企業が、知的財産のライセンスを直接的および間接的な収入源としてあてにし始めたのは事実である。企業の知的財産は、その中核のビジネスを無傷のままにしながら、売却やライセンスの対象とすることができる、あるいは買収や分割の結果受け取る対価の価値を大きく増加させることが可能である。

企業の知的財産は、例えば、侵害者に対する保護のように、マーケットシェアを保護することにより、そして幅広い特許の排除効果を通じてマーケットシェアを増大させることにより間接的な収入源としての機能を果たすことができる。企業はまた、一定の分野における積極的な特許化およびライセンスが競争者に与える影響から間接的に利益を得ることができる。さらに、活発な特許化とライセンスは、従業員発明者に対して、彼らが当該企業により認識され評価されている事実を示すことになり、そしてそれが貴重な人材をその企業にとどめることに役立つということもできる[1]。

（a）知的財産の価値の実現

知的財産の価値は、知的財産を売却し、購入し、あるいは他企業と分かち合うことにより実現することが可能である。

第 1 に、知的財産は、収入を生み出す目的などのために他企業へ売却または技術移転（licensing-out）することができる。これが収入を生み出すための最も早い方法である。ライセンスの潜在的能力を引き出すために、特許を保有し、技術移転を専門にする会社を設立する企業も数多く見受けられる。

第 2 に、知的財産は、研究開発のコストを軽減する目的などのために他企業から購入または技術導入（licensing-in）することができる。

第 3 に、知的財産は、例えば、それぞれのリスクの軽減を目的として他企業と研究開発で手を結ぶためのベースとするために、他企業と分かち合うことができる。

（b）知的財産活用の方向

企業の所有する知的財産の価値をどのような基準で評価し、知的財産をどのような方向に活用することが企業価値の向上に資することになるであろうか[2]。

第 1 に、知的財産は、競争者に対して市場参入のコストを上下することにより、企業がその市場上の地位を保護することを可能にする。企業の中核技術と代替技術を保護する特許のポートフォリオ（patent portfolio）は、競争者の参入を何年もの間遅らせることができる、そして当該企業が顧客の期待に応え、技術革新の成果を享受する道を開くことができる。

第 2 に、知的財産は、企業がその知的財産に基づいてその市場上の地位を高めることを可能にする。例えば、知的財産は、買収取引における企業の評価を高め、必要な技術へのアクセスのための交渉における取引能力を強めることができる。

第 3 に、企業は、知的財産戦略によって、ライセンス関係やパートナーシップ（partnership）関係を発展させ、あるいは当該業界における技術標準を確立することにより、その市場上の地位を拡大することが可能である。

（c）技術移転と技術導入

ライセンスとは、一般的にいって特許権などの知的財産権の実施権を許諾することであるが、大きく他企業からの技術導入と他企業への技術移転に分けることができる。企業が自らの研究開発の成果を実施するには、特許権などの知的財産権を取得して、まず、第一に自ら事業化することであり、さらに他企業へ技術移転することが考えられる。事業化して製品を生産・販売するか、ライセンスによって対価を得るか、あるいは製品の販売とライセンスの両者を並列させるかはそれぞれの企業の経営戦略によることとなる。

技術移転により、自社の市場での製品の販売に基づく事業収益は、技術移転に基づくライセンシーによる市場での収益に相当する分だけ一般的に減少するものと考えられる。この意味において技術移転により失われることのある事業収益と技術移転により得られるライセンス収益を比較することも技術移転の可否を評価する１つの方法である[3]。もっとも、販売ルートの確立していない市場または将来進出する予定のない市場の場合は、このような収益の比較は考慮する必要がない。

技術移転は、知的財産権の特性から、対象とする許諾技術の範囲を製造、使用、販売に区分し、実施期間や実施地域などを制限することが可能である。この特性を活用して、製品販売により事業収益を上げる市場における優位性を損なわないように、許諾技術の範囲を限定した技術移転によって、製品販売による事業収益と技術移転によるライセンス収益の双方による利益の最大化も可能である。

また、製品のマーケティングの観点からは、当該製品の世界市場をすべて自己のマーケティング力のみでカバーすることは通常困難であり、ライセンスを活用する必要が生じてくる。他社へ活発にライセンスすることによって、当該技術市場においてリーダーシップを確立する道が開け、さらに製品の販売活動に好影響を及ぼすことができる。

一方、新規技術の導入の方法としては、共同研究開発、ジョイントベンチャー（joint venture）、買収などによって可能ではあるが、ライセンスがその一部に組み込まれていることがしばしばであり、またそのような包括的な形態をとらなくても、ライセンスという方式だけで最も簡便に新規技術を獲得することは可能である。

いかなる企業も現代において激しく展開されているあらゆる技術革新に歩

調を合わせることは容易ではない。どの企業も技術の弱いところ・不得意なところをもっており、自社のみで関連するすべての技術分野をカバーすることは不可能に近い。自社技術を補完し、強化し、刺激を与えて活性化するためには、ライセンス方式によって技術の導入を図ることが必要である。しかし、技術は企業にとってきわめて貴重な経営資源であり、欲するままに一方的に技術を導入しようとしても困難な場合が多くなっている。むしろ、相互に技術のライセンスを供与することが前提として要求される。また、他社へ基本的な技術をライセンスして、改良された技術を受け取ることによって、自社技術の発展と完成を図ることも考えられる。いずれにしても他社へライセンスを許諾できる技術なくしては成り立ちえない関係ということができる。

技術の導入と技術の移転とは密接な相互関係にあるといわれる[4]。技術の移転に最も活発な企業ほど、技術の導入に最も熱心な企業というわけである。技術的に発展すればするほどそのような企業は、規則正しく技術導入と技術移転を行っており、優れた技術をもつ企業から技術を導入しつつ、一方で技術移転を活発に展開することにより当該技術市場および製品市場においてリーダーシップを確立しようとする。現代の激しい技術革新に取り残されず、むしろそのリーダーシップをとることが、自らの研究開発の努力とともに経営戦略としての重要な技術戦略といえる。そしてかかる技術戦略の柱はライセンスであり、ライセンス活動は、技術戦略の 1 つとして他社とのライセンス関係をどのように構築するべきかという課題をもつことになる。

ところで、企業の技術移転の主たる動機としては、開発費用の回収、事業発展の必要、特許係争回避の要請、ロイヤルティ収入確保、クロスライセンス（cross license）、ライセンス技術の普及、ライセンス対象技術を用いたプラント建設などの順番で挙げられている。一方、技術導入の主たる動機として、研究開発リスクの回避、特許係争回避、事業発展の必要、クロスライセンスなどの順番で挙げられている[5]。

（2） 国際技術ライセンスの機能

ライセンスとは、技術等の知的財産権の所有者であるライセンサー（licensor）が、その知的財産権の利用を欲するライセンシー（licensee）に対し、対価と引き換えにその実施を許諾するものであるが、ライセンサーからみればば技術移転であり、ライセンシーからみれば技術導入となる。もっとも、単純な技術売買の形がありうるが、これのみであれば技術戦略の観点からはあまり大きな意義を有しないことから、ライセンスは技術移転あるいは技術導入という包括的なものとしてとらえるべきと考えられる。

国際ライセンスとは、国を越えたライセンサー・ライセンシー間の技術移転・技術導入であり、技術革新のグローバルな展開に従いライセンスも必然的に国際性を帯びてくることになり、純粋の国内企業間のライセンスに比してより複雑かつ精緻な契約関係となるが、それだけに企業の事業戦略としてその有用性が高く評価されるものである。

（a）ライセンサーにとっての国際技術移転

①　研究開発費の回収と再投資

投資した研究開発費は、商業化に成功した製品の販売によって回収するという間接的な方法よりも技術移転という直接的な方法によって回収することが可能である。技術移転の成功は、いわばその技術の商品としての価値を技術市場において証明したことになる。ロイヤルティという実施料の収入は、技術収入料として新たな研究開発に充当できる原資となる。技術料の収支は、当該企業の技術力を表しているといえるのであり、技術導入に対する技術移転の金額的比率が継続的に大きい企業ほど研究開発に再投資できる固有の経営資源をもつことが可能となる。

②　海外市場進出への足がかり

製品販売により海外市場へ進出しようとしても、国によっては高い関税障壁や非関税障壁があり、いまだ販売・流通経路を開拓していないなどマーケティング力を欠いている場合には、ライセンスによって橋頭堡を築くことが考えられる。外資規制の多い発展途上国においても技術導入には基本的に熱心であり、円滑な技術移転を図ることができる。

③　海外製品市場の拡大

海外市場において製品の販売ネットワークの確立に時間がかかり、その製品の浸透が容易でない場合、当該製品のかかわる技術のライセンスによって製品市場の拡大を図ることができる。ライセンシーが許諾製品を生産・販売するが、ライセンシーの数が増えればそれだけライセンサーにとっても製品市場の拡大につながる。もっとも、ライセンサーは、自らの製品の販路が制約されることにもなるので、国または地域によって製品販売かライセンスかの事業戦略の使い分けが必要であり、グローバル市場における全体としての市場拡大を戦略的に考慮しなければならない。

④　海外合弁事業のための基盤

伝統的な海外合弁事業は、外資が現地のパートナーと合弁会社を設立し、合弁会社にライセンスを許諾するという方式である。合弁事業形態は、外資規制により外資が直接完全子会社を設立することができない場合にしばしばとられるものであり、また、ライセンサーが単にライセンスを許諾するだけでは海外市場における事業戦略として不十分な場合に選択される有用な事業形態である。ライセンサーによって許諾される技術がかかる合弁事業の基盤であり、ライセンサーは、ライセンスを通じて合弁会社をコントロールすることが可能となる。

⑤　海外子会社への技術移転

メーカーであるライセンサーは、グローバルな事業展開の一環として海外に生産拠点をもつことを望むものである。最も生産コストの安い生産拠点の確保は、国際競争力の観点から要請される。ライセンサーは事業戦略として、海外に現地法人を設立し、技術を移転して、その国の市場はもちろんのこと、グローバル市場に向けて製品の供給基地を構築する。現地法人は、いわばライセンサーの分工場のような役割を果たしているということができる。

⑥　グローバルな技術戦略の手段

ライセンサーは、技術移転のためのライセンスをベースとして、改良技術の交換を通じた共同開発関係、改良技術のグラントバック（grant-back）とサブライセンス（sublicense）によるライセンスネットワーク（license network）関係およびクロスライセンス関係のような拡大したライセンス関係を構築することが可能である。このような技術戦略としてのライセンスは、単なるライセンス関係を超えたパートナーを海外に求める場合にはその有用性を発揮するものであり、グローバルな技術戦略の有効な手段として機能することが期待されている。

⑦　国際標準化のための手段

多くの製品や技術にとって、標準化は商業的な成功のために重要であり、国際技術移転は国際標準形成のための枢要な手段である。標準は、ネットワーク外部性（network externalities）を示す市場においてとりわけ重要である。ネットワーク外部性は、より多くの消費者が同じ製品や互換製品を採用するとき、当該製品が消費者にとってより価値のあるものとなる場合に生ずる。

ライセンサーは、標準を形成する技術移転からさまざまな方法で利益を得ることができる。製品または技術の標準化に成功すれば、市場は大いに拡大することになり、技術開発企業は、たとえ競争相手が存在する場合でも事業経営において利益を上げ、そしてロイヤルティによる利益を得ることもできる。技術的な変化と革新が生じている市場においては、技術開発企業は、新しい技術を提供し、それにより大きなマーケットシェアを維持することによって創業者利益を享受することができる[6]。

デファクトスタンダード（De Fact Standard）が大きく影響を及ぼすような技術の場合には、早い段階から、たとえロイヤルティが比較的低いレートであっても、多数のライセンシーに積極的にライセンスすることにより市場での技術の標準化を図るべきである。

⑧　グローバルな知的財産権の活用

ライセンスは、対象とする特許権などの知的財産権を能力もしくは数量、製品もしくは用途または地域などに細分して許諾することができる。ライセンサーが、各国または地域における市場のニーズあるいは自己のマーケティング政策に応じてこのような知的財産の特性を活用するならば、知的財産権に基づく技術の価値を最大限に引き出すことになる。ライセンス活動がグローバルな展開になればなるほど、その特性が生きることになると考えられる。

また、自社が事業において利用していない知的財産をグローバルなライセンスによって積極的に活用することにより収益を上げることも可能である。

（b）ライセンシーにとっての国際技術導入

① 研究開発の効率化

自社で研究開発を行うか、あるいは技術を導入するかは、まず研究開発政策の第一歩ともいえるが、技術面における経営資源に限りがある以上、ある分野においては技術導入に頼ることが必要となる。特定分野の技術導入によって研究開発の人員と費用を節約し、それを自社が注力する技術分野に重点的に充てることができる。また、技術導入に当たっては、世界において最先端の技術を求めることになり、導入された技術は自社の研究開発に対してさまざまな刺激を与える。このようにして適切な技術導入は研究開発全体に好ましい影響をもたらすことができる。

② 新規事業進出への足がかり

企業は自己の経営資源のみで新規事業に進出できるのが理想であるが、メーカーの場合、全く新しい分野に進出するためにはそのための技術が必要であり、自社開発によってすべてをまかなうことは難事業である。市場の動向と進出のタイミングが新規事業の成否の鍵ともいえる。自社技術の開発に長時間を要するのであれば、むしろグローバル市場における最先端の技術を導入するほうが望ましい。かかる技術の導入に成功すれば、一挙に新規事業を立ち上げることも可能となる。

③ 事業提携関係構築の手段

企業の戦略的な分野において、海外の企業となんらかの事業提携関係をもつことを企図する場合、最も近い道はその企業から技術を導入することである。当該ライセンス関係が成功しているときには、技術導入としてのライセンスをベースに、販売面における協力、さらには生産面での共同事業などに発展する可能性が開けてくる。その提携の範囲は、ライセンスが対象とする製品・技術のみならず、関連する製品・技術にまで及ぶ場合がありうる。

（3） ライセンス戦略

ライセンス戦略を発展させるためにどのような要素を考慮すべきであろうか。基本的な戦略的課題は、次のような観点から包括的に検討されるべきと考えられる[7]。

第１に、どのようなライセンス戦略も企業の全体のビジネス計画を短期および長期の観点から支えるものでなければならない。よきライセンス戦略は、企業の製品ラインを補完し、高めるものであり、そして企業が活動する市場においてその地位を確保するのに役立つものである。製品の製造や販売に悪影響を及ぼすようなライセンス戦略は避けるべきである。例えば、許諾製品がライセンサーの製品と競合しないよう確保する方法の１つは、ライセンサーが活動していない市場や地域に対してのみライセンスすることである。競争者にライセンスする場合には、潜在的な競合問題を最小限にするような戦略を考えるべきであり、例えば、ライセンシーに対する地域的な市場制限によってその競争力を制限する、あるいはライセンスを最新のものでない、より古い技術に限定することも１つの方法である。

第２に、ライセンス活動から得られる収入は、その努力を支えるに適切なものであり、投下した資金に対して合理的な利益を提供しなければならない。ライセンス戦略を計画するとき、ライセンサーは収入を過大評価し、費用と時間を過小評価するのが通常であるともいえる。ライセンス契約締結後、ライセンサーは、それを実行しなければならず、許諾技術を移転し、そして商標のライセンスをともなうときには、ライセンシーに対し品質管理を行わなければならない。収入と費用の両者の計画について正確な見積りが必要とされる。

第３に、ライセンス戦略は短期か長期か、ライセンスの対象となる技術および市場はどのような性質のものかがロイヤルティの支払条件に反映されるべきである。長期的な戦略の場合は、イニシャルペイメント（initial payment）および許諾製品の販売の数量または金額に基づいたランニングロイヤルティ（running royalty）が要求される。許諾製品や技術が成功するならば、この戦略は、ライセンサーにとってすべてのロイヤルティが短期間で支払われる一括払いのライセンス（paid-up license）よりもリスクが大きいが、契約期間中より大きい収入の流れを提供する可能性をもっている。長期的な戦略は、ライセンシーの協力を得ることにより、最も効率的なものになると一般的にいうことができる。一方、ライセンシーの観点からは、一括払いのライセンスを獲得するのに十分な資金があり、よい技術であるとの確信があるならば、一括払いは長期的には大きなディスカウントを達成することが可能である。

第４に、ライセンス戦略が長期である場合は、ライセンサーのライセンシーとの関係も長期的な観点が必要となる。長期的な戦略であるならば、例えば、ライセンサーおよびライセンシーが将来開発する改良技術の使用について、ライセンス契約においてライセンシーおよびライセンサーそれぞれの権利義務を定める必要がある。

2　国際技術ライセンス契約の形態

(1)　ライセンスの対象による形態

(a) 特許ライセンス

特許ライセンスは、ライセンサーが所有する特許権の実施を許諾する最も単純なライセンスであり、ライセンシーは許諾特許権を実施するに必要な技術ないしノウハウをもっているのが通常である。この場合のライセンスの実質は、ライセンサーによる特許侵害訴訟からの免責（immunity）に他ならず、ライセンス契約の内容もきわめて簡単なものとなる。

(b) ノウハウ・ライセンス

ノウハウ・ライセンスは、ライセンサーが所有する特許化されていない技術ないしノウハウの実施を許諾するライセンスであり、その特性は、特許ライセンスと対比して一般的に以下のように考えられる。

第１に、許諾技術の範囲について、特許ライセンスの場合には特許クレームの記載により明確であるが、ノウハウ・ライセンスでは客観的には明確でないので、ライセンス契約においてノウハウの範囲を明確に定める必要がある。第２に、特許権は特許法に基づき独占性・排他性を有するが、ノウハウにはそのような性質は認められていない。したがって、特許権の場合、特許侵害者に対し損害賠償請求権と差止請求権による法的保護が与えられるが、ノウハウにおいてはライセンス契約により定められた条件に基づき契約当事者間で保護されるにすぎない。もっとも、トレード・シークレット（trade secret）に該当するノウハウの場合には、法に基づき侵害者に対する損害賠償請求権と差止請求権が認められている。また、トレード・シークレットに該当しないノウハウであっても、それを不正に使用する第三者に対しては損害賠償を請求することは可能である。

（c）「特許・ノウハウ」ライセンス

「特許・ノウハウ」ライセンスは、ライセンサーが許諾する技術にかかわる特許権およびノウハウを供与する標準的なライセンスである。ライセンシーは、当該特許権を実施するに必要なノウハウをライセンサーから習得するとともに、許諾特許権に基づく独占的ライセンスまたは非独占的ライセンスを享受する。国際技術ライセンスは、このような技術・ノウハウライセンスの形態をとるのが通常である。

（d）技術援助型の国際技術ライセンス

ライセンサーは、対象技術を移転するとともに、移転後も技術者の派遣などさまざまな技術援助ないし技術協力を約束する場合がある。このようなライセンスは、ライセンシーに対する技術援助的な色彩が濃くなり、技術援助を目指したライセンスともいえる。したがって、この場合のライセンシーは一般的に技術力の弱い企業であり、当該ライセンス契約は、標準的なライセンス契約をベースにライセンサーによる技術援助契約が加えられたものとなる。

（e）共同開発型の国際技術ライセンス

ライセンサーがライセンシーに移転した技術を核として、両者による共同開発が目標とされ、ライセンシーの技術力が頼りにされる場合である。技術移転後の役割分担など共同開発のための合意が形成される。標準的なライセンス契約をベースとして加えられた両者による共同開発契約の態様は、純粋な共同開発契約に近いものから、改良技術のグラントバック、クロスライセンスやライセンスネットワークを利用したライセンス契約関係まで多様なものが考えられる。

（f）ソフトウェアライセンス

ソフトウェアライセンスは、ソフトウェアの所有者であるライセンサーが当該ソフトウェアの複製・使用を許諾する。複製ライセンスは、最終ユーザーにソフトウェアを供給する目的でライセンシーに複製権を許諾するものであり、その発展として複製のみならず改変した上で販売まで許諾するものもある。使用ライセンスは、ライセンサーがソフトウェアを取得した最終ユーザーに使用権を許諾するものである。

（g）商標ライセンス

商標権の所有者であるライセンサーが、商標権に基づき特定の製品について当該商標の使用を許諾する。技術ライセンスにおけるライセンシーの販売力が弱く、あるいは対象製品のプラントの稼働率を一気に上げたいときには、ライセンサーの商標のブランド力に頼らざるをえない。この場合ライセンス契約とともに、あるいはその一環として商標ライセンス契約が結ばれ、ライセンサーは対象製品の品質についてもライセンシーをコントロールし、ライセンシーは品質保持の責任を負うことになる。

（2） ライセンスの組み合わせによる形態

特許権、商標権、ノウハウ（トレード・シークレットを含む）およびソフトウェアのような多くの知的財産権を１つの包括的な契約でライセンスする形態が一般的になっている。このような複合型のライセンスは、技術やシステムへのアクセスがライセンサーとライセンシー間の幅広い相互作用にかかわるような、長期のライセンス関係のために用いられる。

特許、商標、ノウハウおよびソフトウェアが１つの契約により許諾されるのであり、１つのロイヤルティをすべての許諾される知的財産に対して課すことができる。もっとも、許諾特許に対するロイヤルティと他の知的財産に対するロイヤルティに分けて規定することが望ましい。１つのロイヤルティがすべての許諾される知的財産に課された場合、将来許諾特許が無効にされたときには、ライセンス契約全体が無効となる可能性が生じる。許諾特許のロイヤルティが分離して規定されている場合には、特許ライセンスのみが無効の対象となる。複合型ライセンスは、許諾特許の最後の特許権の有効期間が満了するときに終了する、あるいは商標、ノウハウおよびソフトウェアをカバーする契約の部分は、特許期間満了後も継続する旨規定することができる。

このような複合型ライセンスの利点はライセンサーおよびライセンシーにとってどのようなものであろうか[8]。

第１に、ライセンシーにとっては、複合型ライセンスは、１つの包括的な文書により許諾技術に関する全体の技術やシステムへのアクセスを提供することが可能である。

第２に、ライセンサーにとっては、同一の標準的なロイヤルティ料率が、例えば、最恵待遇条項により、一定の許諾技術のライセンス契約のすべてに対して適用されるならば、複数のライセンシーは、１つのグループとしての親近感と安心感を共有し、ライセンシーグループとライセンサー間の長期の関係が確立されるに至る。

第３に、ライセンサーの観点からは、ライセンシーが特許の有効期間の終了後も許諾された商標、ソフトウェアやノウハウを使用し続ける限りは、当該ライセンスの寿命は許諾特許権の寿命を超えることができる。

第４に、ライセンサーは、たとえライセンシーが望まなくても、商標ライセンスを織り込むことができる。商標ライセンスがライセンス期間にわたり価値を有する限り、ライセンサーは、ライセンシーによる商標の使用に基づいてロイヤルティを徴収することが可能となる。

一方、複合型ライセンスの不利な点として、ライセンシーによる実施がライセンス契約に含まれたすべての知的財産を必要としないときには、ロイヤルティ満額の支払いを正当化することができない。例えば、特許とノウハウを含む複合型ライセンスにおいて、ライセンシーが、特許ライセンスのみを望み、必要なノウハウは自社で開発することを企図する場合がその典型である。また、ライセンシーが、複合型ライセンスの一部としてのソフトウェアをカバーする制限条項に縛られることを嫌い、自身のソフトウェアを開発することを望む場合がありうる。

このような複合型ライセンスにともなう問題を避けるために、ライセンス契約は、許諾される技術が特許、ノウハウ、商標およびソフトウェアより構成される場合、知的財産のそれぞれに対応して、特許ライセンス、ノウハウライセンス、商標ライセンス、ソフトウェアライセンスに分離することは可能である。許諾される権利、ロイヤルティや当事者の権利義務などを含む、それぞれの契約の条項は、各知的財産に適応したものとすることができる。

ライセンシーは、特許ライセンスを受けることを要求されるが、その他のノウハウライセンス、商標ライセンス、ソフトウェアライセンスについては必要とするものを選ぶことができる。例えば、ライセンシーが許諾技術の実施に必要なソフトウェアを自社で開発する場合、あるいは許諾される商標が許諾製品の販売において市場価値を有しない場合には、ソフトウェアライセンスや商標ライセンスは必要とされない。

ライセンサーは、許諾される知的財産のそれぞれのライセンス契約を最適化することが可能であり、各ライセンスの価値を時間の経過とともに調整することもできる。例えば、ライセンシーの利益となるような新しいソフトウェアがライセンサーにより開発されたときには、ソフトウェアライセンス契約を再交渉する必要性がしばしば生じる。また、許諾された商標の市場価値が時間の経過とともに急激に増大する可能性がある。それぞれのライセンス契約が分離し、一定の限定された有効期間を定めるという形態をとることにより、契約条項の再交渉を定期的に行うことも可能である。

一方で、分離型ライセンス契約の不利な点は、ライセンサーおよびライセンシー両者にとって、ライセンス契約全体を運営・管理する努力と手間が増大することである。また、ライセンサーにとっては、例えば、ロイヤルティがそれぞれのライセンスに分離して算定されることにより、複合型ライセンスにおける特許ライセンスと商標ライセンスの相乗効果に基づくようなロイヤルティ全体の増加の可能性を期待することは難しくなる。

ライセンサーは、ライセンス活動を始めた初期の段階においては複合型ライセンス、当該技術が発展し、商標が確立された段階では分離型ライセンスを好むのが一般的である。大規模で成熟したライセンシーは分離型ライセンス、そして事業に乗り出した小規模のライセンシーあるいはより大きいが、経験のないライセンシーは複合型ライセンスを好むともいわれる。

ライセンサー、ライセンシーは、それぞれの戦略に応じて、複合型ライセンス、分離型ライセンスの特性を吟味して、いずれかの形態またはその中間的な組み合わせを選択することが必要と考えられる。

（3）ライセンシーの類型による形態

技術移転の対象は、製造技術本体から付帯設備にかかわる技術、応用技術、製品の用途および開発についての技術、さらに技術援助、共同開発にかかわる技術などにまで及びうるが、その範囲はライセンス当事者の合意によって定まる。ライセンサーが技術移転の相手先を探す場合、どのようなライセンス戦略に基づいているかを明らかにすることによって対象となるライセンシーの性格が自ずと決定される。さまざまなライセンシーがありうるが、その類型によって以下のようなライセンスの形態が想定される。

（a）発展途上国・後進企業へのライセンス

発展途上国の企業あるいは技術面で後進の企業は、技術導入に当たってはできるだけ多くの技術を受け入れることを望むのが通常である。したがって、ライセンスの範囲は広くなり、この意味において包括的ライセンスとなる。また、技術援助型のライセンスとなることが多い。

（b）先進企業へのライセンス

技術面で先進の企業はすでに基本的な技術力を有しているので、技術導入においては核となる技術を受け入れることで十分であるのが通常である。ライセンスの範囲は、製造技術を中心として限定的なもの、すなわち限定的ライセンスとなる。ライセンシーが当該技術のノウハウを確立していれば特許ライセンスのみで十分な場合がありうる。また、ライセンサーがライセンシーの技術開発力に期待するときには、共同開発型のライセンスとなる。

（c）共同企業体へのライセンス

ライセンサーがライセンシーに直接その技術を移転するのではなく、共同事業体として設立したジョイントベンチャー（合弁会社）に技術を移転する場合、ライセンサーの観点からライセンスの範囲はどのようになるであろうか。

ライセンサーの合弁会社に対する出資比率が高く、子会社として位置づける場合（単独支配型）、包括的ライセンスとなる。出資比率が50%（共同経営型）のときも、包括的ライセンスとなるのが通常であるが、共同事業者の技術開発力を見込んで共同事業を展開しようとするときには、共同開発型のライセンスとなることが多い。一方、ライセンサーの出資比率が低く、少数株主としての参加にとどまる場合は、ライセンサーの立場からは限定的ライセンスとなるのが通常である。

（d）海外子会社へのライセンス

海外の子会社は、ライセンサーにとって生産拠点として設けたものであり、ライセンサーは全面的にバックアップする必要があることから、海外子会社へのライセンスは包括的ライセンスとなる。もっとも、ライセンスの対象とする技術をどのようなものとするかは親会社であるライセンサーの経営政策にかかっており、例えば、汎用技術は当面海外子会社に移転し、海外子会社の技術レベルが上がるに従い高度な技術を移転するという、段階的移転あるいは親子会社における技術分野の棲み分けという役割分担が考えられる。

（e）競争事業者へのライセンス

ライセンサーにとって、現在そして将来競争事業者となるライセンシーに対するライセンスは、できるだけ限定的なものとしたいところである。ライセンスの範囲が製造技術本体に限定されるというばかりでなく、許諾される権利の内容も限定される場合が多い。ライセンサーが競争事業者には当該技術のノウハウは供与せず、特許ライセンスのみに応じるということもしばしばである。

注

1 George A. Frank, Licensing IP Rights: Why, How, What, and When − A Corporate Perspective, *The Licensing Journal, June/July 2004*, at 2.

2 Terry Jones, Mary Norris & Ian Solomon, Strategies for Maximizing Value from Intellectual

Capital in a Technology-Driven Business, *The Licensing Journal, June/July 2002*, at 2-3.

3　山田勇毅『戦略的特許ライセンス－特許ライセンス契約の留意点』（経済産業調査会、2002）15-16 頁。

4　Lowe & Atkins, Strategies of Companies in 3 Countries, *les Nouvelles, September 1991*, at 101.

5　日本ライセンス協会グループ研究会「知的財産のライセンスに関するアンケート」（平成 10 年 3 月）29、32 頁。

6　Jack A. Nickerson, Strategic Objectives Supported by Licensing, Russell L. Parr & Patrick H. Sullivan ed. *Technology Licensing － Corporate Strategies for Maximizing Value* (John Wiley & Sons, 1996), at 76, 78.

7　Robert C. Megantz, *Technology Management—Developing and Implementing Effective Licensing Programs* (John Wiley & Sons, 2002), at 79-82.

8　Id. at 144-148.

第 2 章

国際技術ライセンス契約の交渉

1　ライセンサーによる事前調査

ライセンサーの観点から、国際技術ライセンス関係を形成するための事前調査として、ライセンシー候補者の国における一般的な投資環境およびライセンシー候補者自身の調査を十分に行う必要があるが、以下のような点をとくに考慮すべきと考えられる。

ライセンシーの観点からも、円滑な技術移転は両当事者の目的とするところであるから、ライセンサーの観点ほど厳しくはないが、基本的には同様の考慮が必要である。

（1）　投資環境

ライセンサーにとっては、いわゆるカントリーリスクの問題であり、ライセンシー候補者の国についてさまざまな局面から調査し分析することが必要である[1]。

（a）政治情勢

政治的に不安定な国は、投資の対象からは外すのが原則であり、ライセンサーによる技術移転の場合も同様である。

（b）経済情勢

経済的に劣悪な環境にある国は、相手方の企業が当面経営的に良好であっても、経済環境の変化はいつ当該企業を苦境に追い込むかもしれない。投資先の国の経済情勢については、長期的な視野で分析しなければならない。

（c）市場環境

ライセンスの対象となる製品や技術の市場の構造に関して、関税障壁や非関税障壁、市場慣行など市場の閉鎖性、外資に対する態度や企業活動に対する事実上または法的な規制がどのように存在するか、そしてその程度はどれほどのものかなど、基本的な市場環境について調査しなければならない。

（d）技術取引に関する規制

ライセンスの目的とする技術取引に関連して、外為規制や競争法によるライセンス条件の規制、税制、原料や製品等の輸出入規制、知的財産法制などは、直接ライセンス関係の形成に影響するものである。

（e）技術事情

ライセンスの対象となる技術や研究開発の分野において、投資先の国における業界の技術レベル、競合する技術の存否や研究開発の動向の調査は、円滑な技術移転の観点からのみならず、ライセンスの対象である技術の価値を客観的に評価するために不可欠である。

（f）労働事情

投資先の国における労働市場や労使慣行などの労働事情は、相手方企業の経営に影響することはもちろんであるが、当該企業が必要とする人材の供給という観点からも評価することが必要である。

（2）　ライセンシー候補者

ライセンサーは、その研究開発の成果である技術を第三者に移転するのであるから、ライセンシーの候補者については、当該技術を移転するに値する相手方かどうか、さらに円滑な技術移転を図ることができるかどうか、という観点から当該候補者を具体的に評価する必要があり、以下のような点をとくに考慮すべきと考えられる[2]。

（a）企業文化

ライセンス関係は、単なる技術の売買のみにとどまるのではなく、共同研究開発や技術援助などの幅広い関係を構築する場合が多い。その関係が濃密になればなるほど、相手方の企業文化は、ライセンサーにとって重要であり、違和感を生じるものであってはならない。

（b）経営状態

ライセンサーは、技術移転により収入を得ることを期待しているのであるから、ライセンシーとなる企業が経営的に不安定である、あるいは将来の発展が見込めないようであれば、その期待を実現することはできない。円滑な技術移転の観点からも相手方の経営的な安定は前提条件となる。

（c）技術力

技術移転の成功は、ライセンシーとなる企業が許諾技術を吸収しうる能力・レベルを有しているかどうかによっているといっても過言ではない。この技術力は、基礎的な研究開発力から許諾技術を実現するために必要なエンジニアリング力にまで及ぶ。とりわけライセンサーが、ライセンシーからの改良技術に期待する、あるいは許諾技術や製品に関してライセンシーとの共同開発を意図している場合には、ライセンシーの技術レベルについて適正な評価が必要となる。

（d）マーケティング力

許諾製品に関してライセンシーのマーケティング力に不安があるときは、ライセンサーは、ランニングロイヤルティ（running royalty）の形態における実施料をあまり期待することができないことになる。許諾する権利についても、独占的ライセンスを許諾することはリスクを伴うので、ライセンサーとしては、相手方のマーケティング力の発展性を評価して、許諾する権利の内容を決定しなければならない。

（e）人材

ライセンシーの技術力やマーケティング力といっても、つまるところはライセンシーがどのような人材をもっているかにかかっている。ライセンサーが、とりわけ長期的な観点からライセンシーとの事業提携関係を構築したいと意図する場合は、技術面および経営面における相手方の人材のレベルの高さと豊富さは不可欠な要因と考えられる。

2　ライセンス契約交渉

（1）　ライセンス当事者の立場

ライセンス契約の交渉においては、ライセンサーおよびライセンシーとも、満足のいく結果に達するためには、相手方のニーズに適合するように対応しなければならない。最も重要な概念は、長期のライセンス関係が成功するためには、ライセンサーおよびライセンシーともそれぞれのニーズが満たされなければならないということである。両当事者の利益は、交渉の開始前にできるだけ相手方により理解されることが必要であり、できればそれぞれ優先順位がつけられて理解されることが望ましい[3]。この意味において、第1章において上述した「ライセンサーにとっての国際技術移転」の機能ないし目的、「ライセンシーにとっての国際技術導入」の機能ないし目的に沿って、当該ライセンス契約における当事者それぞれの具体的なニーズと利益についての理解を深めることが必要である。

もっとも、具体的な条件ないし条項の交渉をめぐっては、両当事者の利害は対立するのが通常であり、感情的な対立にまで発展することもありうる。

しかしながら、技術移転、技術導入のいずれの場合においても「ライセンサーからライセンシーへの円滑な技術移転」という目的は共通のものである。当事者は、このような観点から相手方のニーズと利益を理解しつつ、それらに対応できるような交渉を行うことがライセンス関係構築への道であると考えられる。

（2） 契約交渉における当事者の義務

両当事者は、ライセンス契約の交渉の過程においては、ライセンサー、ライセンシーとして契約の締結に向けて誠実に交渉することが基本である。

不誠実に（in bad faith）交渉を行った、または打ち切った当事者に対して責任を負わせるような規範を有している法制度が存在している。ある法制度は他の法制度よりも容易にそのような責任を受け入れる。例えば、イギリス法は、交渉が誠実に行われることを法制度上明確には要求していないようにみえるが、ドイツ法、フランス法やイタリア法は、不誠実に交渉を行い、または交渉を打ち切る契約前の責任について綿密なルールをもっている。しかし、そのような責任を認容する法制度の間でさえも、相手方当事者にとって関心のあるすべての情報を伝達する義務をどの程度負うのか、第三者とも並行して交渉していることを相手方にどの程度開示すべきか、そして故意であれ不注意であれ、事実の不実表示（misrepresentation）に対してどの程度責任を負うのかについて統一した見解は存在しないといわれる[4]。

国際商事契約における統一したルールの運用を目指して、私法統一国際協会（ユニドロワ）が採択した（最新版 2016 年）ユニドロワ国際商事契約原則（UNIDROIT Principles of International Commercial Contracts）は、当該原則の適用について次のような基本的ルールを定めている。

第 1 に、当事者は、相手方と合意に達する意図がないときには交渉を行い、または継続するべきではない（2.1.15 条 3 項）。このルールは、決して合意を受け入れない意図を有しながら交渉する当事者を許さないのであり、交渉が失敗することが明らかになり次第、当事者は交渉を中止する義務を有する。しかしながら、ユニドロワ国際商事契約原則は確かに失敗するような交渉を禁じているのみであって、その結果が不確かである交渉を非難しているのではない。したがって、同時並行の交渉は、少なくともその内の 1 つは間違いなく不成功になるのであるが、そのような交渉そのものはこの意味においては非難されていないと考えられる。

第 2 に、突然かつ正当化理由なく交渉を打ち切る当事者は、相手方が交渉の成果およびすでに合意した点を当てにしているときには責任を負わされる（2.1.15 条 2 項）。

第 3 に、当事者は、交渉の過程で得られた秘密情報を開示する、または不適切に使用するときには責任を負わされる（2.1.16 条）。

（i）不誠実な交渉

ユニドロワ原則 2.1.15 条によれば、当事者は自由に交渉することができ、合意に達しなかったことの責任を負わない（1 項）。しかしながら、不誠実に交渉を行い、または打ち切る（break off）当事者は、相手方当事者が被った損失につき責任を負う（2 項）。とくに、相手方当事者との合意に到達しない意思を有しながら交渉を開始または継続することは、不誠実とされる（3 項）。

本条は、ユニドロワ原則 1.7 条に規定される信義誠実と公正取引の原則に従うものである。不誠実の 1 つの例は、一方の当事者が、事実を実際に不実に表示すること、または開示されるべきであった事実を開示しないことによって、契約の性質もしくは条項について相手方当事者を誤らせた場合である。被害を被った当事者は、交渉における費用および第三者と他の契約を締結する機会の喪失、つまり信頼利益（reliance interest）を回復することができるが、元々の契約が締結されていたならば生じたであろう利益、つまり期待利益（expectation interest）を回復することは一般的にできない[5]。

当事者が突然かつ正当な理由なく交渉をもはや自由に打ち切ることができない時点、つまり戻ることのできない時点がいつきたるかは、各事案の状況、とくに相手方当事者が、一方当事者の行為の結果として交渉の成果および両当事者間ですでに合意に達した将来の契約に関する問題をどの程度頼りにしているかによっている[6]。

（ii）秘密保持義務

ユニドロワ原則 2.1.16 条によれば、情報が、交渉の過程において一方当事者により、秘密のものとして提示された場合、相手方当事者は、後に契約が締結されたか否かにかかわらず、その情報を開示しない、また自らの目的のために不適切に用いないという義務に服する。この義務違反に対する救済は、適切な場合には、相手方当事者の取得した利益に基づく賠償を含むことができる。

被害を被った当事者がなんらの損失を被らなかったとしても、被害当事者は、この義務の不履行当事者が情報を第三者に開示することによりまたは自らの目的のために用いることによって取得した利益を回復する権利がある。必要ならば、例えば、情報がまだ開示されていない時または部分的にのみ開示された時には、被害当事者は、準拠法（governing law）に従って差止め（injunction）を求めることもできる[7]。

注

1 五月女正三『ライセンシング・ビジネス』（発明協会、2003）52-54 頁。

2 同上、66-68 頁。

3 Robert C. Megantz, *Technology Management* ― *Developing and Implementing Effective Licensing Programs* (John Wiley & Sons, 2002), at 123.

4 Hass Van Houtte, The Unidroit Principles of International Commercial Contracts, *Arbitration International Vol.11 No.4* (1995), at 376-377.

5 Unidroit Principles Art. 2.1.15, Comment 2.

6 Id. Comment 3.

7 Unidroit Principles Art. 2.1.16, Comment 3.

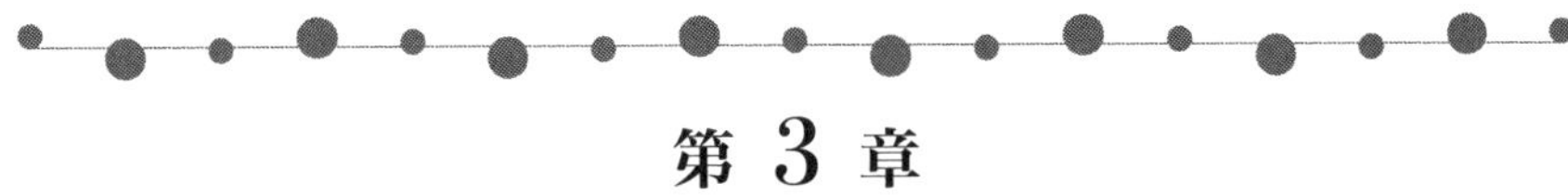

第 3 章

ライセンス契約のリスクとリーガルプランニング

1 ライセンス契約における前文・定義

国際取引契約において契約中に使用される「用語」の定義は、契約当事者の権利義務関係および契約内容を明確にするうえで一般的に重要であるが、とりわけ技術取引である国際技術ライセンス契約においては、技術移転の対象とする技術の範囲を定めるために「用語」の適切かつ十分な定義が必要である。

（1） 許諾製品の定義

ライセンサーは特定の製品についてライセンスを許諾することができる。しかし、許諾製品の適切な定義は必ずしも容易ではない。許諾製品の定義を限定する場合、ロイヤルティの額を減額させるには役立つが、一定の技術情報が一連の製品を包含する場合が多く、他の製品の製造に関する技術情報も必然的に開示される結果となるおそれが生じる。一方、許諾製品の定義を包括的にする場合、ライセンサーが自ら許諾地域で販売することを留保する、あるいはライセンサーが第三者との契約で拘束されているときには、当該製品を許諾製品から除外する必要が生じる[1]。

（2） 技術情報の定義

ライセンサーは許諾技術に関する技術情報をライセンシーに供与するが、かかる技術情報は、ライセンサーによって商業的に使用されている（utilized commercially）情報に基本的に限定されるべきである。ライセンサーとしては、許諾技術をライセンシーに移転することに責任を負っており、またライセンシーが許諾技術に関する研究開発段階の情報にアクセスすることを防ぐ必要がある[2]。

もっとも、研究開発型のライセンスの場合には、ライセンサーはライセンシーの研究開発力に期待して、未完成の許諾技術の商業化を委ねる、あるいは共同で商業化を図ることがありうる。この場合の技術情報はいまだ開発途上であるから、ライセンスの目的および技術情報の範囲においてその旨を当事者間で契約上明白にしておく必要がある。

（3） 許諾特許の定義

ライセンシーとしては、許諾特許の定義を広くして、契約締結時にライセンサーが所有する特許および特許出願のみならず[3]、契約期間中にライセンサーが取得する特許、特許出願、さらに改良特許まで包含することを要求する。一方ライセンサーは、許諾特許をライセンサーによって商業的に使用されたものに限定するために、許諾特許の定義を上記「技術情報」に基づいて取得された特許等に限定する必要がある。

（4） 改良技術の定義

改良技術のどのような定義も漠然としがちであり、論争の種となりうる。改良技術という用語自身は正確な法的意味ないし確立された意味を有していない。特定の特徴ないし事項が改良であるかどうか、そして改良であるとして、改良技術を供与する義務の範囲に入るかどうかは、コモンロー法制において絶えず訴訟の対象となってきた問題であり、大陸法制においても改良技術の確かな概念はないといわれている[4]。

ライセンス契約の当事者が改良技術の定義について交渉する際に、許諾特許を含む許諾技術に関する改良技術について、以下のようなタイプに基づいて議論することは１つの有用な方法であると考えられる[5]。

①ライセンサーの特許権を侵害することなしには使用できないような改良技術、

②特許を取得することができるが、ライセンシーの特許権のクレーム

(claims) の少なくとも1つの範囲に入るような改良技術、

③許諾技術に関連するライセンサーのトレード・シークレットの開示の結果から生ずると考えられるような改良技術、

④製品の製造コストの少なくとも一定の比率の削減やプロセス適用による少なくとも一定の比率の産出増加のような、機能 (functions) に関連する改良技術、

⑤ライセンサーの製品やプロセスの特徴と実質的に同様な特徴を有する製品やプロセスのような、類似性に関連する改良技術、

⑥ライセンサーの製品やプロセスに対する需要に競合的に取って代わる製品やプロセスのような、競合性に関連する改良技術。

ところで、ライセンサーがライセンシーに提供する改良技術とライセンシーがライセンサーにグラントバックする改良技術についてその内容や範囲において相違があるときには、それぞれ異なる定義を設ける場合がありうる。

(5) ライセンサーグループの定義

ライセンサーが、ライセンシーによる改良技術のグラントバックを受けるのみならず、その子会社 (例えば、50%超の持株比率) にも享受させるべく、ライセンサーグループとしての定義を設けるならば、ライセンサーは、海外子会社による改良技術の利用などによってライセンスの果実を最大限に活用することができる[6]。

(6) 純売上高・純販売価格の定義

ライセンシーが販売した製品の純売上高・純販売価格 (net sales /net selling price) は、ランニングロイヤルティの基準となるものであり、正確な定義が必要とされる。その定義については、ありきたりの標準条項に委ねる傾向がみられるが、定義の巧拙はライセンサーおよびライセンシーのいずれにとっても直接その利害にかかわってくる[7]。

まず、第1に、総売上高 (gross sales) は、ライセンシーによる代金請求ないし受領のいかんにかかわらず、許諾製品の使用、販売、リースまたは譲渡によるすべてを対象とする。第2に、総売上高から控除されるべきコストに

ついては、ライセンシーによる使用、販売、リースまたは譲渡に直接に帰すべきコストで、かつライセンシーが実際に負担したもののみが控除される必要がある。第3に、控除されるさまざまなコストは、許諾技術が使用される業界の商慣習によることがしばしばであるが、ライセンス契約上はそれぞれのコストについて正確な定義を明文化しなければならない[8]。第4に、ライセンシーが不合理な額の控除をすることを防ぐために、控除額に総売上高の一定の比率の限度を設ける、あるいは個々のコストに控除の上限額を定めることも考えられる。

THIS AGREEMET, made as of the ______day of ______, by and between __________(hereinafter referred to as "Licensor"), and__________(hereinafter referred to as "Licensee").

WITNESSETH THAT

WHEREAS, Licensor has developed and owns technology for the manufacture of the Product; and

WHEREAS, Licensee desires to obtain a disclosure of and a non-exclusive right to use such Licensor's technology in __________ ; and

WHEREAS, Licensor is willing to disclose and grant all of the foregoing right upon the terms and conditions hereinafter contained; and

NOW, THEREFORE, in consideration of the promises of the mutual covenants herein contained, the parties hereto agree as follows:

Article 1　Definitions

1.1　"Effective Date" of this Agreement shall mean the date on which this Agreement is approved by all necessary authorities of the Government of Licensee.

1.2　"Product" shall mean

____.

1.3　"Technology" shall mean

____.

1.4　"Territory" shall mean

____.

1.5　"Start-up Date" shall mean

____.

1.6　"Improvements" shall mean and include all inventions, patentable or unpatentable, and any other new technical developments and know-how relating to Technology which have been employed in commercial operation of one of the parties hereto. Improvements shall also include such commercially employed technical information obtained from any other party or parties which the disclosing party has the right to disclose to the receiving party without incurring any liability to such other party or parties; provided, however, that when such right is subject to any obligation of confidentiality imposed on it by such third party, such technology shall be included only if the receiving party shall accept such obligation of confidentiality.

1.7　"Licensor's Patents" shall mean those patents issued in Territory, now or hereafter owned or controlled by Licensor, which cover any one or more features of Technology disclosed hereunder. Such patent rights shall include but not be limited to the patents listed in Appendix which is attached hereto and made part hereof, and any patents which may issue on any of the patent applications also listed in such Appendix.

1.8　"Licensee's Patents" shall mean those patents issued, in any country of the world, now or hereafter owned or controlled by Licensee, which cover any one or more features of Licensee's improvements.

1.9　"Royalty Payment Term" shall mean the period beginning on the Effective Date of this Agreement and continuing either until __________ or for __________ years from the Start-up Date of Licensee's plant, whichever is longer.

［訳文］

本契約は、__________（以下、「ライセンサー」という）と、__________（以下、

「ライセンシー」という）との間で、＿＿＿＿＿＿付けで締結された。

ライセンサーは、製品の製造のための技術を開発し、所有している。
ライセンシーは、そのようなライセンサーの技術の開示および［　　　　］において使用する非独占的権利を取得することを望んでいる。
ライセンサーは、以下に含まれる条件で前記の権利のすべてを開示し、許諾する用意がある。

以上、本契約に含まれる相互の誓約を約因として、当事者は、以下のように合意する。

第１条　定義

1.1　本契約の「発効日」とは、本契約が、ライセンシーの政府のすべての必要な官庁によって認可される日付を意味する。

1.2　「製品」とは、＿＿＿＿＿＿＿＿＿＿＿＿＿＿＿＿＿＿＿＿＿＿＿＿を意味する。

1.3　「技術」とは、＿＿＿＿＿＿＿＿＿＿＿＿＿＿＿＿＿＿＿＿＿＿＿＿を意味する。

1.4　「テリトリー」とは、＿＿＿＿＿＿＿＿＿＿＿＿＿＿＿＿＿＿＿＿＿＿を意味する。

1.5　「スタートアップ日」とは、＿＿＿＿＿＿＿＿＿＿＿＿＿＿＿＿＿＿＿を意味する。

1.6　「改良技術」とは、特許を受けられるまたは受けられない、すべての発明および他の新しい技術的開発ならびに当事者の一方の商業運転において使用されてきた技術に関するノウハウを意味する。改良技術は、開示当事者が他の当事者になんらの責任を負うことなく、受領当事者に開示する権利をもっている他の当事者から取得された、そのような商業的に使用される技術情報も含む。しかしながら、そのような権利が、そのような第三者によって課された秘密保持義務に従うときは、そのような技術は、受領当事者が、そのような秘密保持義務を受諾するときのみ、含まれる。

1.7　「ライセンサーの特許」とは、現在または今後、ライセンサーによって所有されまたはコントロールされる、テリトリーにおいて発行される特許を意味する。そのような特許は、本契約に基づいて開示された技術の１以上の特徴を含む。そのような特許権は、本契約に添付され、本契約の一部をなす、付表にリストされる特許を含むが、それらに限られない、ならびにそのような付表にもリストされる特許申請に基づいて発行される特許を含む。

1.8　「ライセンシーの特許」とは、世界のいかなる国においても発行され、現在または今後、ライセンシーによって所有されまたはコントロールされる特許を意味する。そのような特許は、ライセンシーの改良技術の1以上の特徴を含む。

1.9 「ロイヤルティ支払期間」とは、本契約の発効日に始まり、______まで、またはライセンシーのプラントのスタートアップ日から__________年間まで続く、いずれか長い期間を意味する。

［解説］

本契約の前文は、ライセンサーが開発した技術の非独占的実施権をライセンシーに許諾する旨の簡潔な文言にとどまっている。前文の文言自体は当事者間に法的拘束力を生じるものではないが、本文の条項に関してその規定が不十分な場合には、当事者の意図または文言解釈の重要な手がかりとなるものである。

第1条は、本契約全体にわたって使用される用語について定義を定めている。本文中の文言や内容における重複、矛盾や衝突を避けるため、またより簡明にするためにも必要であり、できるだけ本条に集約することが望ましい。

上記の定義の中で特に重要なものは、「技術」の定義である。技術を定義することは容易でない。ライセンシーに許諾する技術について、技術的な観点から正確に定義することはもちろん必要であるが、許諾技術の範囲を画するという重要な役割があり、ライセンサーの観点から慎重な検討が必要である。

2 ライセンスの許諾

ライセンサーは、ライセンスの許諾に当たり当事者が特定した権利にできるだけ限定しようとするが、ライセンシーは、許諾技術の円滑な移転に必要なあるいは望ましいすべての権利を求める。したがって、どのような権利が技術移転の対象となるのかはライセンス契約の核心となるものであり、ライセンス契約において許諾される権利の内容と範囲を明確に定めておくことがいずれの当事者にとっても不可欠である。

ライセンス許諾の条項は、ライセンス契約の他の条項と密接に関連しあるいは依存していることが多く、他の条項に記述された条件に従うことがライセンス許諾の条件であることを明記しておかなければならない[9]。

（1） 許諾される権利

ライセンサーは、許諾技術を独占的に実施する権利（独占的ライセンス、exclusive license）または非独占的に実施する権利（非独占的ライセンス、nonexclusive license）をライセンシーに許諾する。

独占的ライセンスの付与が、ライセンサーを排してライセンシーに独占的かつ排他的な地位をもたらすと解されることがあり、ライセンサーが自ら実施する権利を留保したい場合にはその旨をライセンス契約に明記する必要がある。この点、わが国特許法ではライセンスを専用実施権と通常実施権とに分類し（77、78条）、前者は特許権者自身の実施を認めないという独特の法制度であり、疑問の余地はないが、他の法制度では必ずしもそうではない。国際技術ライセンスにおいては両様の解釈がありうるものとして、独占的ライセンスの意味を契約上明らかにしておかなければならない。

ライセンシーがさらに第三者に許諾技術を供与するサブライセンスについては、ライセンス契約でその定めがないかぎり、ライセンシーにその権利は与えられていない。サブライセンスが認められる場合でも、ライセンシーは、誰にサブライセンスを与えるのかについてライセンサーの承認が要求されるのが通常である。

ところで、許諾技術を構成する許諾特許と技術情報のそれぞれを分けて、すなわち許諾特許に対するライセンスと技術情報に対するライセンスを別々に許諾する方法がライセンサーの立場から考えられる。ライセンシーによっては、技術情報であるノウハウについては独占的ライセンスに固執するが、許諾特許については非独占的ライセンスを受け入れることがしばしばある。ライセンサーは、他に非独占的ライセンスを許諾できる機会を残せるとともに、特許侵害者に対する対応において非独占的ライセンスの供与という手段を活用することが可能である。一方、ライセンシーとしても一部を非独占的ライセンスとすることによりロイヤルティの減額を交渉することができる。

（2） 非独占的ライセンスと独占的ライセンス

（a）非独占的ライセンスか独占的ライセンスか

非独占的ライセンスは、ライセンサーにとってライセンス契約において考慮すべき最初の選択肢であり、非独占的ライセンスの利点は次のように考えられる[10]。

第１に、ライセンサーおよびライセンシー両者のリスクは最小となる。ライセンサーは、多くの企業に自由にライセンスすることができるのであり、1人のライセンシーの成功にのみ依存することはない。ライセンシーにとっては、独占的ライセンスに一般的に伴う高額の一括払いロイヤルティやランニングロイヤルティが避けられるので、この点におけるリスクが低くなる。

第２に、ライセンサーは許諾製品や技術に対してよりコントロールを維持することができる。市場において製品を製造・販売する権利および他の企業にライセンスする権利を留保することにより、ライセンサーは、当該製品や技術の普及促進により活発に参加することができる、そして１人の独占的ライセンシーが許諾技術をコントロールしているが、競争上の理由から当該技術を商業化しないというような状況を防止することができる。

第３に、許諾製品や技術に対するニーズを高めることができる。許諾製品や技術の普及した使用はより安いロイヤルティのライセンスを促進し、そのようなライセンス活動は製品や技術の市場を拡大することにつながる。多くのライセンシーは、改良技術の開発の可能性を増大させ、当該技術のレベルをさらに高めることが可能となる。

一方、独占的ライセンスが適切かどうかを決定するためには、次のような考慮が必要と考えられる。

第１に、許諾製品や技術の使用を１人のライセンシーに限定することが、その可能性を開拓する最善の方法である、とライセンサーが認識する必要がある。いいかえれば、独占的ライセンスにより与えられる競争上の優位性は、ライセンスされた製品を市場にある他の製品よりも明らかに優れているものにするに十分なものであり、その結果ライセンシーが大きなマーケットシェアを獲得できるほどのものでなければならない。

第２に、独占の程度が考慮されるべきであり、長期の独占が保証されないときでも、ある程度の独占が必要となる場合がありうる。例えば、商業化の証明がなされていない技術のライセンスの場合、初期のライセンシーにはそのリスクに対して報いるのに必要な期間の独占が与えられるべきである。

第３に、独占的ライセンスは、許諾技術によって許諾製品に与えられた付加価値の増加率に対応するような高いロイヤルティ料率によって支持されるべきである。独占的ライセンス契約においては、ライセンサーは、改良技術の供与や技術援助の義務を負うのが通常であり、ライセンシーはミニマムロイヤルティ（minimum royalty）の支払いを要求されるのがしばしばである。

（b）独占的ライセンスに伴うリスク

ライセンシーは独占的ライセンスを獲得することを望むのがしばしばであり、独占的ライセンスの供与がライセンサーに利益となる場合もありうる。しかし、独占的ライセンスは両者に固有のリスクをもたらすことがある。例えば、独占的ライセンシーがライセンス契約上の明示的または黙示の義務を履行せず、ライセンス契約もこの問題を解決するメカニズムを提供していない場合には、ライセンサーは弱い立場に置かれることになる。一方、ライセンサーが許諾特許を強制しない、もしくはそれを強制できないとき、あるいは許諾された技術情報が秘密保持義務や不使用義務なくして第三者の手に渡るときには、独占的ライセンシーの競争的上の地位は危険に晒されることになる。

競争的な市場環境において、重要な知的財産に関する独占的ライセンスを許諾する場合には、ライセンシーの競争者がそれに代替する知的財産を獲得もしくは開発するよう促す、あるいは潜在的には許諾特許を侵害しつつ、独占的に許諾された知的財産の保護を迂回するよう促すこともありうる[11]。

ライセンサーは、独占的ライセンスを許諾することにより、もっぱら独占的ライセンシーによる許諾技術の実施の成果に依存することになる。したがって、ライセンサーとしては、独占的ライセンシーが許諾技術を効果的に実施して成果を上げるような枠組みを設ける必要があり、この目的のために達成の基準（standards of performance）が独占的ライセンシーに課されることになるが、ライセンサーの期待を満足させるような解決策となる保証はなく、ライセンサーにとってリスクとなる。

（c）独占的ライセンスにおける権利と義務

独占的ライセンスにおける当事者の権利と義務は、とりわけ、許諾された知的財産権の開発・利用（exploitation）および第三者による許諾特許の侵害ないしノウハウの不正利用に対する許諾された権利の強制（enforcement）に関して問題となる可能性がある。

独占的ライセンスを供与することにより、ライセンサーは、ライセンシーがその許諾された知的財産権をどのように商業的に開発して利用するかに全面的に依存することになる。独占的ライセンシーのこのような開発と利用に努める義務の程度は、ライセンス契約における明示の条項によるのが通常であるが、このような明示の条項が定められていない場合には、当該義務をめぐる紛争は裁判所により判断される。そして裁判所は、許諾された知的財産権の開発・利用について独占的ライセンシーに対し黙示の義務を見いだす傾向が見受けられるが、その判断は不確定なものであり、当事者双方にとって予測可能性に欠けている[12]。

したがって、ライセンス契約の当事者、とりわけライセンサーとしては、裁判所による黙示的義務の不確かな判断に依存するよりも契約上の明文の規定によって独占的ライセンシーに「達成すべき基準」を課す方が賢明と考えられる。この場合、最善努力義務として規定するか、あるいは具体的な成果の基準、例えば、研究開発、生産またはマーケティングのマイルストーン（milestone）に基づいた一定のレベルの達成など、2つの方法が考えられる。

前者は、ライセンサーとライセンシーの利害対立の妥協として規定されることが多いが、最善努力義務の程度をめぐる紛争を将来に引きずることになる。ライセンサーの観点からは、最善努力義務のような一般的な義務は、後者のような特定結果達成義務よりも望ましいものではない。もっとも、このような一般的義務も次のような目的には役立つことがありうる[13]。第1に、最善努力義務条項は、裁判所が、許諾技術を実施する黙示の義務をみつけるのを拒否する理由として、ロイヤルティの一時払いのような契約上の特定の規定を持ち出すリスクを減少させる。第2に、このような条項は、ライセンシーが他の特定のライセンス条件に違反することなく許諾技術を実施しなかったときに、ライセンサーが損害賠償を請求する、あるいはライセンス契約を解除することを許容する包括条項として機能する。

後者は、当事者の合意が成立すれば最も適切のものとなりうるが、ライセンサーにとっては独占的ライセンス供与に見合う将来の利益の期待をなんら保証するものではなく、この意味において完全な解決策となるのではないことを認識しておかなければならない。上述したリスクは常に存在するのである。したがって、ライセンサーは、このようなリスクを軽減するために、独占的ライセンシーが定められた達成基準を満たせないときには、ライセンス契約の解除のみならず、独占的ライセンスから非独占的ライセンスへの変更の権利などの十分な救済方法を契約上確保しておく必要がある。

なお、独占的ライセンス契約においては、独占的ライセンシーの成果の程度いかんにかかわらず、ミニマムロイヤルティの支払義務を課する例が多いが、この支払義務を果たせば、独占的ライセンシーは許諾された知的財産権についての上記の義務を免れると解釈される、いいかえればこのような支払いが「損害賠償額の予定（liquidated damages）」の形態として解釈されるような記述は避けなければならない。すなわち、当該支払義務は、ライセンサーにとって救済方法の１つとして契約上位置づけることが必要と考えられる。

次に、独占的ライセンシーは、許諾された知的財産権の実際にかかわる市場において効果的な独占を期待しており、第三者が許諾された特許権を侵害する、あるいはノウハウを不正に使用するときには、ライセンサーが当該知的財産権を強制することを要求する。独占的ライセンシーも自ら第三者に対して訴えを提起できる権利を有するのが通常であるが、ライセンス契約上、ライセンサーにその強制を義務づけ、独占的ライセンシーは共同原告として参加する場合、またはライセンサーが訴えを提起することを望まないときには、独占的ライセンシーが単独で訴えを提起して強制できる権利を有する場合が考えられる。前者の場合、ライセンサーは当該第三者と和解する権利を留保し、後者の場合には、独占的ライセンシーは、ライセンサーの和解する権利に対して制限することを求めるのが一般的であり、その旨ライセンス契約に明記する必要が生じる。

（3） サブライセンス

サブライセンスは、ライセンシーによる第三者へのライセンスの許諾であり、ライセンシーがライセンサーから受けた法的な権利のすべてまたは一部をサブライセンスすることである。反対の明示または黙示の合意がない限り、ライセンシーは第三者へのサブライセンスを許諾する権利を有しないのが原則である。また、ライセンス契約において本来のライセンスに課された制限は、サブライセンスにも及ぶことになる。

このようなサブライセンスはライセンシーの権限を超えるものであるが、サブライセンスが本来のライセンスの目的とするビジネス関係全体の成功にとって不可欠とされる場合がしばしば見受けられる。

第1に、当該ライセンスが許諾技術を具体化する製品を製造して販売することを目的とする場合、ライセンシーは許諾された権利を十分に活用するためにはさまざまなサブコントラクター（subcontractor）、ディストリビューターやディーラーを起用しなければならず、これらの者に許諾された権利の一部をサブライセンスする必要がある。第2に、ライセンシーが許諾技術を多くの第三者へ移転し、それによって当該技術の普及拡大と収入増大を図ることがライセンサーの目的である場合、むしろサブライセンスが奨励される。サブライセンスによるロイヤルティの収入は、ライセンサー、ライセンシーの当該技術移転に対する寄与度を勘案して両者間でどのように配分するかを定めておく必要がある。

ライセンサーは、上記いずれの場合においてもサブライセンスによって許諾技術が自己のコントロール外となることを懸念し、サブライセンシーの選定やその数、サブライセンスにより許諾された権利の実施や技術情報の適切な保護などについて適切なコントロールを及ぼすことを要求する。したがって、ライセンサーは、ライセンシーにより提案されるサブライセンスの条項を吟味して承認する権利を留保する[14]。サブライセンシーの選定を含めてすべてのサブライセンスの条件は、ライセンサーの承認を必要とするのである。

一方、ライセンサーが、その製品や技術のライセンス活動を自ら活発に展開することを企図する場合には、ライセンシーによるサブライセンスはかえって混乱を引き起こす、あるいはライセンシーの活動に対するコントロールを失うおそれもあり、具体的なライセンス関係において慎重な検討を必要とする。

(4) 許諾される権利の範囲

ライセンサーは、許諾技術について生産、使用、販売（make, use, sell）する権利を包括してあるいはそれぞれ個別に許諾することができる。生産する権利の許諾に関して、ライセンシーがサブコントラクターのような第三者に許諾製品を生産させる（have made）ことを認めるかどうかを契約上明らかにしておく必要がある。この場合、サブコントラクター選定の条件として、ライセンシーのコントロールの下にあること、秘密保持義務を負い、許諾技術の使用に関する制限に従うことなども明文化することができる[15]。

特許権者であるライセンサーは、1つの特許権について数量、地域、製品、用途・使用分野、スタイル・デザイン、存続期間においてライセンスの範囲を制限することが可能であり、このような特許権の特性を活用してライセンスを供与することができる。

第1に、数量については、生産数量、生産規模ないし生産能力の指定によって範囲を制限することができる。第2に、地域については、生産地域の指定によって範囲を制限できるが、販売地域の指定による制限については競争法上の検討が必要である。許諾製品の輸出については、ライセンシーは、許諾製品を世界中どこにでも（許諾特許の外国特許が登録されている国を除く）販売できるとすることが原則である。ライセンサーがライセンシーの販売を許諾地域に限定しようとしても、ディストリビューターまたは許諾地域において許諾製品を買った買主が、当該外国特許の存在しない他の国において許諾製品を販売することを制限することはできない。第3に、製品については、特定の製品を指定することによって範囲を制限することができる。第4に、用途・使用分野については、特定の用途・分野の顧客あるいは特定の目的を指定することによって範囲を制限することができる。また、ライセンサーは、第1のライセンシーに1つの用途・使用、第2のライセンシーに他の用途・使用という使い分けも可能である。もっとも、その用途・使用分野が分離でき、かつ非競争的であることが必要とされる。ところで、許諾される権利が特定の地域や用途・使用分野に限定されたとき、ライセンシーとしては、ライセンサーから将来、他の地域や用途・使用分野に対する権利が許諾される機会をライセンス契約上確保したいと望む場合がありうる。このような権利について、ライセンシーは第1交渉権（first right of negotiation）を有するとすることにより、ライセンシーの権利の保護を図ることができると考えられる。しかし、当該用途・使用分野が開発途上である場合には、ライセンシーとしては、第1交渉権によって将来のリスクを回避できるとは限らない。再交渉に際して、ライセンサーから割高なロイヤルティを要求される可能性がある。むしろ、ライセンシーとしては、長期的な視野から当該用途・使用分野の拡大を見通すことにより、より包括的な用途・使用分野を対象とすることを検討すべきと考えられる。第5に、ライセンス期間については、ライセンサーは、許諾特許の有効期間より短い期間のライセンスを許諾することができる。

アメリカにおける許諾された技術の範囲に関する判例であるが、Tulip Computers International B.V. v. Dell Computer Corp., 262 F. Supp. 2d 358（D.C. 2003）において、原告Tulipは、コンピュータ・マザーボードにかかわる特許権を有しているが、1994年10月International Business Machines（IBM）とクロスライセンス契約を締結し、IBMは当該Tulip特許権に関するライセンスを許諾された。この契約は、1998年1月新しいクロスライセンス契約に更新された。1994年7月IBMは、Dellが製造したコンピュータの転売者として活動するために、被告Dellと転売契約（remarketing agreement）を締結した。IBMは、この契約に従いDell製のコンピュータを購入し、顧客に転売した。原告はこれらの製品が当該特許権を侵害していると主張する。被告は、IBMが、Tulipのライセンシーとして、製品に特許マークを付することなく販売したので、特許法287条(a)（特許権者および許諾特許製品を製造または販売する者は製品に特許のマークを付すことができるが、そのようなマークをしない場合には特許権者は侵害による損害を回復することができない旨の規定）が適用されると主張した。

デラウェア連邦地方裁判所は、ライセンシーIBMの許諾された権利の範囲について以下のように判断して被告の主張を否認した。

1998年ライセンス契約の2.1条(b)（ライセンシーに許諾製品を他の製造業者につくらせる非独占的ライセンスを許諾する旨の規定）によれば、IBMのこのような"have made"の権利は2.2条により制限されている。2.2条(a)および(d)は、IBMが他の製造業者に製品をつくらせる前に、Tulipが製品の規格をIBMに提供した後でのみ適用される。IBMのDell製品の購入・転売に関して、IBMは1998年ライセンス契約の2.2条に従っていないので、IBMの行為をTulipに帰することはできない。IBMは、IBM-Tulipライセンス契約における特定の制限に従ってDellに製品をつくらせなかったので、Dellから製品を購入して顧客に転売したとき、当該ライセンスの権利の範囲内で行為をしていなかった。Dellから購入された製品はTulipによりライセンスされたものではなかった。

1988年契約2.1条(a)(ライセンシーに許諾製品の製造、使用、販売等の非独占的ライセンスを許諾する旨の規定)は、Tulipがライセンスした製品に適用され、許諾されていないTulip特許対象製品の譲渡には適用されない。IBM、Dellのいずれも本件における侵害製品を製造、販売、使用その他処分する権利をTulipにより許諾されていないので、特許法287条(a)はIBM、Dellのいずれの当該販売行為にも関係がないことになる。

（5） 譲渡の禁止

ライセンス契約および当該ライセンス契約に基づき発生するすべての権利および義務は、相手方当事者の書面による同意のない限り、その譲渡は禁止されるのが原則である。もっとも、譲受人が当該ライセンス契約により拘束されることに書面にて同意し、かつ譲渡人が二次的に当該ライセンス契約に従って責任を負う場合には、当事者の子会社への譲渡が許容されることもありうる。

ライセンシー側における譲渡禁止義務違反に関するアメリカの判例であるが、Cook Inc. v. Boston Scientific Corp., 333 F.3d 737 (7th Cir. 2003) において、カナダ
の会社（Angiotech Pharmaceuticals）は動脈狭窄症等治療用のステント（stent） 16
に関する特許権を有していたが、1997年にCookおよびBostonに対して世界を対象とする共同独占的ライセンス（coexclusive license）を許諾した。当該ライセンスは、ライセンサーが他の会社にライセンスしないという意味においては独占的であるが、各ライセンシーが同じ権利を有するという意味において共同独占的とされており、とりわけライセンシーがそのライセンスを譲渡すること、または関係会社（affiliates）以外にサブライセンスを許諾することをライセンシー2社およびライセンサーのすべてが合意しない限り禁じていた。2つのライセンスは1つの契約により許諾されており、ライセンシー2社とライセンサーは相互に契約上拘束されている。4年後、Cookは医療器具のメーカーACS（Advanced Cardiovascular System, Inc.）

と契約を結んだが、当該契約により、Cook はステントを ACS から購入し、当該ステントを薬剤でコートし（coat）、病院や他の医療器具購入者に転売するためにその薬剤でコートしたステントを ACS に売り戻しをすることとなっていた。

BSC は、Cook と ACS 間の取引は事実上の譲渡であり、BSC が同意していないがゆえに、契約違反であると主張する。第一審は BSC の主張を認容した。

第 7 巡回区連邦控訴裁判所は以下のように評価して第一審の判断を認容した。BSC の契約違反の主張に対する Cook の抗弁の可否は、Cook がその特許ライセンスを ACS に譲渡するというよりも薬剤でコートしたステントを ACS に販売するというべきであるかという事実の内容いかんで決まってくる。Cook は、当該販売がライセンサーの特許製品を販売するためにライセンサーにより許諾された権利の実施であると主張する。しかし、ACS ステントの ACS への売り戻しは、商業的な目的または実質を有しておらず、譲渡禁止条項を打ち破るための工夫にすぎないと評価される。

Article 2　Grant of Rights

2.1　Licensor hereby grants to Licensee a non-exclusive right, without the right to grant sub-license, to use the Technology under Licensor's Patents to: design and construct Licensee's plant in the Territory, and manufacture the Products in the Licensee's plant, and use and sell the Products so manufactured throughout the Territory and world.

[訳文]

第 2 条　権利の許諾

2.1　ライセンサーは、本契約により、サブライセンスを許諾する権利のない、テリトリーでライセンシーのプラントをデザインし、建設し、およびライセンシーのプラントで製品を製造する、ならびにそのように製造された製品をテリトリーおよび世界中で使用し、販売する、ライセンサーのパテントに基づいて技術を使用する非独占的権利をライセンシーに許諾する。

[解説]

本条は、プラントの建設、製品の製造、使用、販売のすべての面で、非独占的権利をライセンシーに許諾する典型的な例であるが、その許諾範囲は「技術」の使用によって画されることに注意が必要である。上述したように、ライセンサーは「技術」の定義を慎重に検討しなければならない。

Article 2 Grant of Rights

2.1 Licensor hereby grants to Licensee an exclusive, non-transferable, royalty-bearing license under Licensor's Patents to practice the Technology and manufacture the Products in the Territory, and a non-exclusive, non-transferable, royalty-bearing license under Licensor's Patents to use and sell the Product so made anywhere in the world.

［訳文］

第２条　権利の許諾

2.1　ライセンサーは、本契約により、技術を実施し、テリトリーで製品を製造する、独占的、譲渡できない、ロイヤルティを負担する、ライセンサーの特許に基づくライセンスを、ならびにそのようにつくられた製品を世界中で使用し、販売する、非独占的、譲渡できない、ロイヤルティを負担する、ライセンサーの特許に基づくライセンスを、ライセンシーに許諾する。

［解説］

本条は、上記の例と異なり、製造については独占権、使用と販売については非独占権を許諾する例であるが、上述したように、ライセンサーがテリトリー内で製品を製造する権利を留保するのであれば、その旨明記し、独占的ライセンスの意味を明確にする必要がある。

なお、サブライセンスのついての言及はないので、当然のことながらサブライセンス権はライセンシーに許諾されない。

3　許諾の対価

ライセンシーは、ライセンサーによる許諾技術の実施の対価として実施料、すなわちロイヤルティを支払う義務を負担する。ライセンシーのロイヤルティ支払義務は、ライセンス関係における本質的要素である。

（1）ロイヤルティの算定基準と方式

ロイヤルティにいかなる算定基準を用いるかは、当該取引を取り巻く環境や当事者が活動する業界の慣行などによって決まってくるが、許諾技術によって製品が製造される場合には総販売価格または純販売価格が最も一般的な算定基準である。ライセンサーはロイヤルティの算定を総販売価格に基づくことを好み、ライセンシーは純販売価格基準を用いることを好むといわれるが、後者を採用する例が多く見受けられる。このようなランニングロイヤルティという料率方式は、インフレーションの要素が自動的に織り込まれている。

他の算定基準として、ライセンシーによって製造または販売された数量等の単位を基準とする場合には、ロイヤルティとして単位当りの一定額が固定される。このような定額方式（fixed payment）は、販売価格を基準とする場合と異なり市況の変動に左右されない。

一時金（lump sum）は、ライセンス契約締結時に一括払いするロイヤルティとして用いられることがあるが、頭金（down payment）としてランニングロイヤルティと組み合わせて用いられることも多い。特定の金額がライセンス契約時に、さらに技術情報供与時または許諾製品の規格合格時にわたって分割して支払われるが、将来のランニングロイヤルティの金額に充当される。もっとも、将来のランニングロイヤルティが頭金の額に達しなくても、この頭金がライセンシーに返還されることはない（non-refundable）のが通常である。

ミニマムロイヤルティは、ライセンシーがライセンス期間中定期的に一定額のロイヤルティを許諾製品の販売実績いかんにかかわらず支払うものであり、独占的ライセンスの場合にライセンサーにより要求されるのが通常である。

（2）ロイヤルティの料率決定のための要素

ロイヤルティの料率を決定するためにすべてのライセンス契約に共通して考慮されるべき要素は次のように考えられる[17]。

第1に、研究開発のコストの回収。もっとも、当該技術の研究開発コストが巨額であるにもかかわらず、実際のロイヤルティ料率はその4分の1ないし3分の1相当以下であるのが一般的ともいわれる。

第2に、ライセンシーが関連技術を開発または獲得する代替手段のコスト。ライセンシーが当該技術を独立して開発するコストとの比較は計算上可能であるが、研究開発が成功しないかもしれないというリスクをどのように認識するかが問題である。他のライセンサーから同様の技術を導入することが可能な場合があるが、2つの技術を比較することは実際上困難である例が多い。

第3に、ライセンシーにより獲得される利益のレベル。知的財産ないし技術の価値は、その寿命の間に受け取る純利益の現在価値により算定できるという考え方に基づいている。

その算定においては当該知的財産・技術が生み出すことができる利益の額、利益の流れの期間および予想利益の実現にともなうリスクを考慮に入れなければならない[18]。このような利益もまた予測することが難しいが、料率を決定する最良の方法の1つとされており、予想利益の3分の1程度を基準とするのが一般的といわれる。

第4に、将来の改良技術交換の可能性。ライセンサーがライセンシーの技術力に期待できる場合には、改良技術の無償によるグラントバックは、料率の低下をもたらす可能性がある。しかし、ライセンシーが実際に改良技術を開発するに至るかどうかは不確かであり、料率の算定において考慮に入れることは実際的ではない。

さらに、ロイヤルティ料率の算定に当たっては、次のような当該ライセンスに固有の要素を考慮しなければならない。

①当該技術の過去のライセンスにおける料率および当該技術がかかわる業界において広く用いられている料率。

②許諾特許の強さおよび経済的価値。

③ライセンシーのもつノウハウ。ライセンシーが許諾特許を実施するに必要なノウハウをもっている場合には、パテントライセンスのみとなる。

④ライセンサーからの原材料供給の必要性。ライセンシーが許諾製品を製造するために原材料をライセンサーから購入する必要がある場合には、ライセンサーはその供給によって利益を得ることができるので、料率が下がる可能性が生じる。

⑤ライセンシーが他のライセンシーやライセンサーと競争する可能性。ライセンシーが許諾製品の市場において他のライセンシーやライセンサーと競争する可能性があるときには、その競争の程度が料率の決定に影響を及ぼす場合がありうる。

⑥許諾製品の販売数量の大きさ。許諾製品が大量に販売されるという見込みは、料率の低下を可能にする。

ところで、実際のビジネスにおける技術移転の場合のロイヤルティ決定の基準は、同種技術のロイヤルティ、業界慣行、コスト回収、経験則（3～5％）、競合技術との競争力、25％ルールという順番であるといわれている。技術導入の場合の決定基準は、同種技術のロイヤルティ、業界慣行、支出予想研究開発費、経験則（3～5％）、25％ルールという順番である[19]。

（3）　ロイヤルティ支払条項

（a）子会社への許諾製品の販売

ライセンシーが許諾製品をその子会社に優遇価格で販売し、低い販売価格をロイヤルティの算定基準とする場合がある。ライセンサーの観点からは、このような優遇価格は無関係な第三者への正常な価格として調整することが必要であり、子会社への販売におけるロイヤルティも正常価格で算定される旨を規定しなければならない。この場合子会社の定義が必要となる。

（b）ロイヤルティの繰上げ支払い

ロイヤルティは、例えば、3カ月または6カ月単位で、当該期末後3カ月または6カ月以内に支払われるのが通常である。ライセンス契約が解消された場合に、ライセンサーの観点からは、ミニマムロイヤルティを含め、すでに支払義務の生じたロイヤルティは、その支払時期の到来まで何カ月も待たざるをえないのは不合理であり、支払時期が到来したものとして直ちに支払われることが必要である。もっとも、このような加速した繰上げ支払いの条項は、ライセンサーによる契約違反に起因する場合に要求することは不公平であるから、それ以外の理由による解消の場合に限定されることになる。

（c）ロイヤルティの報告と支払期間

ライセンシーは、定期的にロイヤルティの算定基礎と支払額をライセンサーに報告し、その会計帳簿を一定期間保存する義務を負う。ライセンサーは、ライセンシーの支払義務を正確に履行させるために、その指名する公認会計士によって会計帳簿をいつでも検査できる権限を留保しておく必要がある。

ライセンシーによるロイヤルティの支払いは、常にライセンス契約に定められた条件どおりに行われるとは限らない。支払いの時期に遅れる、あるいは意図せずしてロイヤルティの算定にミスが生じることは少なくない。上記のライセンサーの検査権限が留保されるのはこのためである。さらに、ライセンサーの観点からは、ロイヤルティの報告や支払いのライセンサーによる受領が、ライセンサーがその後にその有効性や正確性を争うことを妨げるものではない旨の規定が必要と考えられる。ライセンシーが、ロイヤルティの不払いや過少支払いをめぐるライセンサーとの訴訟において、ライセンサーの受領に基づく禁反言（エストッペル、estoppel）の主張をする可能性をライセンス契約上封じておくことが望ましい。

ロイヤルティの支払期間は、許諾特許の最後の特許権が終了する日、あるいはライセンサーとライセンシー間で改良技術の交換が継続して行われることを前提に、許諾技術を具体化する製品・プロセスのライフサイクルを基準として決定されるのが一般的である[20]。

Article 4　Consideration

4.1　In consideration of the disclosures made and the rights granted hereunder, Licensee shall make payments to Licensor as hereinafter described.

4.2　Lump Sum Payments

Licensee shall pay Licensor the sum of ______________________ in four (4) installments as follows;

(a) The sum of ___________________________ within _______ days of the Effective Date of this Agreement.

(b) The sum of _____________________________ prior to the first anniversary of the Effective Date of this Agreement.

(c) The sum of _____________________________ prior to the second anniversary of the Effective Date of this Agreement.

(d) The sum of ____________________________ prior to either the third anniversary of the Effective Date of this Agreement, or ________ days after the Start-up Date of Licensee's plant, whichever is earlier.

4.3　Running Royalties

Subject to the provisions of Article 4.3 hereof, Licensee shall pay Licensor running royalty on all the Products manufactured in Licensee's plant during the Royalty Payment Term and sold by Licensee hereunder as follows:

___ percent (%) of net selling price per metric ton

Net selling price shall mean the invoiced price of the Products on a sale by Licensee less such of the following as are shown separately on the invoice:

(a) Sales, turnover or added value taxes,

(b) Packing, freight and insurance costs,

(c) Credit on goods returned,

(d) Usual trade discounts.

［訳文］

第 4 条　対価

4.1　本契約に基づきなされた開示および許諾された権利の対価として、ライセンシーは、ライセンサーに対して、以下に記述される支払いを行う。

4.2　一時金の支払い

ライセンシーは、合計________________を 4 分割して、ライセンサーに以下のように支払う。

（a）本契約の発効日_______日以内に、合計________________。

（b）本契約の発効日の第 1 回記念日前に、合計________________。

（c）本契約の発効日の第 2 回記念日前に、合計________________。

（d）本契約の発効日の第 3 回記念日前またはライセンシーのプラントのスタートアップ日後_______日のいずれか早い日に、合計_________。

4.3　ランニングロイヤルティ

4.3 条の規定に従って、ライセンシーは、ロイヤルティ支払期間の間に、本契約に基づいて、ライセンシーのプラントで製造され、ライセンシーにより販売されたすべての製品に対して、ライセンサーに、以下のように、ランニングロイヤルティを支払う。

1 メトリックトン当たりの純販売価格の____ %

純販売価格は、ライセンシーによる販売における製品のインボイス価格から、インボイスに個別に示される以下のものを控除した価格を意味する。

（a）販売、売上高または付加価値税

（b）包装、運賃および保険のコスト

（c）返却された商品のクレジット

（d）通常の取引ディスカウント

［解説］

本条は、許諾された権利の対価の支払いについて、一時金およびランニングロイヤルティの支払い方に関する典型的な条項である。前者については、分割払いが通常であるので、それらの時期と金額を定めるとともに、後者については、ランニングロイヤルティの料率および純販売価格の算定方式を定める必要がある。

Article 4　Consideration

4.1　In consideration of the licenses granted hereunder, Licensee shall pay Licensor as follows:

(a)a royalty of:

(i) ______________________ per calendar year (and pro rata for any portion of a calendar year) during the period beginning on the Commercial Operation Date and ending on __________, and covering all the Products manufactured in the New Plant and sold to customers; provided, that in any calendar year in which such sales to customers are less than ______________ metric tons per calendar year) such royalty shall be reduced proportionately to such reduction in production;

(ii) One and forty five hundredths of one percent (1.45%)of the Net Sales Value of the Product produced in the New Plant and sold to customers during the period beginning on ___________ and ending on the tenth (10th)anniversary of the Commercial Operation Date; and

(iii) such percentage of the Net Sales Value of the Products produced in any second or subsequent train (if constructed) of the New Plant, and sold to customers, as shall be negotiated and agreed upon by Licensor and Licensee at such time as a decision made to construct any such train.

(b)A lump-sum amount of _________________ , which shall be paid in the following installments:

(i) ______________________ upon the Effective Date of this Agreement;

(ii) ______________________ within thirty (30) days following Licensee's receipt of the initial issue of the Operation Package; and

(iii) ______________________ within thirty (30) days after the Performance Guarantees have been fulfilled.

4.2　All royalties accrued under Article 4.1 for the Products sold during a Calendar Quarter shall be due and payable by Licensee within thirty (30) days after the end of that Calendar Quarter.

4.3　Net Sales Value means the gross selling price of any and all the Products invoiced to customers, less (i) trade and quantity discounts, (ii) the cost of packaging materials and containers, (iii) freight, insurance and all other transportation charges, (iv) rebates, (v) commissions to agents, trading houses and distributors, (vi) credits or allowances given on account of the return or rejection of the Product sold, and (vii) duties, sales taxes or governmental charges assessed on the sale or delivery of such Product sold, if included in the invoice price. The Product shall be considered "sold" when invoiced to customers.

4.4　Licensee shall make full and true reports in writing to Licensor within thirty (30) days after the end of each Calendar Quarter. Such reports shall set forth the number of metric tons of the Product manufactured and sold by Licensee during such Calendar Quarter and the gross selling price and Net Sales Value thereof. All reports shall be signed on behalf of Licensee and accompanied by evidence of payment of all royalties due for such Calendar Quarter.

［訳文］

第4条　対価

4.1　本契約に基づいて許諾されたライセンスの対価として、ライセンシーは、ライセンサーに以下のとおり支払う。

（a）以下のロイヤルティ

（i）新しいプラントで生産され、顧客に販売されたすべての製品に及ぶ、商業運転日に始まり、____________に終わる期間の間、暦年当り______________（および暦年の部分に対し按分して）。ただし、顧客に対する販売が暦年当り____________メトリックトン（または暦年の比例する部分に適用されるより少ない数量）以下である暦年においては、そのようなロイヤルティは，そのような生産の減少に比例して引き下げられる。

（ii）____________に始まり、商業運転日の第10回記念日に終わる期間、新しいプラントで生産され、顧客に販売された製品の純販売価格の1.45%。

（iii）新しいプラントの（建設されたならば）2番目またはその後の系列に

おいて生産され、顧客に販売された製品の純販売価格のパーセンテージ。そのようなパーセンテージは、そのような系列を建設するためになされた決定の時にライセンサーおよびライセンシーによって交渉され、合意される。

(b) 以下の分割で支払われる ________________ の一時金

(i) 本契約の発効日に________________。

(ii) 運転パッケージの最初の号のライセンシーによる受領後 30 日以内に ________________。

(iii) 性能保証が達成された後 30 以内に、________________。

4.2 四半期の間に販売された製品のために 4.1 条に基づいて生じたすべてのロイヤルティは、四半期末後 30 日以内に、ライセンシーによって支払われる。

4.3 純販売価額は、顧客にインボイスされたすべての製品の総販売価格から、(i) 取引および数量ディスカウント、(ii) 包装資材およびコンテナー、(iii) 運賃、保険およびその他の運送費用、(iv) リベート、(v) 代理人、商社およびディストリビューターへのコミッション、(vi) 販売された製品の返却または拒絶のために与えられるクレジットまたは値引き、および (vii) もしインボイスに含まれていれば、販売または販売された製品の引渡しに課される税金、販売税または政府の料金を控除したものを意味する。製品は、顧客にインボイスが送られた時に販売されたとみなされる。

4.4 ライセンシーは、各四半期後 30 日以内に、ライセンサーに書面で十分かつ真実の報告をする。そのような報告は、そのような四半期の間に、ライセンシーによって製造され、販売された製品のメトリックトン数ならびにそれらの総販売価格および純販売価額を記述する。すべての報告は、ライセンシーのために署名され、そのような四半期に支払期限のきたすべてのロイヤルティの支払いの証拠によって伴われる。

[解説]

本条は、対価の支払いに関して、ロイヤルティの支払方法および総販売価格からの控除項目の面において、上記の条項とは異なる特徴をもっている。前者については、一定の期間における固定金額の支払い、10 年間の間のランニングロイヤルティ料率 (1.45 %) および新しいプラントの 2 番目の系列の建設後はライセンサーとライセンシーによって合意されるパーセンテージという巧みな組み合わせを定めている。後者については、控除項目を細大もらさず列挙しており、ランニングロイヤルティの算定方法をめぐって後日争いが起こるかもしれないおそれを未然に防止している。

また、四半期ごとの書面による報告をライセンシーに義務付けており、ロイヤルティの支払いが本条項の規定どおりに実行されるよう図っていることは注目すべきである。

Article 5　Records
5.1　Licensee shall keep books of account containing an accurate record of all data necessary for the determination of the amounts of running royalties payable hereunder and shall, from time to time, permit Licensor by an independent certified accountant, selected by Licensor and reasonably acceptable to Licensee, to examine at the expense of Licensor such books of account of Licensee.

［訳文］
第5条　記録
5.1　ライセンシーは、本契約に基づき支払われるべきランニングロイヤルティの金額の決定のために必要なすべてのデータの正確な記録を含む会計帳簿を保管しており、そのようなライセンシーの会計帳簿をライセンサーの費用で、ライセンサーによって選ばれ、かつライセンシーにとって合理的に受入れ可能な、独立した公認会計士によって、時折、検査することを許す。

［解説］

本条は、会計帳簿の保存および独立した公認会計士による会計帳簿の検査に関する典型的な条項である。

Article 5　Records
5.1　Licensee shall keep in sufficient detail records relating to the manufacture, use and sale of the Products to show the accuracy of royalty calculation. Licensee shall permit, at the request and expense of Licensor, an independent public accountant acceptable to Licensee to have access to such records to the extent necessary to verify royalty calculations, provided that any such audit shall be initiated within one (1) year from the date on which the applicable royalty report is submitted by Licensee to Licensor. This Article 5 shall survive for one (1) calendar year after the expiration of the Royalty Payment Period.

［訳文］
第５条　記録
5.1　ライセンシーは、ロイヤルティ計算の正確性を示すために、製品の製造、使用および販売に関する記録を十分詳細に保管している。ライセンシーは、ライセンサーの要請および費用で、ライセンシーにとって受入れることのできる、独立した公認会計士が、ロイヤルティ計算の正確なことを確かめるために必要な範囲でそのような記録にアクセスすることを許す。しかしながら、そのような監査は、適切なロイヤルティ報告が、ライセンシーによりライセンサーへ提出された日から１年以内に開始されなければならない。本５条は、ロイヤルティ支払期間の終了後１暦年間残存する。

［解説］
本条は、上記の条項が明示していない、独立した公認会計士の監査の時期について定めており、ライセンサーの観点からは、このような監査を具体的に実行できるように本契約に規定することは重要である。

4　技術情報の提供と技術指導

技術情報の提供と技術指導は、特許・ノウハウライセンスおよびノウハウライセンスにおけるライセンサーの基本的義務であり、これによって実際にノウハウがライセンシーに移転されることが可能となる。

まず、技術情報の提供は、主として書面の形でなされるが、デザイン（design）、基本エンジニアリング（basic engineering）等のノウハウ・パッケージ（know-how package）、オペレーション・マニュアル（operation manual）など、どのような書面がどのようなタイミングで（例えば、ライセンス契約締結時、締結後３カ月、スタートアップ時）提供されるのか明確に定める必要がある。ライセンサーの立場からは、かかる書面は自己のオペレーションに一般的に用いられている書面に限定する必要がある。

技術指導は、ライセンシーの技術者のライセンサーのプラントにおける訓練およびライセンサーの技術者のライセンシーへの派遣によってなされるが、それぞれの回数、一回当りの人数と滞在日数、延べ総人数・総日数および旅費、滞在費、アブセンス・フィー（日当、absence fee）[21] 等の費用負担が明記されなければならない。派遣されたライセンサーの技術者の役割は、ライセンシーによる新しいプラント建設に対する技術的助言、新プラントのスタートアップや新プロセスの運転に対する助言等その他の技術的な助言に及ぶ。

商標ライセンスが伴う場合、ライセンサーは、ライセンス契約期間中、許諾製品の品質管理システムを提供しなければならない。技術規格の開発、許諾製品のテスト方法、ライセンシーの製造設備の検査等が含まれる。

Article 6　Transfer of Technology

6.1　Licensee hereby acknowledges the receipt of some technical documents from Licensor, prior to the Effective Date, which is listed in Appendix attached hereto and made part hereof.

6.2　Within ______ days after the Effective Date of this Agreement but not until receipt of the first lump sum payment, Licensor shall deliver to Licensee the technical documents, the content of which are presented in Appendix attached hereto and made part hereof, to facilitate the commercial use of Technology.

6.3　At a time mutually agreed to by the parities but prior to the Start-up Date of Licensee's plant, Licensor shall provide Licensee with an operation manual developed for use by Licensor in one of its own plants employing Technology. Such operation manual shall include, but not be limited to, operating, training, normal maintenance and emergency procedures.

6.4　From time to time during ______ years after the Effective Date of this Agreement, Licensor shall disclose in writing Licensee additions to Technology, if any, which first come into Licensor's possession prior to the expiration thereof and which Licensor can disclose without obligation to a third party.

［訳文］

第6条　技術の移転

6.1　本契約の発効日の前に、ライセンシーは、本契約に添付され、本契約の一部となった付表にリストされているいくらかの技術資料をライセンサーから受領したことを認める。

6.2　本契約の発効日から________日以内に、しかし最初の一時金の受領までではなく、ライセンサーは、本契約に添付され、本契約の一部となった付表において提示されている内容の技術資料を、技術の商業的使用を容易にするために、ライセンシーに引き渡す。

6.3 当事者によって相互に合意される時に、しかしライセンシーのプラントのスタートアップ日の前に、ライセンサーは、技術を採用する自身のプラントの1つにおいてライセンサーによる使用のために開発された運転マニュアルをライセンシーに提供する。そのような運転マニュアルは、運転、訓練、通常の修理および緊急手続を含むがそれらに限定されない。

6.4 本契約の発効日後________年間、時折、ライセンサーは、書面で、本契約の終了の前に最初にライセンサーの所有となり、第三者に対する義務なくして開示できる、技術に対する追加を、何かあれば、ライセンシーに開示する。

［解説］

本条項は、円滑な技術移転のために必要な技術資料の内容と提供時期に関する典型的な条項である。技術資料の内容および提供時期は、いずれもできるだけ具体的に規定することが望ましい。

Article 6 Transfer of Technical Information

6.1 Promptly after the Effective Date of this Agreement, Licensor and Licensee shall hold a preparation meeting for the following purposes:

(a) to review the Engineering Package and reach agreement with respect to any updates, alteration or correction required therein;

(b) to review the commissioning and Process Guarantees attached as Annex and reach agreement to the matters to be incorporated in Table A, B and C thereof;

(c) to discuss and agree on the expected construction schedule of the New Plant and the delivery schedule of the Operation Package and other written documents to be delivered to Licensee hereunder.

6.2 Licensor shall provide to Licensee its technical information, consultation, reports and, in general, all technical assistance necessary or useful for the implementation of the licenses granted with respect to the Technology. Such technical information will be transferred to Licensee in documentary form, which shall be in reasonable detail and shall cover the aspects of the Technology described in Annex. Such technical information shall be also disclosed on the visits of the personnel of either party to the offices and plants of the other party, during the course of training programs for licensee's personnel and by periodic follow-up and mutual consultation.

6.3 Each party shall nominate a project manager, who shall be responsible for representing such party in the formal transfer of information and in the resolution of any difficulties arising from the incident relating thereto. The project manager will be appointed for a period beginning with the Effective Date of this Agreement and ending one year after the Commercial Operation Date.

[訳文]

第6条　技術情報の移転

6.1 本契約の発効日後敏速に、ライセンサーおよびライセンシーは、以下の目的のために、準備会合を開催する。

(a) エンジニアリングパッケージを再吟味し、要求される更新、変更または修正に関して合意に達するため。

(b) 付表として添付された引渡しおよびプロセス保証を再吟味し、付表のテーブルA、BおよびCに含まれる事項について合意に達するため。

(c) 新しいプラントの建設予定スケジュール、運転パッケージの引渡しスケジュールおよびライセンシーに引き渡されるべきその他の書面について議論し、合意するため。

6.2 ライセンサーは、その技術情報、相談、報告および、一般的に、技術に関して許諾されるライセンスの実施のために必要なまたは有用なすべての技術的援助をライセンシーに提供する。そのような技術情報は、合理的に詳細であり、かつ付表に記述される技術の面を含む、書面の形で、ライセンシーに移転される。そのような技術情報は、ライセンシーの人員の訓練プログラムのコースの間ならびに定期的なフォローアップおよび相互の相談によって、他の当事者のオフィスとプラントへのいずれかの当事者の人員の訪問時にも開示される。

6.3 各当事者は、情報の公式な移転および、それに関連する出来事から生じる困難の解決において当事者を代表する責任を負うプロジェクトマネージャーを指名する。プロジェクトマネージャーは、本契約発効日に始まり、商業運転日後1年で終わる期間、任命される。

[解説]

本条は、特に技術情報の移転に関して、円滑な移転を図るために具体的な移転のやり方を規定するものである。技術情報の移転のために、通常、ライセンサーとライセンシーの間でなんらかの会合を開いて協議するので、本条のようにその目的を明らかに規定することは効果的である。さらに、技術情報の提供時期については、当事者の人員が相互に訪問する時にも、技術情報が提供されるとして現実的な柔軟性をもたせているのは賢明であるが、その前に、上述した条項のように、何回かの具体的な提供時期を規定することが必要である。

また、それぞれの当事者の窓口として調整役の機能を果たすプロジェクトマネージャーを任命することは、円滑でかつ迅速な移転を促進するためにきわめて有用である。

Article 7　Technical Assistance

7.1　Licensor shall, upon request by Licensee, provide technical training to technical personnel of Licensee in the use of Technology to manufacture the Product at the plants of Licensor, provided that the time, place and duration of such training and the number of such personnel to be trained at any one time shall be mutually agreed upon by the parities hereto.

7.2　Licensor shall, upon request of Licensee, dispatch its technical personnel to the Licensee's plant to provide Licensee with technical assistance for the start-up of the Licensee's plant, provided that the number of such personnel and duration of such start-up assistance shall be mutually agreed upon by the parities hereto.

7.3　All personnel of each of the parties who visit the facilities of the other party shall observe all safety and other regulations which have been established by such other party for the facilities visited. To assure the safety and health of Licensor's personnel during visits to facilities of Licensee in connection with assistance to be provided under Article 7 hereof, Licensee shall insure that the procedures and controls at the site shall conform to those set forth in Appendix attached hereto and made part hereof.

7.4　Each party agrees to indemnify and save the other party harmless from and against any and all liability of any kind of nature whatsoever, unless caused by criminal conduct attributable against the other party. Licensee shall indemnify and save Licensor harmless from and against any and all liability of any kind of nature whatsoever on account of damage to or destruction of Licensee's property except where such damage or destruction is solely due to any negligent act or omission to act on the part of Licensor.

7.5　Licensee shall pay to Licensor promptly upon receipt of an invoice therefor the assistance of each of said personnel, provided that under Article 7, for such time as he shall spend outside of this usual place of employment, together with the living and traveling expenses of each of said personnel during the assistance period, to be computed from the time he leaves his usual place of working until his return thereto based on travelling by air. The daily sum for assistance shall be payable for any day in the assistance period on which such personnel are away from their normal work place on behalf of Licensee.

7.6　Licensee shall assume all taxes imposed by the Government of Licensee on the salaries of Licensor's personnel working for the benefit of Licensee in Territory.

7.7　The salaries, maintenance and travel expenses of Licensee's personnel who are assigned to receive the assistance to be provided by Licensor under the provisions of this Article 7 shall be borne by Licensee.

[訳文]

第7条　技術援助

7.1　ライセンサーは、ライセンシーの要請に応じ、ライセンサーのプラントで製品を製造するために、技術の使用における技術的訓練をライセンシーの技術者に提供する。しかし、そのような訓練の時期、場所および期間ならびに一度に訓練されるそのような人員の数は、当事者によって相互に合意される。

7.2　ライセンサーは、ライセンシーの要請に応じ、ライセンシーのプラントのスタートアップのための技術的援助をライセンシーに提供するために、その技術者をライセンシーのプラントに派遣する。

7.3　他の当事者の施設を訪問する各当事者のすべての人員は、訪問される施設のために他の当事者により確立されたすべての安全および他の規則を遵守する。7条に基づき提供される援助に関してライセンシーの施設への訪問の間、ライセンサーの人員の安全および健康を保証するために、ライセンシーは、施設での手続およびコントロールが本規約に添付され、その一部をなす付表に記述されるものに従うことを確保する。

7.4　各当事者は、他の当事者の犯罪行為によって引き起こされなければ、どのような種類の性質であれ、いかなる責任からも他の当事者を保護し、救い出す。ライセンシーは、ライセンシーの財産に対する損害およびその破壊を理由とする、どのような種類の性質であれ、いかなる責任からもライセンサーを保護し、無害にする。ただし、そのような損害または破壊が、もっぱらライセンサー側の過失行為または不作為による場合は除く。

7.5　ライセンシーは、各人員の援助のためのインボイスの受領次第、ライセンサーに支払う。ただし、7 条に基づき、彼が、通常の雇用場所外で過ごす時間は、援助期間の間、各人員の生活および旅行費用とともに、飛行機による旅行に基づき、彼が通常の働く場所から離れ、そこへ帰る時間まで算定される。

7.6　ライセンシーは、テリトリーにおいてライセンシーのために働くライセンサーの人員の給料に対してライセンシーの政府により課されるすべての税金を引き受ける。

7.7　本条に基づき、ライセンサーによって提供される援助を受けるために割り当てられるライセンシーの人員の給料、生活および旅行の費用は、ライセンシーによって負担される。

[解説]

本条は、ライセンサーのプラントにおけるライセンシーの技術者の訓練およびライセンシーのプラントのスタートアップのためにライセンサーの技術者の派遣に関する典型的な条項である。

Article 7　Technical Assistance

7.1　At the request of Licensee, Licensor shall dispatch qualified personnel to provide to Licensee at the Licensee's premises or other mutually acceptable locations in ______________, such technical assistance, consultation and advice as may be appropriate and necessary to facilitate the implementation of the Technology in the planning, design, construction, commissioning, start-up, operation and maintenance of the New Plant.

7.2　The technical assistance to be provided by Licensor pursuant to Article 7.1 shall be provided by the dispatch of Licensor's personnel to the Licensee's premises, during the engineering and construction of the New Plant, without separate charge for up to forty five (45) man-days. For assistance by such personnel in excess of said forty five (45) man-days, Licensee shall pay Licensor a per diem fee of ______________ per person for each day during which such personnel are absent from their usual working places in ________, including the days of departure from and

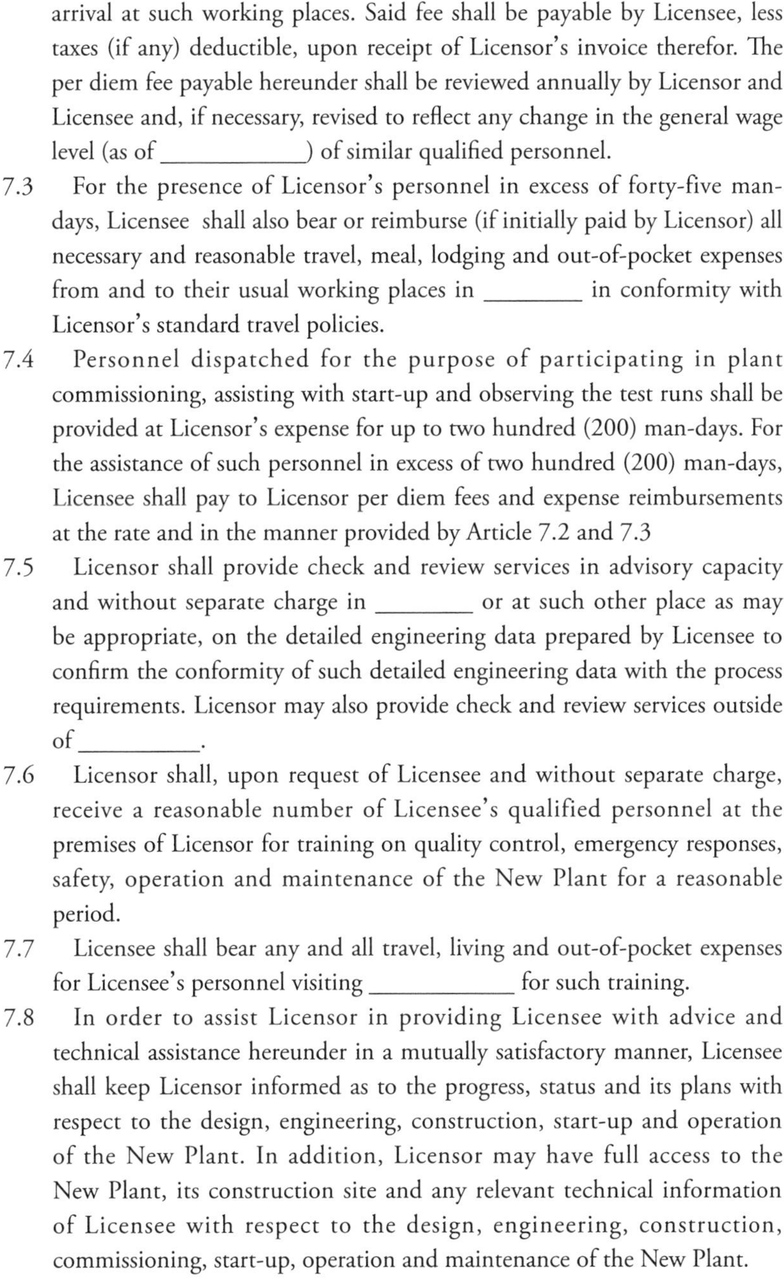

arrival at such working places. Said fee shall be payable by Licensee, less taxes (if any) deductible, upon receipt of Licensor's invoice therefor. The per diem fee payable hereunder shall be reviewed annually by Licensor and Licensee and, if necessary, revised to reflect any change in the general wage level (as of ____________) of similar qualified personnel.

7.3 For the presence of Licensor's personnel in excess of forty-five man-days, Licensee shall also bear or reimburse (if initially paid by Licensor) all necessary and reasonable travel, meal, lodging and out-of-pocket expenses from and to their usual working places in ________ in conformity with Licensor's standard travel policies.

7.4 Personnel dispatched for the purpose of participating in plant commissioning, assisting with start-up and observing the test runs shall be provided at Licensor's expense for up to two hundred (200) man-days. For the assistance of such personnel in excess of two hundred (200) man-days, Licensee shall pay to Licensor per diem fees and expense reimbursements at the rate and in the manner provided by Article 7.2 and 7.3

7.5 Licensor shall provide check and review services in advisory capacity and without separate charge in ________ or at such other place as may be appropriate, on the detailed engineering data prepared by Licensee to confirm the conformity of such detailed engineering data with the process requirements. Licensor may also provide check and review services outside of __________.

7.6 Licensor shall, upon request of Licensee and without separate charge, receive a reasonable number of Licensee's qualified personnel at the premises of Licensor for training on quality control, emergency responses, safety, operation and maintenance of the New Plant for a reasonable period.

7.7 Licensee shall bear any and all travel, living and out-of-pocket expenses for Licensee's personnel visiting ____________ for such training.

7.8 In order to assist Licensor in providing Licensee with advice and technical assistance hereunder in a mutually satisfactory manner, Licensee shall keep Licensor informed as to the progress, status and its plans with respect to the design, engineering, construction, start-up and operation of the New Plant. In addition, Licensor may have full access to the New Plant, its construction site and any relevant technical information of Licensee with respect to the design, engineering, construction, commissioning, start-up, operation and maintenance of the New Plant.

［訳文］

第 7 条　技術援助

7.1　ライセンシーの要請で、ライセンサーは、新しいプラントのデザイン、建設、引渡し、スタートアップ、運転および維持における技術の実施を容易にするために適切および必要な技術援助、相談および助言を、_________におけるライセンシーの構内または他の相互に受入れ可能な場所で、ライセンシーに提供するために、資格のある人員を派遣する。

7.2　7.2 条に従ってライセンサーにより提供される技術援助は、新しいプラントのエンジニアリングおよび建設の期間、45 人日 (man-day) まで別途の費用なくして、ライセンシーの構内へのライセンサーの人員の派遣によって提供される。45 人日を超えるそのような人員による援助のために、ライセンシーは、そのような場所からの出発日および到着日を含む、そのような人員が______における通常の働く場所から不在である間、1 日のために 1 人当り________の日当をライセンサーに支払う。その費用は、ライセンサーのインボイスを受領次第、税金（もしあれば）を差し引いて、ライセンシーにより支払われる。本条に基づいて支払われる日当は、ライセンサーおよびライセンシーにより毎年再吟味され、必要ならば、類似の資格ある人員の一般賃金レベル（_______付け）における変化を反映するために改訂される。

7.3　45 人日を超えるライセンサーの立ち会いのために、ライセンシーは、ライセンサーの標準旅行ポリシーに従って、________における通常の働く場所からそこへの、すべての必要で合理的な旅行、食事、宿泊および現金支払い経費を負担する、または（当初ライセンサーにより支払われていれば）返済する。

7.4　プラント引渡し、スタートアップの援助およびテストランの観察に参加する目的のために派遣される人員は、200 人日まではライセンサーの費用で提供される。200 人日を超えるそのような人員の援助のために、ライセンシーは、7.2 条および 7.3 条により規定される料率および方法で日当ならびに費用の返済をライセンサーに支払う。

7.5　ライセンサーは、ライセンシーにより準備された詳細なエンジニアリングデータについて、そのようなデータがプロセスの要求に一致していることを確認するために、______または他の適当な場所において、別途の料金なくして、助言的立場で、チェックおよびレビューのサービスを提供する。ライセンサーは、__________外でも、チェックおよびレビューのサービスを提供する。

7.6　ライセンサーは、ライセンシーの要請に応じ、別途の料金なくして、品質管理、緊急対応、安全、新しいプラントの運転および維持に関する訓練のために、合理的な期間、ライセンシーの合理的な数の資格ある人員をライセンサーの構内で受け入れる。

7.7　ライセンシーは、そのような訓練のために訪問するライセンシーの人員の旅行、生活および現金支払い経費のすべてを負担する。
7.8　助言および技術援助を相互に十分なやり方でライセンシーに提供する際にライセンサーを援助するために、ライセンシーは、新しいプラントのデザイン、エンジニアリング、建設、スタートアップおよび運転に関する進展、状況および計画について、ライセンサーに知らせ続ける。加えて、ライセンサーは、新しいプラント、その建設場所、および新しいプラントのデザイン、エンジニアリング、建設、引渡し、スタートアップ、運転および維持に関するライセンシーの関連技術情報に十分にアクセスできる。

［解説］

本条は、ライセンサーが派遣する技術者の人数・期間 (man-day) について、新しいプラントのデザインから運転および維持に至る期間と新しいプラントのスタートアップ・テストランの時に分けて、それぞれ一定の数字を設定し、ライセンサーまたはライセンシーの費用負担のあり方を定めている。

5　ライセンス関係の解消

(1)　契約期間と一般的解消事由

ライセンス関係の解消にかかわる契約条項については、ありきたりの標準条項に委ねられる傾向があるが、このような条項にあまり依存するとかえって将来解消をめぐって当事者間に利害の対立が生じた場合、問題を生じる可能性があり、契約締結時点において十分な検討と交渉が必要である。

多くのライセンス契約に不明確な解消条項の例が見受けられる。明確性の欠如はライセンス契約における相反する条項から生ずる場合が多い。また、関連する条項における不十分な規定の内容に起因するものもある。それぞれのライセンス契約において、解消事由、期間満了または解除の結果および当事者間の権利義務関係について明確に規定する必要がある[22]。

ライセンス関係の解消は、ライセンス契約期間の満了または期間前の契約解除によって生じる。契約期間は、当事者の合意によって定められるが、許諾特許の有効残存期間を基準とした場合、この許諾特許にライセンサーの改良技術が含まれるのかどうかを明らかにしておく必要がある。この場合、ライセンサーの最新の改良技術の特許権の終期まで契約期間が及ぶことになるので、ライセンサーとしては、改良技術を許諾する期間について慎重な検討が必要となる。また、契約期間の延長または更新を認める場合にはその条件と期間を明確に定めるべきである。さらに、当事者それぞれの付随的な権利義務に関する延長の可否についても規定する必要がある。

契約解除は、当事者の一方の破産、支払不能または第三者による合併・買収等によって当事者に対する実質的な支配関係が変化することなどによって生ずる場合と契約の重大な違反によって生ずる場合がありうる。どのような具体的な事由によって解除権を発動できるのか契約上明記しておかなければならない。なお、当事者の合意によって中途解約できることはいうまでもない。

とりわけ「重大な違反」については、その解釈をめぐって争いとなる可能性があり、ライセンス契約において、ライセンサー、ライセンシーそれぞれの主たる義務に関する違反をできるだけ具体的に明記することが賢明である。もっとも、具体的な事由を挙げることができたとしても例示にとどまり、紛争の種は残ることになる。

そこで、契約違反が生じ、それが治癒できるものである場合には、解除の通知を発する前に、不履行当事者にそれを治癒するための一定の期間をライセンス契約上与えることが考えられる[23]。その期間の終了までに当該違反が治癒されないとき、ライセンス契約は直ちに（さらに通知を必要とすることなく）終了する。つまり、治癒期間が「履行のための付加期間」[24]の機能をも果たすことになり、違反の重大性についての紛争を回避する1つの方法として有用である。

ところで、ライセンス関係解消時ないしその後の当事者の権利および義務が何であり、どのようになるかについては、これを定めている適当な法は見当たらず、契約上も明記されていないことがしばしばである。もっとも、ユニドロワ国際商事契約原則は、契約の解除は、紛争解決のための契約規定やその他解除後に適用されるべき契約条項には影響を及ぼさない（7.3.5条3項）と規定しているが、具体的な契約条項の内容については当事者の合意に委ねられている。

当初のライセンス契約において、解消後の細目を合意することは実際上困難であり、またライセンス関係の態様により定めるべき内容も変わってくるが、解消によりビジネス上大きな影響を受ける当事者にとっては、解消後の当事者の権利・義務に関する基本的な枠組みを設けておきたいところである。解消時には、当事者の利害が鋭く対立し、些細なことでも合意に達することは容易ではない。ここでは単純なライセンス関係を前提として検討するが、以下のような基本的な問題について契約上明記することが必要と考えられる[25]。

（2） 期間満了による解消後の当事者の権利・義務

期間満了の場合、すべてのロイヤルティの支払いは完了しており、ライセンサーは、ロイヤルティ支払済みのライセンス（paid-up license）として、ノウハウを含む秘密情報の使用継続を認めるのが通常である。この場合、ライセンサーによる改良技術についての情報を開示し許諾する義務は、期間満了前の、例えば２～３年前に終了するように設定するのが賢明である。これによってライセンサーは、期間満了直前の開示を避けるとともに、ライセンシーに契約更新を促すことができる。

ライセンス契約において、許諾技術のライセンスとともに商号または商標のライセンスも許諾されていた場合、ライセンス期間の満了とともに商号・商標のライセンスも終了するのが通常である。

（3） 期間満了前解除による解消後の当事者の権利・義務

解消事由がライセンシーに生じ、ライセンサーが解除権を発動する場合、ライセンシーは、すべての秘密情報を返還し、許諾され開示された秘密情報（ノウハウを含む）の使用禁止が要求される。許諾された商号・商標のライセンスも当然ながら終了する。また、許諾技術に基づいて製造された許諾製品の在庫の処分についてもライセンサーの指示に従わなければならない。

解除事由がライセンサーに生じ、ライセンシーが解除権を発動する場合、ライセンシーの要請に従い、許諾特許または許諾技術に基づくライセンスの継続を認める必要が生じてくる。とりわけ、当該ライセンスが共同研究開発型である場合にはその必要性は強い[26]。ライセンシーに研究開発の継続などのインセンティブがあるとき、ライセンシーがライセンスを継続することができる旨ライセンス契約において規定する。この場合、ロイヤルティの合理的な減額について当事者は合意することが必要である。

なお、上記の期間満了および期間前解除のいずれの場合においても、秘密保持義務は残存し、また、ライセンシーによる一定期間の会計帳簿保存義務は残る旨契約上明記しなければならない。

（4） 期間満了前解消事由の吟味

ライセンス契約期間満了前にライセンス関係が解消され、その過程で生じた当事者間の紛争も解決された段階で、どのような問題が期間満了前解消を引き起こしたのか、同様の問題が将来生じるのをどのようにして防ぐことができるのかを吟味することは有用と考えられる。このような吟味は、ビジネスの側面とともに法的な側面から行う必要がある[27]。

その吟味の結果は、一定のライセンス関係における同様のリスクを特定し、当該リスクに対処する適切な方法を見いだすために、リスク評価のチェックリストをつくり、絶えずそれを発展させ、将来新たなライセンス関係の構築に役立てるのに用いることができる。

例えば、以下のような検討項目が考えられる。

①当該ライセンス関係に入った当事者のそれぞれの目的は何であったか。当事者双方が利益を受けるような関係が達成できないほどの基本的な相違があったのか。②他に潜在的な競争者が存在するのか、あるいは当該ライセンス関係は、当事者の一方または双方にとって唯一の機会であったか。③当該ライセンス関係の価値の基礎をなす重要な前提は何であったか、そしてその前提が違っていたときに当事者のそれぞれに与える影響はどのようなものであったか。④許諾特許権の保護の弱さや当事者の財務的な力の弱さのような潜在的ないし実際的な問題は、相手方当事者に対する事前の評価によって特定されていたか。⑤当事者が属する国や許諾製品が生産・販売される国に関してなんらかの問題があったのか。

Article 16　Duration and Termination

16.1　Unless terminated earlier, this Agreement shall continue in full force either for ______ years from the Effective Date or for the full lives of Licensor's Patents, which is longer.

16.2　Termination of this Agreement for whatever cause by either party shall not affect any rights accrued or obligations incurred prior to the effective date of such termination.

16.3　After the Royalty Payment Term, Licensee shall have the fully paid-up right, to the extent granted hereunder, to manufacture the Products in Territory with Technology disclosed hereunder and Licensor shall not assert any of the Licensor's Patents by reason of Licensee's use thereof, provided that Licensee has fulfilled all of its duties and obligations hereunder.

16.4　The obligations of the parties hereto under the provisions of Article ________ hereof survive ______ years after termination or expiration of this Agreement.

[訳文]

第16条　期間および解消

16.1　より早く解消されなければ、本契約は、契約発効日から_________年間またはライセンサーの特許の全寿命の期間のいずれか長い間、有効に存続する。

16.2　いかなる理由であれ、いずれかの当事者による本契約の解消は、そのような解消の発効日前に生じた権利または負った義務に影響しない。

16.3　ロイヤルティ支払期間後、ライセンシーは、本契約に基づいて許諾された範囲で、本契約に基づき開示された技術でテリトリーにおいて製品を製造する、完全支払い済みの権利をもち、ライセンサーは、ライセンサーの特許のライセンシーの使用を理由として、ライセンサーの特許を主張しない。ただし、ライセンシーが本契約に基づくすべての義務を果たしたことを条件とする。

16.4　____条の規定に基づく当事者の義務は、本契約の解消または満了後____年残存する。

[解説]

本条項は、本契約の有効期間、ロイヤルティ支払期間後のライセンシーの権利および解消後の当事者の義務の残存に関する典型的な条項であるが、解消事由については、下記の条項のように、記述する必要がある。

Article 16 Duration and Termination

16.1 Unless earlier terminated in accordance with the provisions of Article 16.2 or 16.3 hereof, this Agreement shall be and remain in full force and effect for a period extending from the Effective Date through the date of expiration of the last patent in Licensor's Patents to expire, and thereupon shall expire without notice.

16.2 In the event of the default or failure by Licensee to make payment herein provided when due or to comply with any of the terms, covenants or provisions of this Agreement, Licensee shall have sixty (60) days after the giving of written notice by Licensor of such default within which to correct such default. If such default is not corrected within sixty (60) day period, Licensor shall have the right, at its option, to cancel and terminate this entire Agreement.

16.3 Licensor shall have the right, at its option, to cancel and terminate this Agreement in the event that Licensee hall become involved in insolvency, dissolution, bankruptcy or receivership proceedings affecting the operation of its business.

16.4 No termination of this Agreement shall constitute a termination or a waiver of any rights of any party against any other party accruing at or prior to the time of such termination.

［訳文］

第16条　期間および解消

16.1 16.2条および16.3条の規定に従ってより早く解消されるのでなければ、本契約は、発効日からライセンサーの特許における最後の特許の満期日までの期間有効であり、通知なくして満了する。

16.2 支払期限の来た時に、本契約に規定される支払いをする、または本契約の条項、約束もしくは規定に従う、ライセンシーによる不履行または失敗の場合、ライセンシーは、ライセンサーによるそのような不履行の書面の通知後60日内に不履行を治癒するために、そのような60日をもつ。不履行が60日内に修正されなければ、ライセンサーは、そのオプションで本契約全体をキャンセルし解消する権利を有する。

16.3 ライセンサーは、ライセンシーが、そのビジネスの展開に影響する、支払不能、解散、破産または管財人管理の手続に巻き込まれる場合には、そのオプションで本契約をキャンセルし、解消する権利を有する。
16.4　本契約の解消は、解消時にまたはその前に生じている、各当事者の他の当事者に対する権利の解消または放棄を構成しない。

［解説］

本条において、ライセンシーの不履行の場合、その不履行を治癒する機会を与えるために具体的な期間を定めることは重要である。

Article 16　Termination

16.1　If either party hereto shall fail to perform or fulfill, in the time and manner herein provided, any obligation or condition herein required to be performed or fulfilled by such party, and if such default shall continue for ________ days after written notice thereof from non-defaulting party, then the non-defaulting party shall have the right to terminate this Agreement by written notice of termination to the defaulting party at any time after such _______ days. Any termination of this Agreement pursuant to this Article shall be in addition to, and shall not be exclusive of or prejudicial to, any other rights or remedies, at law or in equity, which the non-defaulting party may have on account of the default of other party. Waiver by any party of a single default or a succession of defaults shall not deprive such party of any right to terminate this Agreement, arising by reason of any subsequent default.

［訳文］

第 16 条　解消

16.1　いずれかの当事者が、本契約に規定された時期および態様において、その当事者によって達成または満たされることが要求される義務または条件を達成または満たすことに失敗し、かつ、そのような不履行が、非不履行当事者からの書面通知後______日間続くならば、非不履行当事者は、そのような______日後いつでも、不履行当事者への書面通知により本契約を解消する権利を有する。本条に従う本契約の解消は、非不履行当事者が、他の当事者の不履行の理由で、法律または衡平法上有するいかなる他の権利または救済に追加し、かつそれらを排除または害しない。１つの不履行または連続する不履行のいかなる当事者による放棄も、続いて起る不履行のために生じる、本契約を解消する権利をその当事者から奪わない。

［解説］

本条項は、不履行による契約解消について、上記の条項と同じ趣旨を定めている。

（5） ライセンサーの破産とライセンシーの保護

ライセンス関係解消事由の1つとして、ライセンサーが破産に陥り、破産手続が開始された場合、許諾技術に基づいて事業基盤を構築していたライセンシーは、その拠り所を一挙に失って事業継続が困難になるおそれが生じる。このようなライセンシーに、破産法制等の法制度上保護される道が残されているのであろうか。

（a）アメリカ法における破産プロセス

破産の申し立てがなされると、破産手続前に生じた請求等に関する、破産者に対するほとんどの行為は自動的に停止される（破産法362条）。自動的停止（automatic stay）は、破産者との契約の相手方が契約に定める自力救済を利用することを一般的に妨げ、破産手続中ほとんどの訴訟行為を妨げる。

破産法11章更正（reorganization）において一般的に、会社の経営陣は、再生債務者（debtor in possession）として、ビジネス活動を継続する。

知的財産のライセンスは、破産法上は譲渡（transfer）とみなされており、破産手続開始前になされた譲渡は、ある状況下において、破産管財人（trustee）により否認（set aside）することができる（破産法547条、548条）。

破産管財人は、裁判所の承認に従いつつ、双方未履行契約（executory contract）を全体として引き受ける（assume）、あるいは拒絶することができる。両当事者の債務がいまだ履行されていないので、いずれの当事者の不履行も重大な契約違反となるときには、契約は双方未履行であると一般的に考えられており、ほとんどの知的財産取引は双方未履行契約とされている。

破産管財人は、契約を引き受ける、そして引き受けた契約を第三者に譲渡することもできる。しかし、そうするためには、以前の不履行を治癒し、そして譲受人が履行することができるという相当な保証を提供しなければならない（破産法365（b）条）。

破産管財人は、契約を拒絶することができる。契約の拒絶は、債務者による、破産申し立て前の契約違反を構成する。契約の債権者は契約違反に対する損害賠償を請求できるが、その損害賠償は担保のない（unsecured）申し立て前の債権とされており、ほとんど価値のないものとなる。

知的財産のライセンシーは、ライセンサーの破産の場合における一定の保護を与えられている。破産法365(n)条によれば、裁判所がライセンスの拒絶を承認した場合、ライセンシーは、契約を拒絶により解消されたものとして扱うか、ライセンスに基づいてライセンスされた知的財産の権利を破産手続の開始直前に存在したものとして留保するかを選ぶことができる。前者の場合、ライセンシーには解消の結果担保のない損害賠償請求権が残されるが、ほとんど価値のないものとなる。後者の場合、ライセンシーは、ライセンス契約に含まれたサービスや改良技術などに対するアクセスは有せず、関連する知的財産に対するロイヤルティの支払いは継続しなければならない。

（b）破産法365(n)条による保護とその限界

Lubrizol Enterprises, Inc. v. Richmond Metal Finishers Inc., 756 F.2d 1043（4th Cir. 1985）において、1982年Richmondは、メタルでおおうプロセスを使用する非独占的ライセンスを許諾する契約をLubrizolと締結した。1983年にはRichmondは、破産法11章に基づいて破産を申し立てた。Richmondは、破産裁判所の承認を得て、当該ライセンス契約を拒絶した。

第4巡回区連邦控訴裁判所は、ライセンス契約が双方未履行であり、そしてその拒絶が破産者にとって有利であるとして、破産者がライセンス契約を拒絶する権利がある、と判断した。

連邦控訴裁判所は、そのような契約を双方未履行として拒絶することがLubrizolのような当事者に重い負担を課すことを明白に認識しており、そして同様のケースにおける拒絶が資金的に困難な状況にある企業と契約しようとする当事者に冷却効果を及ぼしうることは疑う余地もないとさえ述べている。しかしながら、連邦控訴裁判所は、現行法を適用しなければならないとして、拒絶を認めた。その結果、ライセンシーLubrizolは許諾技術に対する権利を失ったのである。

Lubrizolケースを契機として、1988年知的財産破産保護法（Intellectual Property Bankruptcy Protection Act）が制定され、破産法に新しく365(n)条が追加された。365(n)条は、ライセンサーの破産の場合におけるライセンシーの利益を保護するために、ライセンサーからライセンスの将来を決定する権利を取り上げた。本法は、技術の発展および技術革新に対するライセンス制度の重要な役割の再認識の下で、ライセンサー倒産という非常時におけるライセンシーの利益保護の観点からライセンシーとライセンサーの当事者双方の譲歩による利益衝突の解消を図るものである[28]。

このようなLubrizolケースにおけるライセンシーの困難を緩和するために、365(n)条が制定されたが、本条は商標ライセンスには適用されない。Lubrizolケースに関する議会の懸念は、もっぱらライセンスに依存している、ソフトウェアやバイオ産業における新興企業に集中しており、Lubrizolケースの判決がこれらの産業の成長に直接の脅威となると考えられたからであった。製品を商業化するために大きな金額を投資しなければならないが、ライセンサーの破産の場合にはライセンスを失うことをおそれて、潜在的なライセンシーは、資金的に不安定な新興企業との取引をしりごみする、ということが懸念された[29]。

365(n)条によれば、上述したように、ライセンシーがライセンス契約におけるその権利を留保することを選択した場合は、ライセンサーは、ライセンシーがその権利を行使することを許し、ライセンシーはライセンス契約に基づくロイヤルティの支払いを継続しなければならない。ライセンシーはライセンスの残存期間許諾された知的財産の権利を留保できるが、拒絶は、ライセンサーがライセンス契約における現在または将来の積極的な義務を履行することから解放する。もっとも、ライセンサーは、秘密保持義務のような消極的な義務にはなお拘束される。

したがって、ライセンシーは、ライセンサーによる技術指導や援助のような、破産申し立て後はライセンサーのサービスを享受する権利、そして破産申し立て後にライセンサーが開発した改良技術に対する権利を有しない。一方、ライセンサーは、許諾技術を改良する義務から解放される。

上述したように、365(n)条は商標ライセンスには適用されないことから、ライセンシーは、特許ライセンスを留保できるが、商標ライセンスは留保できないことになり、同じビジネスに属する異なる知的財産が異なる手に残されることになる。異なる知的財産権であるが、密接に関係する知的財産権のパッケージを基盤とするようなビジネスの場合には、このような分離によりビジネス上の利益が期待できないことから、ライセンサーは、ライセンス契約を引き受けなければならないような状況に追い込まれる。ライセンスを引き受ける資源をもたない、あるいはライセンスの譲渡を受諾する買手をみつける能力のないライセンサーにとっては、困難な問題が生ずることになる[30]。

（c）わが国の破産法

平成16年改正破産法は、双務契約において破産者およびその相手方が破産手続開始の時において共にまだその履行を完了していないときは、破産管財人は、契約の解除をし、または破産者の債務を履行して相手方の債務の履行を請求することができる、と規定し（53条1項、旧法59条）、さらに、53条1項および2項の規定は、賃借権その他の使用および収益を目的とする権利を設定する契約について破産者の相手方が当該権利につき登記、登録その他の第三者に対抗することができる要件を備えている場合には、適用しない、と規定する（56条1項）。

改正法56条は、破産管財人の解除権を制限するものであり、この改正により、双方未履行の双務契約であるライセンス契約について、特許権についての通常実施権、商標権についての通常実施権等第三者に対抗することができる権利を目的とするライセンス契約におけるライセンサーの破産についても適用されることとなった。専用実施権については、登録が効力要件となっていることから（特許法98条）、すでに対抗要件を具備している場合と同様の状態となる。

平成23年、特許法等の一部を改正する法律は、通常実施権を適切に保護し、企業活動の安定性と継続性を確保するために、従来の通常実施権登録制度を廃止して、通常実施権の当然対抗制度を導入し、特許法99条を次のように改正した。通常実施権は、その発生後にその特許権もしくは専用実施権またはその特許権についての専用実施権を取得した者に対しても、その効力を有する。したがって、通常実施権者であるライセンシーは、破産管財人に対してライセンスを主張することができる。また、著作権についても、令和

2年の著作権法の改正により、当然対抗制度が導入された（著作権法63条の2）。

もっとも、ノウハウ実施許諾のように、対抗要件の登録制度が存しない場合、特許出願中の発明の実施許諾のように、使用権の登録ができない場合については、立法的な解決は図られていない[31]。

なお、ライセンサーの破産の場合と同様、ライセンサーが合併・買収された場合などライセンサーの特許権が移転した場合には、ライセンシーの権利保護はどのようになるかという同様の問題があるが、通常実施権者であるライセンシーは、通常実施権の当然対抗制度により、ライセンサーの特許権を譲り受けた者に対してライセンスを主張することができる。

アメリカにおいては、ライセンスに関して登録等の対抗要件制度はなく、ライセンス契約の対象である特許権が移転した場合、ライセンシーは第三者に対してライセンスを主張することができる。譲受人は、ライセンサーによってあらかじめ許諾されたライセンスの制約のある特許権を譲り受けることが判例上認められている。もっとも、ライセンス契約の対象である特許権の譲渡は、当然にライセンス契約の譲渡を伴うものではなく、ライセンス契約は引き続きライセンシーの権利と義務を規律する。

6　ライセンス契約における一般条項

Article 17　Force Majeure

17.1　Neither party is responsible for failure or delay in performance of its obligation under this Agreement, to the extent due to Force Majeure, an event, circumstance or legal position beyond the party's control, including without in any way limiting the generality thereof:

(a) acts of God, flood, earthquake, typhoon, storm or other natural disaster or bad weather;

(b) laws, ordinances, regulations or other requirements, existing or as may be adopted, of any governmental body or agency;

(c) war, public enemy, civil commotion or riot;

(d) strike, blockade, lockout or other labor disturbances;

(e) destruction of plant, facility or equipment by fire, explosion or other accidents;

(f) shortage of public utilities, common carriers or raw materials;
(g) epidemic;
(h) any other cause of similar effect.

17.2 If any Force Majeure happens, the party affected shall promptly notify in writing the other party of the nature and expected duration of the Force Majeure.

17.3 The obligation affected by Force Majeure is not waived but only suspended for the duration of the Force Majeure.

17.4 If the Force Majeure continues for more than ______ months, either party may terminate this Agreement.

[訳文]

第17条　不可抗力

17.1 いずれの当事者も、それらの一般性をいかようにも限定することなく、以下のものを含む、当事者のコントロールを超える不可抗力、出来事、環境または法的ポジションの結果である限り、本契約に基づくその義務の不履行または遅延に責任を負わない。
(a) 天災、洪水、地震、台風、暴風またはその他の自然災害または悪天候、
(b) 現在のまたは制定される、政府機関または官庁の法律、法令、規則またはその他の要求、
(c) 戦争、公敵、市民騒動または暴動、
(d) ストライキ、封鎖、閉鎖またはその他の労働妨害、
(e) 火災、爆発またはその他の事故によるプラント、施設または機器の破壊、
(f) 公益事業体、一般運商業者または原料の不足、
(g) 疫病、または
(h) 同様の効果をもつその他の事由。

17.2 不可抗力が生じるならば、影響を受ける当事者は、不可抗力の性質および予想される期間について迅速に他の当事者に書面で知らせる。

17.3 不可抗力により影響を受ける義務は、放棄されないが、不可抗力の期間延期されるにすぎない。

17.4 不可抗力が______カ月以上続くならば、いずれの当事者も本契約を解消することができる。

[解説]

本条は、不可抗力に関する典型的な条項である。不可抗力事由については具体的に記述することが望ましい。

Article 18 Taxes

18.1 All taxes and charges which may be imposed in Territory on the amount payable by Licensee to Licensor pursuant to this Agreement shall be assumed, borne and paid by Licensee to the extent that such taxes or charges are not allowable as a credit against Licensor's income taxes payable in ___________. In the event that Licensee is required to withhold such taxes or charges which are allowable as a credit against Licensor's income taxes payable in ___________ from the amounts payable to Licensor under this Agreement and to pay the taxes or charges for the account of Licensor, Licensee shall deliver to Licensor the original or true copy of the receipt covering each such payment.

18.2 All other taxes, duties, fees and imposts of any or every kind which may be levied by any taxing or other governmental authority in Territory by reason of the execution or performance of this Agreement without deduction from the amounts payable to licensor under this Agreement.

［訳文］

第 18 条 税金

18.1 本契約に基づいてライセンシーによりライセンサーに支払うべきである金額に対してテリトリーにおいて課される税金および課税金は、そのような税金および課税金が、________において支払うべきであるライセンシーの所得税にクレジットとして許されないという程度まで、ライセンシーによって引き受けられ、負担されおよび支払われる。ライセンシーが、本契約に基づきライセンサーに対し支払うべき金額から__________において支払うべきライセンサーの所得税に対するクレジットとして許されるそのような税金または課税金を控除し、かつ、ライセンサーのため税金または課税金を支払うことを要求される場合、ライセンシーは、そのような支払いの各々の領収書の元本または真実のコピーをライセンサーに渡す。

18.2 本契約の執行または実施を理由として、テリトリーにおいて課税またはその他の政府機関によって課されるあらゆる種類のその他のすべての税金、税、料金および関税は、本契約に基づきライセンサーに支払うべき金額からの控除なくして、ライセンシーによって引き受けられ、負担されおよび支払われる。

Article 19 Settlement of Disputes

19.1 The parties hereto shall first use their best endeavors to resolve, through mutual consultation between the parties hereto without involving any third party or parries, any disputes that might arise between the parties hereto in relation to this Agreement.

19.2 All disputes which may arise under, out of, or in connection with or in relation to this Agreement and which cannot be resolved amicably under Article 19.1 hereof shall be submitted to the arbitration of ________________ under and in accordance with its rules at the date hereof. The parties hereto agree to submit to the jurisdiction of such arbitration and to any award thereunder, the Government waiving its sovereign immunity in respect of such proceedings.

19.3 Each party to the dispute shall pay the expenses of its own arbitrator and equally share the remaining expenses of arbitration proceedings.

［訳文］

第19条　紛争の解決

19.1 当事者は、最初に、第三者を巻き込むことなく当事者間でお互いの協議を通じて、本契約に関して当事者間に生じるいかなる紛争も解決する最大限の努力をする。

19.2 本契約の下で、本契約から、または本契約に関連してまたは本契約に関して生じ、かつ、19.1条に基づき友好的に解決されることができないすべての紛争は、付託日のその規則に基づきおよびその規則に従って、________の仲裁に付託される。当事者は、そのような仲裁の管轄に付託することおよびそれに基づく裁定に合意する。政府は、そのような手続に関してその主権を放棄する。

19.3 紛争の各当事者は、自身の仲裁人の費用を支払い、仲裁手続の残りの費用を等しく分かち合う。

［解説］

本条は、仲裁に関して仲裁の場所については規定しているが、下記の条項のように、仲裁機関、仲裁人の数およびその指名方法についても規定することが重要である。

Article 19　Settlement of Disputes

19.1 The parties herein shall first use their best endeavors to resolve, through mutual consultation between the parties hereto without involving any third party or parties, any disputes, controversies or differences that might arise between the parties hereto out of or in relation to or in connection with this Agreement.

19.2 All disputes, controversies, or differences which might arise between the parties hereto with respect to this Agreement, which cannot be resolved between the parties hereto shall be finally settled by arbitration to be held in London, England (or such other location as is mutually agreed upon by the parties hereto), under the then current Rules of the London Court of Arbitration applicable to International Arbitration, and with respect to matters not regulated by them the UNCITRAL Arbitration Rules. All such disputes shall be referred to three arbitrators sitting in accordance with the said Rules. Licensor shall nominate one arbitrator and Licensee shall nominate one arbitrator from those for the time being appearing on the panels of arbitrators maintained by the Institute of Arbitrators of the United Kingdom. and third arbitrator shall, in default of agreement between the arbitrators nominated by the parties, be nominated by the President for the time being of the Institute of Arbitrators of the United Kingdom.

The parties agree to submit to the jurisdiction of such arbitration and any award thereunder. The parties hereto agree to waive and exclude all rights of appeal available to them under the law of the United Kingdom. The language of any and all arbitration hereunder shall be English. Each of Licensor and Licensee hall pay the expenses of its own arbitrator and shall equally share the remaining expenses of the arbitration proceedings pursuant to this Article 19.2.

[訳文]

第 19 条　紛争の解決

19.1 当事者は、最初に、第三者を巻き込むことなく当事者間でお互いの協議を通じて、本契約から、またはそれに関係してまたはそれに関連して当事者間に生じるいかなる紛争、論争または差異も解決する最大限の努力をする。

19.2 当事者間で解決されることができない、本契約に関して当事者間で生じるすべての紛争、論証または差異は、イギリスのロンドン（または当事者により相互に合意されるその他の場所）において開催される仲裁により、国際仲裁に適用される現在のロンドン仲裁裁判所の規則およびそれらにより規制されていない事項については UNCITRAL 仲裁規則に基づいて最終的に解決される。すべてのそのような紛争は、それらの規則に従って席につく3人の仲裁人に付託される。英国仲裁人協会により維持される仲裁人のパネルに当分の間現われる仲裁人から、ライセンサーは1人の仲裁人を指名し、ライセンシーは1人の仲裁人を指名する、かつ、第3の仲裁人は、当事者により指名された仲裁人の間で合意がなければ、英国仲裁人協会の当分の間の会長によって指名される。当事者は、そのような仲裁の管轄およびそれに基づく裁定に付託することに合意する。当事者は、英国法に基づき彼らに利用可能な上訴の権利をすべて放棄し、排除することに合意する。すべての仲裁の言語は英語である。ライセンサーおよびライセンシーのそれぞれは、彼ら自身の仲裁人の費用を支払い、この19.2条に基づく仲裁手続の残りの費用を等しく分かち合う。

[解説]

本条は、仲裁機関と仲裁規則、仲裁人の数とその指名方法に関して具体的に規定しており、仲裁条項として有用である。

Article 20 Governing Law

20.1 The provisions of this Agreement shall be construed, and the performance thereof shall be enforced, in accordance with the laws of ________________________.

[訳文]

第20条 準拠法

20.1 ______________法に従って、本契約の規定は解釈され、かつ、その実行は強制される。

Article 20 Governing Law

20.1 This Agreement shall be construed according to the laws of ________________, except where prohibited by conflict of law rules; provided, however, that any question or controversy relating to a patent shall be resolved in accordance with the laws applicable to such patent.

[訳文]

第20条 準拠法

20.1　本契約は、衝突法のルールにより禁止される場合を除き、＿＿＿＿＿＿法に従って解釈される。しかしながら、特許に関する問題または論争は、そのような特許に適用可能な法に従って解決される。

［解説］

本条は、特に、特許権の内容等の特許固有の事項や特許権の権利関係の変動など特許に関する論争については、当事者が指定する法ではなく、当該特許に適用可能な法、すなわち特許権を付与した国の法に従って、解釈され、解決される旨を規定している[32]。

Article 21　Notice

21.1　Any and all notices given by either party to the other party shall be in writing, by registered airmail, international courier or facsimile, and shall be deemed served on the date actually received by the other party. Such notices shall be addressed respectively.

Licensor:

Licensee:

or to any other addresses which such party may have subsequently communicated to the other party in writing.

21.2　Licensee shall promptly advice Licensor in writing of the occurrence of the Effective Date of this Agreement.

［訳文］

第21条　通知

21.1　いずれかの当事者により他の当事者に与えられる通知は、書面で、書留航空便、国際クーリエサービスまたはファックスにより、かつ、他の当事者により実際に受け取られた日に送付されたとみなされる。そのような通知は、それぞれライセンサーまたはライセンシー宛てに送付される。

ライセンサー

ライセンシー

21.2　ライセンシーは、本契約の発効日の発生を書面でライセンサーに迅速に知らせる。

Article 22　Waiver
No waiver by either party of any breach of any of the terms or conditions herein provided to be performed by the other party shall be construed as a waiver of any subsequent breach, whether of the same or of any other term or condition hereof.

［訳文］
第22条　放棄
他の当事者により実行されると本契約おいて規定されたいかなる条項または条件の違反のいずれかの当事者による放棄も、同じまたはその他の約定または条件であれ、その後の違反の放棄とは解釈されない。

Article 23　Amendment
No change in, amendment or waiver of any of the terms or conditions of this Agreement shall be effective unless agreed to in writing and signed by a dully authorized representative of each of the parities.

［訳文］
第23条　修正
本契約のいかなる条項または条件の変更、修正または放棄も、各当事者の正当に権限を与えられた代表者により書面で合意され、署名されなければ、有効ではない。

Article 24　Entire Agreement
This Agreement constitutes the entire and only agreement between the parties hereto with respect to the manufacture of the Product under the Licensor's Patents with the Technology and no other rights or obligations shall be implied with respect thereto.

［訳文］
第24条　完全合意
本契約は、技術を含めてライセンサーの特許に基づく製品の製造に関して当事者間の完全なおよび唯一の合意を構成し、その他の権利および義務はそれらに関して暗示されていない。

[解説]

完全合意条項の目的は、契約のすべての条項が契約締結時点で当事者間の書面契約に含まれている、ということを表明することである。その結果、その他の書面や口頭の表明のすべてを契約の一部とすることを排除することになる。

契約において、書面化された合意内容とは異なることを、他の口頭証拠や文書証拠を用いて証明することを認めないという、口頭証拠（排除）の原則（parol evidence rule）が適用される1事例である。

Article 25　Assignment
The parties hereto shall not assign any of their rights or obligations under this Agreement without prior written consent of the other party, except to a successor to the entire assets and business of the party concerned, provided, however, that such assignment shall be subject to the consent of the assignee to assume all the rights and obligations of the assignor under this Agreement.

[訳文]
第25条　譲渡
当事者は、当該当事者の全資産およびビジネスの継承者への譲渡を除き、他の当事者の事前の書面による同意なしに、本契約に基づく彼らのいかなる権利または義務も譲渡しない。しかしながら、そのような譲渡は、本契約に基づく譲渡人のすべての権利および義務を引き受けるために譲受人の同意に従うことを条件とする。

Article 26　Government Approvals
Each party hereto represents that it will exert its best efforts to obtain all necessary approvals of its respective governmental authorities.

[訳文]
第26条　政府認可

各当事者は、それぞれの政府機関のすべての必要な認可を取得するために最善の努力をすることを表明する。

IN WITNESS WHEREOF, the parties hereto have executed this Agreement as of the date first above written.

LICENSOR : ______________________________

By : ____________________________
Title : ____________________________

LICENSEE : ______________________________

By : ____________________________
Title : ____________________________

［訳文］
以上を証するために、当事者は、冒頭の日付で本契約を署名締結した。

ライセンサー____________________________

____

肩書____________________________

ライセンシー____________________________

____

肩書____________________________

注

1　P. Rice, Practical Considerations For Agreement, *les Nouvelles, December 1989*, at 198.

2　Id. at 199.

3　ライセンス契約に添付される別紙において、特許権については、その登録された国、特許番号および失効日をリストアップし、特許出願については、出願国と出願日が明記される。

4　Rice supra note 1, at 232.

5 John T. Ramsay, *Ramsay on Technology Transfers and Licensing* (Butterworths, 2002), at 193.

6 持株比率 25%超の関連会社を対象とする例も多くみられる。

7 L. Phillips, Net Sales Definition is Central Issue, *les Nouvelles, March 1992*, at 18. その他の問題としては、純売上高を評価する時期に加えて、ライセンシーが現金以外の対価を受領した場合、許諾製品をより大きな製品に組み込む場合、ライセンシーとその子会社間の許諾製品の譲渡および許諾製品のテストの場合における評価とその方法の問題がある。

8 控除されるコストとしては、ディストリビューター割引、クレジットまたは払い戻し、包装、コンテナー、コミッション、運送保険、業者割引、販売促進費、取立不能売掛金、取扱費用、保守費用、据付費用および税金などが一般的に挙げられる。

9 R. Coolley, Drafting a Granting Clause, *les Nouvelles, December 1992*, at 212.

10 Robert C. Megantz, *Technology Management — Developing and Implementing Effective Licensing Programs* (John Wilev & Sons, 2002), at 83-84.

11 Dennis Rader and Robert B. Furr, Jr., Rights and Obligations in Exclusive License Agreements, *The Licensing Journal, March 2004*, at 10 and 12.

12 Id. at 13 and 14. 独占的ライセンシーのサブライセンス義務に関して、Charles Havel v. Kelsey-Hayes Company, 445 N.Y.S.2d 333 (1981) 参照。

13 Jay Dratler, Jr., *Licensing of Intellectual Property Vol. 2* (Law Journal Press, 2004), at 8-83.

14 Allan S. Guttterman, *The Law of Domestic and International Alliances — A Survey for Corporate Management* (1995), at 182.

15 Ramsay, supra note 5, at 169.

16 動脈狭窄症の治療法の 1 つとしてバルーン（balloon）による血管形成があり、小さなバルーンが動脈の正常な広がり回復のために動脈に挿入される。ステントは、このバルーンを包む金属のチューブであるが、狭窄症の再発を防ぐためにパクリタキセル（paclitaxel）と呼ばれる塩基性植物成分でステントをコートする。

17 Gutterman, supra note 14, at 203-204.

18 Gregory J. Battersby & Charles W. Grims, *Licensing Royalty Rates 2000 Edition* (Aspen Law & Business, 2000), at 4.

19 日本ライセンス協会「知的財産のライセンスに関するアンケート報告書」(平成 10 年 3 月)、37-42 頁。

20 Gutterman, supra note 14, at 199.

21 アブセンス・フィーとは、ライセンサーから技術指導のためにライセンシーの事業所に派遣される技術者に支払われる手当のことで、日常の勤務場所から離れた日から帰着するまでの日数に日当を乗じた金額（旅費・交通費は別途支給）を意味する。

22 Adam Petravicius, Top 10 Mistakes in License Agreements, *The Licensing Journal, April 2004*, at 15.

23 Noel Byrne, *Licensing Technology Second Edition* (Jordans, 1998), at 282-283.

24 ユニドロワ国際商事契約原則 7.1.5 条によれば、不履行の場合、被害当事者は、相手方への通知により履行のための付加期間（additional period）を付与することができる。被害当事者が相手方からその期間内に履行しないとの通知を受け、またはその付加期間が満了しても適切な履行がなされなかったときには、被害当事者はいかなる救済方法にも訴えることができる。つまり、当該期間が満了するまでに相手方が履行しない場合には、被害当事者は契約を解除することができる（7.3.1条3項）。

25 K. Mann, Rights, Duties After License Term Expires, *les Nouvelles, September 1992*, at 134.

26 Richard Binns & Bryan Driscoll, Creating and Implementing Exit Strategies for Long-Term Licensing Deals, *The Licensing Journal, January 2004*, at 5.

27 Id. at 7-8.

28 松田俊治「米国倒産法アプローチを踏まえたライセンス契約の保護策の検討」知的財産研究所『知的財産ライセンス契約の保護－ライセンサーの破産の場合を中心に』（雄松堂出版、2004）101頁以下参照。

29 Stuart M. Riback, Hidden Minefields in Bankruptcies Affecting Intellectual Property, *The Licensing Journal, June/July 2001*, at 3.

30 Id. at 4.

31 あさひ・狛法律事務所『新破産法のすべて』（中央経済社、2004）107、112-113頁。経済産業省知的財産政策室「ライセンシー保護方策の選択肢」平成16年6月16日および小宮義則「ライセンス契約の保護に関する現状と問題点」NBL No.787（2004.6.15）参照。

32 大貫雅晴『国際技術ライセンス契約　三訂版』（同文館出版、2015）198頁。

第 4 章

ライセンサーの義務のリスクとリーガルプランニング

1　改良技術の提供

ライセンシーは、①許諾製品の販売を維持し改善する、②許諾製品の生産性を改善する、③サブライセンシーからの収入を維持する、あるいは④他のライセンシーがなした改良技術を享受する、というような目的から、ライセンサーの改良技術にアクセスすることを期待する。

一方、ライセンサーは、①許諾製品の競争力を維持し、ランニングロイヤルティによる収入を維持する、②許諾技術を業界標準として維持する、③許諾技術や許諾製品の経済的寿命を延長し、収入の寿命を延長する、④許諾技術や許諾製品を最新の技術水準に保つことによりライセンシーが製造物責任を問われる可能性を減ずる、というような目的のために、その改良技術をライセンシーと分かつことを期待すると考えられる[1]。

改良技術の開示のタイミングは、例えば、テスト段階、実施できる段階あるいは商業的に販売できる段階というような、具体的な発展段階を特定することにより、ライセンス契約において明記される必要がある。タイミングの選択は、とりわけライセンス関係が終了に近づいているときには、重要である。ライセンス期間の満了前に改良技術の開示を打ち切る期日を設けることが賢明である。

改良技術の開示の内容については、例えば、関連する特許権において開示される情報あるいは商業的に使用するのに十分な情報というように、どの程度の情報を開示するのかライセンス契約において定めておく必要がある[2]。

Article 8　Improvements

8.1　From time to time during the period commencing upon the Effective Date of this Agreement and extending until ________ years thereafter, Licensor shall disclose to Licensee all Licensor's improvements, subject to the provisions of Article 8.

8.2　Licensor hereby grants to Licensee the right to use Licensor's improvements disclosed hereunder and agrees not to assert any patent issued in Territory and owned and controlled by Licensor on such Licensor's improvements to manufacture, use and sell the Product.

8.3　No additional royalties are payable hereunder by reason of Licensee's use of any Licensor's improvements in accordance with the provisions of this Article.

8.4　Representatives of Licensor and Licensee shall meet or correspond no less than ______ times per calendar year at mutually agreeable times and/or places for the purpose of reporting any improvements, if any, to each other.

8.5　Neither party hereto shall indemnify or hold harmless the other party against infringement of any patent issued in any country of the world by reason of such other party's use of any improvements disclosed hereunder.

［訳文］

第8条　改良技術

8.1　本契約の発効日に始まり、その後________年まで継続する期間の間、時折、ライセンサーは、8条の規定に従い、ライセンサーのすべての改良技術をライセンシーに開示する。

8.2　ライセンサーは、本契約に基づき開示されたライセンサーの改良技術を使用する権利をライセンシーに許諾し、製品を製造、使用、販売する改良技術についてテリトリーにおいて発行され、ライセンサーにより所有され、コントロールされているいかなる特許も主張しないことに合意する。

8.3　本条の規定に従い、追加のロイヤルティは、ライセンシーの改良技術の使用の理由では支払われない。

8.4　ライセンサーおよびライセンシーの代表者は、改良技術を、何かあれば、お互いに報告する目的のために、お互いに合意できる時期およびまたは場所で、暦年当り______回より少なくなく、会合または通信する。

8.5　いずれの当事者も、本条に基づき開示された改良技術の他の当事者による使用の理由で、世界中の国において発行された特許の侵害に対して、他の当事者を保護し、害を与えない。

［解説］

本条は、一定の期間、ライセンサーによる改良技術の開示が無償で行われることを定める典型的な条項である。代表者間の定期的な会合または通信は、特にライセンシーの観点から重要である。

2　許諾技術の保証

ライセンサーは、国際技術ライセンス契約上の技術供与義務の一環として許諾技術の性能について責任を負うが、どのような形でどこまでの責任を負うべきなのかは必ずしも明らかではない。国を越えて技術を移転することは、ライセンサーにとって相当な難事業である。国際技術ライセンスにおいては、ライセンシーの側に技術的な面を含めて未知な部分が多く、ライセンサーはそれだけリスクが高くなり、その責任について多大な懸念をもつことになる。とりわけ、ライセンシーが発展途上国の企業の場合にはそのリスクは増大する。

ライセンシーがあまり過大な責任をライセンサーに要求すれば、かえって円滑な技術移転の妨げとなるおそれがある。ライセンシーの観点からもできるだけ円滑な技術移転が行われることがその利益に合致する。一方、ライセンサーが技術供与者としてその優越的地位を利用できる場合に、あまりに責任を回避することも好ましくない。両者の共通の目的が円滑な技術移転であるならば、ライセンス契約の当事者であるライセンサーとライセンシーが交渉によっていかようにもライセンサーの責任を定めればよいとすることは賢明ではない。円滑な技術移転を促進するという視点から、ライセンサーの責任についてなんらかの合理的な基準は考えられるであろうか[3]。

国際技術ライセンス契約の対象である許諾技術が実施不能である場合、実施許諾者であるライセンサーはいかなる責任を負うかは、ライセンサーの担保責任としてのいわゆる技術的実施可能性の瑕疵の問題である。ライセンサーは、許諾技術の供与者として許諾技術を実施可能なものとする義務を一般的に負っている。

わが国において、この問題は、「物の瑕疵」（民法570条）としてとらえる見解と「権利の瑕疵」(民法560条以下）としてとらえる見解がある[4]。ライセンシーは、ライセンサーに対して当該瑕疵を除去すべきことを請求する権利、瑕疵の除去が不完全なものにとどまった場合には実施料減額請求権、かかる瑕疵ある技術では契約を締結した目的を達しえない場合には契約解除権を有すると考えられる。

（1） ライセンサーによる合理的な保証

国際技術ライセンスにおいては、円滑な技術移転の観点から、許諾技術の性能保証についてライセンサーの義務はどのように考えるべきであろうか。

ライセンシーとしては、ライセンサーが自らの技術を許諾し、そして所定の性能の未達成が生じ、それがライセンサーに起因するならば、ライセンサーがその損害を負担するのが当然であり、できるだけ多くをライセンサーに負担させたいところである。ライセンシーは、ライセンサーの技術を信頼したがゆえに、その保証とあいまってプラント建設などの多額の資金を投じたと主張するかもしれない。しかし、あまりに厳しい要求はかえって技術移転の障害となり、ライセンス契約そのものの交渉を不成立にするおそれがある。

ライセンサーの立場からは、第1に、ライセンシーは、ライセンサーの技術を評価した上で技術導入を決定したのであるから、それに伴うリスクは相当程度負うべきである。第2に、ライセンサーの収入はロイヤルティのみであり、少なくともその責任はその収入に見合ったものとすべきで、その収入の範囲内でしか負担できないものである、とライセンサーは主張するであろう。さらに、ライセンサーとしては、契約締結時点においてはライセンシーの技術レベルやその既存ないし新設のプラントの機器について未知の部分が多く、性能基準をすべて達成するのに障害となる要素が数多く存在する、ということもできる。

ライセンサーは、技術移転において、例えば、結果責任までも負担することは予定しておらず、ライセンシーもまた交渉の過程においてそのことを認識しているのが通常であるといえる。むしろ、技術移転という取引関係は、このような当事者の理解を前提としたものであり、国際技術ライセンスにおいてはライセンサーのリスクが大きくなるだけにいっそうそのようにいうことができる。したがって、ライセンサーの責任は、原則としてその収入の範囲内で負うとすることが国際技術ライセンスの目的および両当事者の利害に適うところであり、ライセンス契約の交渉もこのような前提の下で行われるべきである。

(2) ライセンサーによる性能基準達成のプロセスと保証の内容

ライセンサーは、一般的に許諾技術を円滑に移転する義務を負っているが、どのようなプロセスで性能基準を達成すべきか、また、どの程度までそれを達成すべく努力するべきであろうか。まず、性能基準を達成するためのプロセスは、ライセンサーとライセンシーとの共同作業であることを認識する必要がある。ライセンシーとしても、できるだけ速やかに性能基準を満たす技術を受け取ることがその利益に合致する。

そこで、性能基準を達成するためのライセンシーの新しいプラントにおける試運転（test-run）を例として、このプロセスを検討する。この試運転の段階に至るまでにライセンシーが遂行すべき基本的な義務として、例えば、第1に、ライセンシーは、ライセンサーが供与するエンジニアリングの図面等に従って設計された新しいプラントの建設を完了している（mechanical completion）、第2に、ライセンシーは、プラントの運転に必要な所定の規格を満たした原材料、用益等を供給する準備ができている、第3に、ライセンシーは、適格なプラントの運転要員を十分に配置している、ことが必要である。さらに、試運転の準備段階として、ライセンシーは、ライセンサーが供与するオペレーション・マニュアルに従ってスタートアップの手順を完了しておかなければならない。また、ライセンサーがプラントの機器の変更ないし手直しを助言した場合には、ライセンシーはそれを完了しておくことが要求される。これらの諸準備は、性能基準を達成するための試運転に必要な前提条件であり、ライセンシーの義務として国際技術ライセンス契約に規定される。

これらの準備行為がすべて整った段階で、新プラントのスタートアップが、ライセンシーの運転員によって、ライセンサーから派遣された技術者の立会いの下、オペレーション・マニュアルに従って行われる。1回の試運転の期間、手順等はライセンス契約に定められる。1回の試運転によって性能基準を達成できれば、ライセンサーによる保証を満足したことになるが、達成できない場合には、ライセンサーはその原因を分析し、機器の変更・手直しや運転条件の変更を助言することになる。そして2回目以降同じ手順が繰り返される。ライセンサーとしては円滑な技術移転に責任を負っている以上、少なくとも3回ないし5回程度の繰り返しは必要であろう。

問題は、さらに試運転を繰り返しても性能基準を達成できない場合にライセンサーの責任はどうなるかである。当事者間の交渉によってライセンス契約に定めることになるが、大きく2つのタイプに分けて考えることができる。1つは、性能基準が達成されるまで、あるいはライセンシーが許容するまで何度でも試運転を繰り返す。他は、試運転の上限回数を定めておいてそこで打ち切り、ライセンシーの損失をなんらかの形で補償する。

ライセンスの類型に応じてこれら2つのタイプを検討すると、例えば、技術売買型ライセンスあるいは発展途上国型ライセンスにおけるライセンシーは、ライセンサーによる保証に固執する場合が多い。これに対しライセンサーは、できるだけ責任を軽減し、あるいは不確定要素が多いだけに厳しい性能保証を逃れたいと望むものである。結果として、ライセンサーによる保証は、安全サイド、すなわち緩い性能基準にとどまらざるをえなくなるが、この場合ライセンサーは容易に性能基準を満たすことができるから、前者のタイプを受け入れることに抵抗はないのが通常である。一方、技術提携型ライセンスにおけるライセンシーは、むしろ厳しい性能基準を要求することがあり、この場合ライセンサーはより大きなリスクを抱えることになる。しかし、ライセンサーとライセンシーとの緊密な関係が予定される場合であるから、性能保証にいつまでもこだわることはかえってその関係の構築に支障をきたすおそれがあり、ある限度で試運転を打ち切り、ライセンシーの損失を補償した上で、次の段階へ進む方が賢明である。

また、技術移転の対象である当該技術がその技術市場において競争に晒されている場合、性能基準はライセンサーにとって厳しいものとなり、ライセンサーのリスクは大きくなるので、ライセンサーは後者のタイプを選択することが考えられる。

(3) ライセンサーの免責と性能基準未達成の責任

ライセンサーは、国際技術ライセンス契約に定められた性能基準が達成されなければどのような場合でも責任を負うというわけではない。次のような場合にはライセンサーは免責されることを契約上明記すべきである。

第1に、性能基準の未達成がライセンシーに起因する場合、例えば、ライセンシーがエンジニアリング、機器調達、プラント建設、試運転等においてライセンサーの供与したエンジニアリングの図面、オペレーション・マニュアル等に従わなかった場合には、ライセンサーの責任は問われない。第2に、ライセンサーに起因することなく、プラントのスタートアップが所定の期間内に完了しなかった場合には、性能基準達成の問題とはならない。

国際技術ライセンス契約に定められた条件に従い上限の回数まで繰り返された試運転の結果、性能基準がライセンサーに起因して達成されえなかった場合、ライセンサーの責任はどのように考えるべきであろうか。ライセンサーとしては、この段階に至るまで円滑な技術移転に最大限の努力を尽くした以上、国際技術ライセンス契約上の義務は金銭的な損害賠償義務に転ずるとすべきである。しかし、上述したようにライセンサーが結果責任についてまで責任を負うとすることは、技術移転というライセンス契約の性質から妥当ではなく、また、この問題をライセンス契約の準拠法という一般法の解釈に委ねることもライセンス当事者、とりわけライセンサーの意図に反するのが通常である。むしろ、ライセンサーの責任を限定することを考える必要がある。国際技術ライセンスにおいてはとくに技術移転のリスクが大きくなるだけに、その必要性は高いといえる。

ライセンサーの責任を限定するには、一般的に損害賠償額の予定として構成する方法が考えられ、具体的には、金額的に最高額を設定する方法とロイヤルティを減額する方法がある。ライセンサーの性能基準未達成の責任を限定するためには、後者が一般的に適切であるが、後者は、さらに、支払い済みロイヤルティの総額の減額、将来のランニングロイヤルティの料率の減額、あるいは両者の組み合わせが考えられる。

Article 9　Warranties

9.1　Licensor warrants that it has the right to disclose the Technology to be disclosed hereunder, and the right to grant the licenses herein granted, provided that Licensor makes no representations or warranty as to the validity of the patents or patent applications licensed hereunder.

9.2　Licensor warrants that the Technology disclosed pursuant to this Agreement includes Technology used commercially in the manufacture of the Products by Licensor in Licensor's plants and is sufficiently completed to permit a competent engineering firm employing good engineering practice to design, engineer, construct and put into operation at a comparable plant.

9.3　Under the performance of Technology in Licensee's plant, if designed and constructed by engineering firm and/or contractors acceptable to Licensor employing good engineering practice, Licensor warrants that the Products will meet the specifications set forth in Appendix attached hereto.

9.4　Upon Licensee's request, Licensor shall carry out performance test in Licensee's plant in accordance with the provisions of and under the conditions set out in Appendix hereto. and made part hereof, at times mutually agreed upon by the parities hereto.

9.5　If the results of the performance test meet the specifications of Article 9.3, Licensor's warranty as to performance of Licensee's plant as set forth in this Article shall have been fully met and satisfied and Licensor shall have no further obligations with respect thereto.

9.6　Licensor makes no warranty under this Agreement other than with respect to Licensee's plant and, except as provided in this Article, Licensor makes no other representations or warranty and shall have no other responsibility or obligation and shall not be held responsible for any costs or damages, including consequential damages, with respect to the Technology disclosed pursuant to this Agreement or the application or use thereof made by or for Licensee.

[訳文]

第9条　保証

9.1　ライセンサーは、本契約に基づき開示される技術を開示する権利および本契約において許諾されるライセンスを許諾する権利を有している。ただし、ライセンサーは、本契約に基づいてライセンスされた特許または特許申請の有効性について表明または保証をしない。
9.2　ライセンサーは、本契約に従って開示された技術が、ライセンサーのプラントにおけるライセンサーによる製品の製造において商業的に使用される技術を含み、かつ、よきエンジニアリングの実践を採用する有能なエンジニアリング会社が類似のプラントでデザイン、設計、建設および運転することを許すために十分完成されていることを保証する。
9.3　ライセンシーのプラントにおける技術の性能に基づき、よきエンジニアリングの実践を採用する、ライセンサーにとって受入れ可能なエンジニアリング会社およびまたはコントラクターによりデザインされ、建設されるならば、ライセンサーは、製品が、本契約に添付される付表において記述される規格を満たすことを保証する。
9.4　ライセンシーの要請に応じ、本契約に添付され、本契約の一部となった付表に記述される条項および条件に従って、当事者によってお互いに合意された時に、ライセンシーのプラントでテストランを実施する。
9.5　テストランの結果が、9.3 条の規格を満たすならば、本条に記述されるライセンシーのプラントの実施についてのライセンサーの保証は、十分に満たされ、満足させられる、かつ、ライセンサーは、これに関するさらなる義務をもたない。
9.6　ライセンサーは、ライセンシーのプラントに関する以外に本契約の下でなんら保証をしない、ならびに、ライセンサーは、本条に規定されるものを除き、他の表明または保証をせず、他の責任または義務をもたない、かつ、ライセンサーは、本契約に従って開示された技術またはライセンシーによりまたはそのためになされる技術の適用または使用に関して、結果損害を含めて、いかなるコストまたは損害に対しても責任を負わない。

［解説］

本条は、特に、ライセンサーは、ライセンシーのプラントが有能なエンジニアリング会社またはコントラクターにより建設されていることを前提条件として、テストランの結果が製品の規格を達成することを保証するという、テストランによる規格の達成に関する条項であるが、テストランの準備作業、その実施手順および規格未達成の場合の対応策に関して規定されていない。これらの点は、下記の条項のように、テストランに関する詳細な規定が必要である。

Article 10　Plant Preparation and Test Runs

10.1　All the procedures from the mechanical completion up to the start-up of the New Plant, including the testing and calibration of instrumentation and inspection by Licensor's personnel, shall be determined at the preparation meeting. Licensee shall make the New Plant ready for the start-up in conformity with such procedures and shall give Licensor prior at least four (4) weeks' written notice of the date of start-up of the New Plant. Licensee shall request and Licensor shall dispatch a reasonable number of personnel for the inspection and commissioning of the New Plant. The start-up of the New Plant shall be conducted by Licensee in conformity with the Operation Package in the presence of a reasonable number of Licensor's qualified personnel.

10.2　Before, during and after start-up of the New Plant, Licensor give Licensee written advice on any alterations or changes for the New Plant to conform to the state of operation required to proceed with the test runs. Licensee shall make such alterations or changes on or before a date to be agreed upon by Licensor and Licensee. All costs associated with such alterations or changes shall be borne by Licensee if such alterations or changes are required due to Licensee's Failure, and by Licensor if due to Licensor's Failure and shared by both parties equally if due to Licensee's Failure and Licensor's Failure.

After such alterations or changes advised by Licensor, if any, have been completed as well as test and calibration of instrumentation and confirmation of the performance of laboratory equipment which have been made in conformity with the agreed-upon procedure, Licensee shall report to Licensor in writing their results, and Licensor, after confirming the New Plant is ready for the test runs, will give Licensee written notice giving a date for beginning the first test run ("Date of the First Test Run").

10.3　Licensee shall request and Licensor shall dispatch a reasonable number of qualified personnel for observation of the test runs. The test runs of the New plant shall be conducted by Licensee in conformity with the Operation Package. Licensee shall provide continuous shift coverage by competent technical personnel to conform and conduct such test runs,

10.4　Each test run shall be conducted by Licensee for at least seventy-two (72) hours in conformity with the Test Run Instructions (as defined below). After a test run has begun for any of the specified three (3) Guarantee

Products, Licensor shall have the right to require that the production of the Product and the Guarantee Products continue to be made for a total continuous period of not more than one hundred forty-four (144) hours. Any seventy-two (72) consecutive hours during such period may be selected by Licensor as constituting the test run for the Guarantee Product which is the subject of the test run for purposes for this Annex. Detailed procedures of test run(s), including measuring methods of production rate, and of material consumption as well as sampling method and sample analysis procedures of the specified three (3) Guarantee Products, shall be determined and agreed upon by Licensor and Licensee at the preparation meeting, and provided by Licensor to Licensee in writing ("Test Run Instructions") as part of the Operation Package.

10.5 If, upon conclusion of any test run, the Guarantee Product has been produced at a production rate not less than the respective rate specified in Table C and at a material consumption equal to or less than the consumption specified in Table C and with the Guarantee Product properties within the specifications given in Table A, then such test run shall be deemed to have been passed for the Guarantee Product produced. If, upon conclusion of any test run, the Guarantee Product has been produced at a production rate less than the production rate specified in Table C or at a material consumption greater than the specified in Table C or with the Guarantee Product properties outside the specifications given in Table A, Licensor shall promptly shall recommend in writing to Licensee any alterations or changes as may in the opinion of Licensor be necessary to correct the deficiencies in the New Plant's performance and Licensee shall effect such alterations or changes within the period of time agreed upon by Licensor and Licensee. All costs associated with such alterations or changes shall be borne by Licensee if such alterations or changes are required due to Licensee's Failure, borne by Licensor if due to Licensor's Failure and shared by both parties equally if due to Licensee's Failure and Licensor's Failure. Upon completion of such alterations or changes, another test run on the same Guarantee Product shall promptly begin and, if necessary, similar corrective efforts and subsequent test runs will be made. However, the maximum number of test runs for each of the three (3) Guarantee Products that may be conducted to meet the guaranteed conditions will be limited to three (3) in number (a total of nine (9) test runs for three (3) Guarantee Products). If the guaranteed conditions are not met after the completion of all the possible test runs, then Licensor and Licensee shall compromise their differences by concession by Licensor set forth in Article 12.

10.6 In the event any test run should be interrupted for any reason, the parties may by mutual agreement resume the test run at the earliest possible time (after the New Plant has resumed a stable condition of continuous operation) and continue such test run until a test run has been made for the period as provided in Article 10.4.

Article 11　Fulfillment of Guarantees

11.1 All the Process Guarantees by Licensor under this Annex shall be deemed to be satisfied when the test run selected by Licensor for each of the aforementioned three (3) Guarantee Products has been passed pursuant to Article 10.

11.2 With regard to the Product to which any of the three (3) Guarantee Products belongs, Licensor shall be relieved of any obligations under Annex and all the Process Guarantees shall be deemed to be fulfilled for such Product if any of the following event occurs for the Guarantee Products :

(a) Nonfulfillment of any of Process Guarantees hereunder due solely to Licensee's Failure; provided, Licensor shall continue to recommend changes and alterations pursuant Article 10.5.

(b) Start-up of the New Plant is not made for at least six (6) months from the mechanical completion of the New Plant, except due to Licensor's Failure;

(c) All the test runs for such Guarantee Product are not completed within twelve (12) months after the start-up of the new Plant, except due to Licensor's Failure; or

(d) Licensee notifies Licensor in writing that there is no need to conduct the test runs or releases Licensor from its obligations to meet the Process Guarantees.

Article 12　Concession by Licensor

12.1 If any Process Guarantee is not fulfilled for any Guarantee Product due to Licensor's Failure, then Licensee shall be entitled to a reduction in the royalties to be payable by Licensee to Licensor pursuant to this Agreement in accordance with the schedules set forth in Table D hereto.

Such reduction in royalties shall first apply to the payment of the amount specified in this Agreement. If such reduction does not exceed such installment, such installment shall be paid to Licensor, after deducting such reduction, within thirty (30) days after the concession hereunder is determined. If such reduction is in excess of said amount, the balance shall be deducted from the royalties payable pursuant to this Agreement. Such deduction shall be made commencing with the payment due for the Calendar Quarter beginning on the Commercial Operation Date and shall end when the sum of the deduction made from the royalties accruing in succeeding Calendar Quarter(s) (if necessary) equals the amount of the reduction calculated in accordance with Table D.

12.2 If a reduction in the royalties occurs pursuant to Article 12.1 above, Licensor will nevertheless make recommendations to Licensee on any change in the New Plant which in the opinion of Licensor should remedy any deficiency in the New Plant.

［訳文］

第 10 条　プラント準備およびテストラン

10.1 ライセンシーの人員による器具のテスト、測定および検査を含む、新しいプラントの機械的完成からスタートアップまでのすべての手順は、準備会合で決定される。ライセンシーは、そのような手順に従って、新しいプラントのスタートアップの準備をし、新しいプラントのスタートアップ日の少なくとも 4 週間前の書面通知をライセンサーに送る。ライセンシーは、新しいプラントの検査および引渡しのために合理的な数の人員を要請し、ライセンサーは彼らを派遣する。新しいプラントのスタートアップは、運転パッケージに従って、ライセンサーの資格ある合理的な数の人員の立ち会いにおいて、ライセンシーにより行われる。

10.2 新しいプラントのスタートアップの前、間およびその後、ライセンサーは、テストランを進めるために要求される運転状態に一致するために、新しいプラントの改造または変更について書面による助言をライセンシーに送る。ライセンシーは、ライセンサーおよびライセンシーによって合意される日にまたはその前に、そのような改造または変更を行う。そのような改造または変更に伴うすべてのコストは、そのような改造または変更がライセンシーの不履行のために要求されるならば、ライセンシーによって、ライセンサーの不履行のためならば、ライセンサーによって、負担され、ライセンシーおよびライセンサーの不履行のためならば、両当事者によって等しく分担される。

ライセンサーにより助言されたそのような改造または変更が、何かあれば、合意された手順に従ってなされた器具のテストおよび測定ならびに実験室の器具の性能の確認と同じように、完成された後、ライセンシーは、それらの結果を書面でライセンサーに報告し、ライセンサーは、新しいプラントがテストランの用意ができているのを確認後、最初のテストランを始める日（最初のテストラン日）の書面通知をライセンシーに送る。

10.3　ライセンシーは、テストランの観察のため合理的な数の資格ある人員を要請し、ライセンサーは彼らを派遣する。新しいプラントのテストランは、運転パッケージに従って、ライセンシーにより行われる。ライセンシーは、そのようなテストランを実行し、行うために有能な技術者による継続した交替制を提供する。

10.4　各テストランは、テストラン指示（以下に定義される）に従って、少なくとも 72 時間、ライセンシーによって行われる。テストランが、特定された 3 保証製品のために始まった後、ライセンサーは、製品および保証製品の生産が、144 時間以下の継続する全期間、行われ続けることを要求する権利を有する。そのような期間の間で連続する 72 時間が、この付表の目的のためのテストランの対象である保証製品のためのテストランを構成するものとして、ライセンサーによって選択される。特定された 3 保証製品のサンプリング方法およびサンプル分析手順と同様に、生産率および原料消費の測定方法を含む、テストランの詳細な手順は、準備会合で、ライセンサーおよびライセンシーによって決定され、合意され、運転パッケージの一部として書面（「テストラン指示」）でライセンサーによりライセンシーに提供される。

10.5　テストランの結論で、保証製品が、テーブル C において特定されるそれぞれの率より少なくない生産率およびテーブル C において特定される消費と等しいまたはより少ない原料消費で、かつテーブル A において与えられる規格内の保証製品特性で、生産されたならば、そのテストランは、生産された保証製品のためにパスされたとみなされる。テストランの結論において、保証製品が、テーブル C において特定される生産率より少ない生産率およびテーブル C において特定される消費より大きい原料消費で、かつテーブル A において与えられる規格外の保証製品特性で、生産されたならば、ライセンサーは、ライセンサーの意見では、新しいプラントの性能における欠陥を修正するために必要な改造または変更を、迅速に書面でライセンシーに推奨し、かつ、ライセンシーは、ライセンサーおよびライセンシーにより合意される期間または時期内にそのような改造または変更を成し遂げる。そのような改造または変更に伴うすべてのコストは、そのような改造または変更がライセンシーの不履行のために要求されるならば、ライセンシーによって、ライセンサーの不履行のためならば、ライセンサーによって、負担され、ライセンシーおよびライセンサーの不履行のためならば、両当事者によって等しく分担される。そのような改造または変更の完成次第、同じ保証製品についてのもう1つのテストランが迅速に始まり、必要ならば、同様の修正努力およびその後のテストランがなされる。しかしながら、保証される条件を満たすために行われる、3保証製品のそれぞれのためのテストランの最大数は、3回（3保証製品のために総計9回のテストラン）に限定される。保証された条件が、すべての可能なテストランの完了後、満たされないならば、ライセンサーおよびライセンシーは、12条において記述されるライセンサーによる譲歩によって、彼らの差異を妥協させて解決する。

10.6　テストランが、いかなる理由であれ中断された場合は、当事者は、相互の合意により、できるだけ早く（新しいプラントが継続する運転の安定な条件を再び続けた後）テストランを再び始め、テストランが10.4条に規定される期間のためになされるまで、そのようなテストランを継続する。

第11条　保証の達成

11.1　本付表に基づくライセンサーによるすべてのプロセス保証は、上述した3保証製品のそれぞれのためにライセンサーにより選択されたテストランが、10条に従ってパスされたとき、満足されたとみなされる。

11.2　以下の出来事のいずれかが、保証製品のために生じるならば、3保証製品のいずれもが属する製品に関して、ライセンサーは、本付表に基づくいかなる義務からも解放され、かつ、すべてのプロセス保証は、そのような製品のために達成されたとみなされる。

(a)　もっぱらライセンシーの不履行によるプロセス保証の未達成。ただし、ライセンサーは、10.5条に従って変更および改造を推奨し続ける。

(b)　ライセンサーの不履行による場合を除き、新しいプラントのスタートアップが、その機械的な完成から少なくとも6カ月間、なされない。

(c)　ライセンサーの不履行による場合を除き、そのような保証製品のためのすべてのテストランが、新しいプラントのスタートアップ後12カ月以内に完了されない。

(d)　ライセンシーが、テストランを行う必要がない、またはプロセス保証を満たす義務からライセンサーを解放することを、書面で、ライセンサーに通知する。

第12条　ライセンサーによる譲歩

12.1　プロセス保証が、ライセンサーの不履行のために保証製品に対して達成されないならば、ライセンシーは、テーブルDにおいて記述されるスケジュールに従って、ライセンシーによりライセンサーに支払わられるべきロイヤルティの減額の権利がある。そのようなロイヤルティの減額は、最初に、本契約において特定された金額の支払いに適用される。そのような減額がそのような分割払いを超えなければ、そのような分割払いは、そのような分割払いを差し引いた後、本条に基づく譲歩が決定される後30日以内に、ライセンサーに支払わられる。そのような減額が分割払い額を超えるならば、残額は、本契約に従って支払われるロイヤルティから差し引かれる。そのような差引きは、商業運転日に始まる四半期に期限の来る支払いに始まってなされ、次の四半期に生じるロイヤルティからなされた差引額が（必要ならば）、テーブルDに従って計算される差引額に等しい時に、終わる。

12.2　ロイヤルティの減額が、上記12.1条に従って生じるならば、ライセンサーは、それでもなお、ライセンサーの意見では、新しいプラントにおける欠陥を治癒すべき、新しいプラントにおける変更についてライセンシーに推奨する。

［解説］

本条は、テストランの準備と実施、性能の保証と達成および未達成に関する条項であるが、詳細な規定を定めており、多くの示唆に富んでいる。

まず、テストランのための準備作業として、新しいプラントにおける改造・変更の手順と費用負担のあり方が具体的に記述されている。次いで、テストランの手順として、各テストランの時間は72時間に限定され、製品および3保証製品のためのテストランは144時間に限定されている。テストランは、保証製品の生産率（生産能力）および原料消費率（原単位）が達成されるまで際限なく繰り返されるのではない。ライセンサーの観点から、このようなテストランの限定は重要である。当然のことながら、ライセンサーは、新しいプラントの性能における欠陥を治癒する改造および変更をライセンシーに提案することになる。

上記のテストランの時間数に加えて、さらに重要なのは各保証製品のためにテストラン3回、3保証製品のために合計9回というテストランの回数限定である。これらのテストランの時間数および回数の上限までに、性能の保証が達成できなければ、ライセンサーはその不履行による責任をどのようにし負担するかという難題が残る。本条項は、ロイヤルティの支払額の減額という方法を提案しており、ライセンサーとライセンシー間の金銭的な利害調整手段として興味深い。

3　許諾特許権の強制

ライセンサーは、国際技術ライセンス契約上の技術供与義務の一環として許諾特許の強制について責任を負うが、どのような範囲まで負うべきなのかその合理的な基準は必ずしも明らかではない。国際技術ライセンスにおいてライセンサーは、自己の所有する特許権をノウハウとともに、あるいは特許権のみをライセンシーに許諾するが、ライセンサーは、将来起こりうる特許係争問題についてライセンシーに対しどのような責任を負うべきであろうか。

ライセンサーにとって許諾特許権は、いうまでもなくライセンスの核心であり、ライセンシーとしては特許問題についての保証を求めたいところである。しかし、ライセンシーによるライセンスの実施が第三者の現存の特許権を侵害するかどうかを確実に予想することはきわめて困難であり、関連する第三者の特許権の数が膨大になればなるほどその困難性は増してくる。ライセンサーが所有し、許諾する特許権についてその有効性を将来とも維持することができるかもきわめて不確かである。一方、ライセンサーは、特許権者としてライセンスを許諾するのであるから、ライセンシーに対して特許権者としてなんらかの責任を負うことが要求されている。

わが国において、許諾技術であるライセンス対象の特許発明の実施が第三者の特許権を侵害することとなる場合に、ライセンサーが担保責任として特許権侵害排除義務を負うかという問題については、一部肯定・一部否定説[5]（専用実施権の場合と通常実施権の場合で区別）、否定説[6]がある。前者の見解は、特許権の本質を専用権として、ライセンサーはライセンシーに対し差止請求権を行使しないという不作為義務を負うのみでなく、ライセンシーに実施許諾した発明等の利用を積極的に享受させる義務を負うとし、ライセンサーの担保責任を肯定するが、通常実施権の場合には不作為義務を負うのみであるとする。後者の見解は、特許権の本質を排他権として、ライセンサーはライセンシーに対し不作為義務を負うのみであるとし、ライセンサーの担保責任を否定する。

国際技術ライセンスにおいて、許諾特許権の強制についてライセンサーの義務はどのように考えるべきであろうか。

（1）　ライセンス契約締結時における特許問題

ライセンサーは、第三者にライセンスを許諾するに当たっては自らの特許権の強さと弱さ、商品としての価値などを十分に検討するが、とりわけ当該ライセンスの実施が第三者の特許権を侵害するかどうかについては慎重な検討が必要である。ライセンサーとしては当然の義務といえるが、問題はその程度であり、どこまで完全な調査をするかということが検討課題となる。

（a）ライセンサーによる特許リサーチ

ライセンサーは、その専門家（企業においては知的財産部門および研究部門）により、関連する第三者の特許権について原則としてすべて、国際技術ライセンス契約時点における侵害性を吟味する必要がある。関連する特許権の数が膨大になれば、そのためのエネルギー、時間と費用は巨大なものとなる。そして重要な、問題のありそうな第三者の特許権については、独立した、信用のある外部の特許弁護士による鑑定書を準備しておくことが不可欠である[7]。厳しいライセンシーは、許諾されるライセンスと自己の立場を知っておくためにもライセンサーに対し鑑定書を要求する。

（b）特許保証

ライセンサーは、ライセンスの対象となる所有特許権について、たとえライセンシーが強く要求してもその有効性を国際技術ライセンス契約において保証することは避けるべきである。第三者から当該特許権無効の訴えがいつ提起されるかもしれず、訴訟に負けることが起こりうるからである。

将来ライセンシーが改良技術をグラントバックする場合、ライセンシーが所有する改良技術の特許権についてはライセンシーの立場も同様となる。

（2）　ライセンシーによる第三者特許権の侵害

ライセンシーが許諾されたライセンスを実施した結果、第三者が自己の特許権を侵害するとしてライセンシーに警告を発し、訴訟を提起すると主張してきた場合、ライセンサーはいかなる対応をするのであろうか。ライセンス契約においてライセンサーとライセンシーの責任ないし義務を定めることになるが、大きく2つの対応がありうる。

第1は、ライセンシーが主として当該第三者に対応することとし、ライセンサーはライセンシーを技術的、人的に支援する立場をとる。ライセンサーは、訴訟の被告となっていないときには、訴訟に参加することとする。この対応は独占的ライセンスにおいて通常見受けられる。第2は、ライセンサーが当該第三者に対応し、ライセンシーはこれを支援する。

前者の対応は、ライセンスの売り切り・買い切りにすぎない技術売買型ライセンス関係にしばしばみられる。ライセンシーが相当の技術力と規模を有する企業であれば十分に対応することができるし、ライセンサーとしてもできるかぎりの支援をして、訴訟にも参加するのであるからライセンシーとしても許容できる場合もある。しかし、ライセンシーとしては、ライセンサーは許諾したライセンスに基本的に責任を負うべきであって、ライセンシーが防衛行為をするが、その費用はすべてライセンサーに求償することができるのが当然と考えるであろう。一方、ライセンサーとしては、すべての費用を負担するのであれば、むしろ自ら防衛行為をするのがその利益を最も守ることができると考えるかもしれない。いずれにしてもライセンサーが積極的に対応しなければ、許諾したライセンスの価値は減ずることとなり、当該のライセンス関係のみならず、将来のライセンス関係に悪影響を及ぼすことになる。

したがって、ここでは後者の対応におけるライセンサーとライセンシーの責任と義務を検討する。そして、実際の相互関係の緊密度の濃淡に応じて、ライセンサーの責任を減じていく方向でライセンス契約の規定を設けるのが現実的な方法である。

（a）防衛行為におけるライセンサーとライセンシーの関係

ライセンサーが原則的に防衛行為を行うに当たっては、ライセンシーは、ライセンサーを支援し、あるいはライセンサーの行為を阻害しない立場で次のような義務を負う。

第1に、ライセンシーに対して第三者から特許侵害のクレーム、訴えまたはそれらのおそれが生じたときは、ライセンシーは速やかにライセンサーに文書で知らせる。第2に、ライセンサーの事前による同意なくしては、ライセンシーは、それらのクレームや訴えに対して和解をしない[8]。第3に、ライセンシーは、訴訟や和解の妨げとなるような容認や論争をしない。第4に、ライセンシーのロイヤルティ支払いの義務は変わらない。第5に、ライセンシーは、ライセンサーに対してそれらのクレームや訴訟に対処するための技術的、専門的な助言・協力および人材の提供等の支援を行う。

以上のようなライセンシーの義務の履行を前提として、ライセンサーは、自らの費用でそれらのクレームや訴えにいつでも対応し、防衛し、あるいは和解する義務を負うことになる。そして最終的には裁判所により、あるいは和解において決定されたすべての損害と費用について、ライセンサーはライセンシーに補償しなければならない。

もっとも、当該のクレームや訴えが、ライセンス実施の際にライセンシーが他の物質や方法を採用する、あるいは変化や結合を起こさせることによって生じるようなライセンシーの付加行為による場合には、このようなライセンサーの義務は適用されないことになる。

（b）敗訴の場合のライセンサーとライセンシーの関係

ライセンサーが第三者の提起した訴訟に最終的に負けた場合、ライセンサーとライセンシーがどのような義務を負うかについても国際技術ライセンス契約において定めておく必要がある。最終的に裁判所の決定により、当該ライセンスの実施である製造・使用・販売が差し止めまたは禁止された場合、ライセンサーは、例えば、次のようなオプションをもつような規定を設けることが考えられる。

第1に、ライセンシーがその製造・使用・販売を再開できるように、ライセンサーは当該第三者からライセンシーのためにライセンスを取得する。第2に、ライセンサーは、ライセンシーがその製造・使用・販売を再開できるような非侵害の技術を他からライセンシーのために取得する。

ライセンサーが上記いずれのオプションも合理的な条件で行使することができないときは、その旨ライセンシーに通知し、代わってライセンシーがその費用で上記2つのオプションを行使できることとする。ライセンシーがいずれかのオプションを行使した場合、すでにライセンサーに支払い済みのロイヤルティの返還は行われないが、ライセンシーは、将来のロイヤルティの額からオプションの行使に伴って支払った金額を差し引くことができるとすべきである。

さらに最悪の場合としては、ライセンサー、ライセンシーのいずれもオプションの行使の結果が失敗に終わったときには、国際技術ライセンス契約は終了するものとせざるをえない。

（3） 第三者による許諾特許権の侵害

第三者がライセンサーの許諾した特許権を侵害した場合には、ライセンサーは、許諾特許権の所有者として第三者に対し断固とした態度をとる必要がある。ライセンサーは、自らの権利を自らの手で守らなければならないのはもちろんのこと、ライセンシーに技術移転するライセンサーとしての責任を負わなければならない。もし第三者の侵害行為を放置したとすれば、ライセンシーが損害を被ることになるだけでなく、ライセンサーの技術に欠陥を生じさせてその価値を減ずることになり、ライセンサーは、当該技術を基にしたライセンス活動、さらには将来の事業活動に支障をきたすことになる。ライセンサーとしては直ちに行動を起こすべきである。許諾特許権の侵害者に対処する責任は、基本的にライセンサーにあるといえるが、ライセンシーとしてもライセンサーに協力する義務と責任があることはいうまでもない。

このようなライセンサーの責任は、技術売買型のライセンスあるいは技術提携型のライセンスのいずれにおいても基本的に同様であり、ライセンサーは、その責任をライセンシーに全面的に転嫁したり、一方的に免れたりすることはできないと考えられる。許諾特許権の侵害者に対処するライセンサーの責任は、ライセンスに伴う本質的なものといえるからである。

もっとも、かかるライセンサーの責任は、非独占的ライセンスの場合には契約上の義務として問われないと考えるべきである。非独占的ライセンシーは、許諾地域において当該ライセンスを独占的に享受する地位を与えられていないからである。しかし、非独占的ライセンスの場合においても、ライセンサーは自らの利益を守るために侵害者に対して積極的に行動する必要性が生じているといえる。

ライセンサーとしてとりうる手段は、大きく和解戦略と訴訟戦略の２つに分けて考えることができる。

（a）和解戦略

ライセンサーが許諾特許権の侵害者に対して和解戦略をとる場合、ライセンスを許諾することを前提にロイヤルティの額を交渉の武器とする方法が考えられる。

ライセンスの対象となる技術に応じ、その技術の属する業界において合理的とされるロイヤルティの額がある幅をもって存在するのが通常である。ライセンサーは、初期の段階においてはその幅の中で低い額のロイヤルティを侵害者に提示して、国際技術ライセンス契約の締結に誘引する。侵害者は、ライセンサーと争った場合における訴訟費用、利息の遡及的支払いあるいは懲罰的損害賠償のおそれなどを考慮して、割安なロイヤルティによるライセンスを受諾して早期決着を選ぶことがありうる。ライセンサーは、受諾したライセンシーの数がある程度になれば、その後のロイヤルティを引き上げるポリシーをとることとし、この旨適宜表明するとともに、ライセンスによる侵害問題の終結を自己の許諾特許権の有効性についての有利な材料として利用することもできる。もっとも、このようなロイヤルティの額による和解戦略は、許諾特許権の有効性が相当に明らかな場合に成功をおさめることができるのであって、侵害者の方で許諾特許権を侵害していない、あるいは当該特許権は無効であるとの強い自信をもっている場合には、国際技術ライセンス契約による和解は容易には成立しえない。

そこでライセンサーは、戦術的に最初から侵害訴訟を提起して訴訟の過程で和解を図るという、訴訟を交渉の武器とするアプローチをとることが考えられる。訴訟提起はそれ自身が目的ではなく、侵害者に対し優位な立場を確保し、合理的な対価を得るための手段とされる。訴訟手続のあらゆる段階において、ライセンス形態による早期の和解が追求されるべきである。

したがって、訴訟遂行の過程において、侵害者（被告）が和解についての議論に関心を示している場合、被告がその応答（answer）の期限に猶予を求めているときは、ライセンサーはそれを許容し、さらに被告が異議（motion）を申し立てているときには、その異議を尽くさせたならば、その後に和解に熟した機会が生じてくるとみるべきである。また、当該特許権の強さと侵害に関して多くの不確実な要素がいまだ残っている開示手続（ディスカバリー、discovery）の初期の段階こそは、被告が有利なロイヤルティの額でライセンスを受諾できる最適の機会であると考えることもできる。

（b）訴訟戦略

許諾特許権の侵害者が多数存在する場合、ライセンサーはどのような訴訟戦略をとるのであろうか。次のような２つのアプローチが考えられる。

第１は、まず当該業界のリーダーである１ないし２社を訴える。そして訴訟において優勢であれば、残りの侵害者にライセンスをオファーし、受け入れなければ訴訟を提起する。第２は、当該業界における侵害者の大多数を最初から訴える。この場合製造業者のみならず、卸売業者、小売業者も含めることとする。さらに、ユーザーも訴訟の対象とすることが考えられる。すなわち、当該業界における垂直的なマーケティングの関係者をすべて訴えるのである。

前者は、穏健な現実的訴訟戦略で多くの場合に見受けられるが、必ずしも当該業界の侵害者に対する効果は全面的ではなく、損害の回復において時期を失し十分ではなくなるおそれも生じる。後者は、相当な衝撃を当該業界に与えることになり、その意味においては効果的ではある。とりわけ、小売業者やユーザーを訴えることになれば、彼らは、ライセンサーからライセンスを取得している製造業者または供給業者からのみ製品を購入するというポリシーをとるのがビジネスの実際であり、侵害者は大きな打撃を受けることになる。また、当該業界全体に広がった影響は、むしろ侵害者の側にライセンサーとの和解を促す要因ともなりうる。しかし、一気にこの戦略をとることはあまりにも性急であり、当該業界にいたずらに混乱を引き起こすことになる場合もある。とくにユーザーを巻き込むことになれば、ライセンサーがそのユーザーと他の製品で取引関係があるときにはかえってビジネス面で悪影響をもたらすことになる。ライセンサーとしては、この意味において訴訟の対象とするユーザーないし流通業者を選択することが必要となる。

したがって、ライセンサーの現実的かつ効果的な訴訟戦略は、侵害者の態様に応じて上記二者の間に存在する。例えば、競合業者である製造業者については、当該特許権の侵害者である以上、1～2社のみならず大手企業とその流通業者ないしユーザー（ライセンサーと取引関係のない）を最初から訴えの対象とすれば効果的と考えられる。

（c）侵害者に対するライセンサーのアクション

ライセンサーの許諾特許侵害者に対する責任を国際技術ライセンス契約においてどのように定めるべきであろうか。独占的ライセンスにおいて、ライセンサーは、独占的ライセンシーに対してどこまでの責任を負うかである。

まずいずれの当事者も、第三者が許諾特許権を侵害あるいは不正使用していることを知ったときには、相手方に速やかに通知しなければならない。

ライセンサーは、そのような侵害・不正使用に対して、例えば、自らの名または両者の名において、その費用負担で訴訟を提起する、あるいは損害を回復し、そのような侵害・不正使用を止めさせるのに必要なアクションをとる（ただし、そのアクションはライセンシーの国際技術ライセンス契約上の権利を損じてはならない）、といういずれかのオプションを行使することができることとする。問題は、いずれかのオプションの行使をライセンサーの絶対的な義務とするかどうかである。最初からそこまでの義務をライセンサーに負わせることが酷な場合もありうる。

例えば、ライセンサーの義務を次のように2段階に分けて定めることも考えられる。ライセンサーが上記いずれかのオプションを行使することを望むときには、侵害の通知後、例えば6カ月以内にその旨ライセンシーに通知するものとし、ライセンシーは、自らの費用でそのライセンサーの訴訟またはアクションに参加することができる。そして、ライセンシーが参加し、当該オプションの行使が成功して損害を回復することができたときには、まずライセンサーがそのために被ったすべての費用に充当し、次いでライセンシーのすべての費用に充当した後、残る金額があれば両者で平等に分けることとする。

ライセンサーが後者のアクションを行使したが失敗に終わった場合、あるいは上記6カ月以内にいずれのオプションも行使しない場合には、そのまま放置すればビジネスに重大な悪影響を及ぼすとライセンシーが判断するとき、ライセンシーは、そのような侵害を阻止するための訴訟の成功の可能性について独立した特許弁護士の鑑定を求めることができる。かかる鑑定によれば訴訟が負けるよりも勝つ蓋然性の方が高いということであれば、ライセンシーはその旨ライセンサーに通知し、ライセンサーは速やかに訴訟手続を開始するものとする。

なお、いずれの当事者もその所有する関係情報の提供、必要な書面の作成等の援助を提供して相手方に協力する義務があるのは当然のことである。

ところで、ライセンサーが上記のような契約上の義務に違反した場合、つまり、ライセンサーが侵害者に対する訴訟を最終的に提起しないときには、独占的ライセンシーは、自ら特許侵害訴訟を提起することができる。この場合アメリカ法においては、独占的ライセンシーはライセンサーを強制的に共同原告とすることができる[9]。

Article 12　Patent Infringement

12.1　During the Royalty Payment Term, Licensor shall defend or settle at its own expense any suit or action which may be brought against Licensee for alleged infringement of any patent issued in Territory by reason of the manufacture of the Products with Technology disclosed hereunder on which royalties are payable, provided such infringement arises solely by reason of the use of Technology disclosed hereunder and employed commercially on a regular basis by Licensor. Licensor shall indemnify and hold harmless Licensee from and against all damages and costs adjudged or decreed against Licensee and actually paid by Licensee in any such suit or action or in the settlement thereof.

［訳文］

第12条　特許侵害

12.1　ロイヤルティ支払期間の間、ライセンサーは、ロイヤルティが支払われる、本契約に基づいて開示された技術による製品の製造の理由で、テリトリーで発行された特許の申し立てられた侵害に対し、ライセンシーに対して提起される訴訟または訴えを、自らの費用で、防衛または和解する。しかし、そのような侵害が、本契約に基づいて開示され、ライセンサーにより定期的なベースで商業的に採用される技術の使用をもっぱら理由として生じることを条件とする。ライセンサーは、そのような訴訟、訴えまたは和解において、ライセンシーに対して宣告または命じられ、かつライセンシーにより実際に支払われたすべての損害およびコストから、ライセンシーを保護し、害を及ぼさない。

[解説]

本条は、許諾技術の実施を理由として、第三者からライセンシーに対し提起された特許侵害訴訟におけるライセンサーの防衛義務を規定する典型的な条項である。

Article 12　Patent Infringement

12.1　When Licensee shall become aware of any infringement by a third party of Licensor's Patents, Licensee shall notify Licensor to that effect, providing Licensor with the information available to Licensee concerning the name and address of the third party and the nature of the infringement. In such instance, Licensor and Licensee shall consult each other with regard to possible measures which could be taken to prevent such infringement, including sending warning letters and institution of legal procedures; provided, however, that Licensor shall not be required to engage in any consultation, or take any action which, in the opinion of Licensor's counsel, may constitute patent misuse or a violation of any specific law, nor take any specific action which, in the judgement of Licensor after taking into account the interests of Licensee, would not be in the best interests of Licensor.

[訳文]

第12条　特許侵害

12.1　ライセンシーが、第三者によるライセンサーの特許の侵害に気づいたとき、ライセンシーは、第三者の名前および住所ならびに侵害の性質に関してライセンシーの手に入る情報をライセンサーに提供しつつ、その趣旨をライセンサーに知らせる。そのような場合、ライセンサーおよびライセンシーは、警告状の送付および法的手続の開始を含む、そのような侵害を防止するためにとられることができる可能な手段に関して相互に協議する。しかしながら、ライセンサーは、ライセンサーの弁護士の意見では、特許の誤用または特定の法の違反を構成する、協議に従事することもしくは訴訟を提起することは要求されず、またはライセンシーの利益を考慮した後、ライセンサーの判断では、ライセンサーの最善の利益ではない特定の訴訟を提起しない。

[解説]

本条は、第三者によるライセンサーの特許の侵害について、ライセンシーからの通知および対抗手段の協議に関する条項であるが、ライセンサーは、ライセンサーの観点から、第三者に対して訴訟を提起することには拘束されないという、ライセンサーの立場を明らかにしている。

Article 12　Patent Infringement

12.1 Licensee shall promptly inform Licensor in writing of any unauthorized use by a third party of Licensor's Patents licensed hereunder, which comes to notice of Licensee or of any patents which issue in Territory and which may conflict with Licensor's Patents.

12.2 Licensor reserves the right, but shall not be obligated, to prosecute any suit for infringement of Licensor's Patents at any time. Any such suit shall be under Licensor's control and at Licensor's expense, but Licensee shall have the right to participate in the suit at its own expense in the event of infringement by a third party of Licensor's Patents licensed hereunder. All recoveries shall be retained by Licensor, provided, however, that such recoveries shall be reasonably shared by Licensee in case of Licensee's participation in such suit. Licensee consents to join as a party in any suit commenced by Licensor if required by law (all the related expenses for such joining shall be borne by Licensor).

12.3 Without prejudice to the provisions of Article 12, in the event of infringement of Licensor's Patents licensed hereunder to Licensee, Licensee shall have the right, but not be obligated, to bring a suit under Licensor's Patens against such infringer if Licensor declines to do so. Licensor consents to join as a party in any such suit if required to do so by law (all the related expenses for such joining shall be borne by Licensee). Such suit shall be carried out by Licensee in good faith and be under Licensee's control and at Licensee's expense, but Licensor shall have a right to participate in such suit at its own expense. All recovery shall be retained by Licensee, provided, however, that such recovery shall be reasonably shared by Licensor in case of Licensor's participation in such suit.

12.4 In the even that any suit is brought against Licensee by any third party claiming that the manufacture, use or sale of the Products by Licensee under Licensor's Patents infringes patent right of said third party, Licensee shall undertake the defense of such suit at its own expense. Licensor shall confer with and assist Licensee, if required by law, in settling the suit or making an effective defense against it, provided, however, that Licensee shall indemnify Licensor from any costs, charges, expenses, damages or liabilities with respect to such a suit. Licensor shall have the right to be represented in such a suit by an advisory counsel of its own selection at its own expense.

12.5 Nothing herein shall authorize Licensee to settle such a suit without a prior written consent of Licensor, even if by any such settlement Licensor is obligated to make any monetary payment, to assume any other obligations, to part with any property or any interest therein, to be subject to any injunction, or to grant any license or any other right to a third party under Licensor's Patents.

12.6 Each party shall provide assistance to the other party, to the extent both parties agree to be necessary, except financial assistance, in connection with the prosecution of any suit concerning infringement or invalidation of Licensor's Patents hereunder.

12.7 In the event that all of the relevant claims of Licensor's Patents are revoked or declared invalid by a judgement or decision of a competent court in Territory the running royalties payable by Licensee shall cease as from the date of such judgement or decision of a competent court in Territory, but Licensor shall be entitled to receive all sums which shall have fallen due by that time. If the revocation judgement or decision of the court is reversed on appeal, the running royalties shall forthwith again become payable together with all royalties which would have been payable without the adverse revocation judgement or decision, and together with interest at ten percent (10%) per annum on such suspended royalties for the suspended period.

［訳文］

第 12 条　特許侵害

12.1　ライセンシーは、ライセンシーの知ることとなる、本契約に基づきライセンスされたライセンサーの特許権の第三者による権限のない使用またはテリトリーにおいて発行され、ライセンサーの特許権と矛盾する特許について、書面で迅速にライセンサーに知らせる。

12.2　ライセンサーは、ライセンサーの特許権の侵害に対して、いつでも、提訴する権利を留保するが、そうする義務はない。そのような訴訟は、ライセンサーのコントロール下にあり、かつライセンサーの費用負担であるが、ライセンシーは、自らの費用で、本契約に基づきライセンスされたライセンサーの特許権の第三者による侵害の場合、訴訟に参加する権利を有する。すべての回復されたものは、ライセンサーによって保持される。しかしながら、そのような回復されたものは、ライセンシーの訴訟参加の場合、ライセンシーと合理的に分け合う。ライセンシーは、法により要求されるならば、ライセンサーにより開始される訴訟に当事者として参加することに同意する（そのような参加のためのすべての関連費用は、ライセンサーによって負担される）。

12.3　12 条の規定を侵害せずに、本契約に基づきライセンシーにライセンスされたライセンサーの特許権の侵害の場合、ライセンシーは、ライセンサーが訴訟を提起することを断れば、そのような侵害者に対して、ライセンサーの特許権に基づいて訴訟を提起する権利を有するが、その義務はない。そのような訴訟は、ライセンシーにより誠実に行われ、ライセンシーのコントロール下にあり、かつライセンシーの費用負担であるが、ライセンサーは、自らの費用で、そのような訴訟に参加する権利を有する。すべての回復されたものは、ライセンシーによって保持される。しかしながら、そのような回復されたものは、ライセンサーの訴訟参加の場合、ライセンサーと合理的に分け合う。

12.4　ライセンサーの特許権に基づく製品の製造、使用または販売が第三者の特許権を侵害していると主張しながら、訴訟が第三者によりライセンシーに対して提起される場合、ライセンシーは、自身の費用で、そのような訴訟の防衛を引き受ける。ライセンサーは、ライセンシーと協議し、法により要求されるならば、訴訟を和解し、または訴訟に対して効果的な防衛をすることにおいてライセンシーを援助する。しかしながら、ライセンシーは、そのような訴訟に関するコスト、料金、費用、損害または責任からライセンサーを保護する。ライセンサーは、自身の費用で、自身の選択による顧問弁護士によってそのような訴訟で代表される権利を有する。

12.5　ライセンサーは、訴訟の和解によって、金銭的支払いをする、他の義務を引き受ける、財産もしくはその利益を手放す、差し止めに従う、またはライセンサーの特許権に基づきライセンスもしくは他の権利を第三者に許諾する義務があるとしても、ライセンシーは、ライセンサーの書面による事前の同意なくして、そのような訴訟を解決する権限を与えられていない。

12.6　各当事者は、両当事者が、本契約に基づきライセンスされたライセンサーの特許権の侵害または無効に関する訴訟の遂行に関連して、金銭的援助を除き、必要であると合意する範囲において、他の当事者に援助を提供する。

12.7　ライセンサーの特許の関連請求項のすべてが、テリトリーにおける所轄裁判所の判決または決定により取り消されまたは無効と宣言される場合、ライセンシーにより支払わられるランニングロイヤルティは、そのような判決または決定の日から終わるが、ライセンサーは、その時までにすでに期限が来ているすべての金額を受け取る権利がある。裁判所の取消し判決または決定が、上訴において取り消されるならば、ランニングロイヤルティは、逆の取消し判決または決定なくして支払いが可能となったすべてのロイヤルティと共に、かつ、中止された期間、中止されたロイヤルティについて年 10% の利息と共に、直ちに再び、支払い可能となる。

[解説]

本条は、特許侵害問題に関する 2 つの状況、すなわち、第三者によるライセンサーの特許権の侵害に対してライセンサーが訴訟を提起する場合とライセンシーによる第三者の特許権の侵害に対して第三者が訴訟を提起する場合について規定している。前者の場合、訴訟を主導するのはライセンサーであり、ライセンシーはこの訴訟に参加することになる。後者の場合、訴訟を主導するのはライセンシーであり、ライセンサーがこの訴訟に参加することになる。

本条は、前者の場合において、ライセンサーが訴訟を提起することを断るときは、ライセンシーが第三者に対して訴訟を提起し、ライセンサーはその訴訟に参加することになると規定している。また、後者の場合、ライセンシーが、第三者による訴訟に対する防衛を引き受けるが、ライセンサーの書面による事前の同意なくしては訴訟を解決する権限を有していないことに注意する必要がある。

Article 12 Patent Infringement

12.1 Licensor's obligations under this Article 12 are contingent upon compliance with all of the following:

(a) Licensee shall have given prompt notice in writing to Licensor of any infringement claim, suit or action against Licensee, or any threat of the bringing of any such claim, suit or action;

(b) Licensee shall not settle any such claim, suit or action without the prior written consent of Licensor;

(c) Licensee shall continue to pay any royalties accruing to Licensor hereunder;

(d) Licensor shall have the authority to control the defense or settlement of such claim, suit or action, and Licensee shall not make any admission or argument which might be prejudicial to the outcome of such suit or action or the settlement thereof; and

(e) Licensor's obligations under this Article 12.1 shall not extend to the payment of any increase in damages and prejudgment interest accrued resulting from a court finding that was willful unless such infringement shall have been induced by concealment or misrepresentation by Licensor of material fact in the obtaining of the opinion of independent counsel.

Licensor will defend and/or settle at its own expense any claim, suit or action which is brought at any time during the term of this Agreement against Licensee for the alleged infringement of any patent issued in __________ to a third party by reason of the commercial use or practice of Technology in Territory for the production of the Products in the Product Facilities and will indemnify and hold harmless Licensee from and against all damages and costs adjudged or decreed by a final, nonappealable or unappealed judgment of a court of competent jurisdiction against Licensee in any suit or action or in the settlement thereof.

In the event that, by a final, nonappealable or unappealed judgment or order based on any such claim, suit or action, the operation of any of the Product Facilities is enjoined or prohibited, or the commercial practice by Licensee of any of the proprietary rights relating to Technology licensed hereunder is enjoined or prohibited, Licensor shall have the option, at its expense, to:

(i)obtain for Licensee such license or licenses as may be necessary to allow Licensee to resume such operation or commercial practice; or (ii)obtain for Licensee non-infringing technology, processes or information, as the case may be, sufficient to allow Licensee to resume production of the Products of substantially the same grades, quality and quantities as Licensee could have produced if such injunction or prohibition had not become effective.

In the event that Licensor is not able to exercise either of such options on reasonable commercial terms, it shall so notify Licensee. Licensee shall then have the option, at its expense, to obtain licenses or technology as described in clauses (i) or (ii) hereinabove.

If the commercial practice by Licensee in Territory of the proprietary rights relating to Technology is so enjoined or prohibited and neither Licensor or Licensee is successful in the exercise of the options described hereinabove, this Agreement shall terminate. Licensor shall not enter into settlement with respect to any claim or suit concerning infringement on terms which are in any respect adverse to Licensee's interests except with Licensee's prior written consent.

12.2 Subject to the provisions of Article 12.1, Licensee shall be entitled, incident to the defense of any claim, to be represented by counsel of its choice and to participate in such defense at Licensee's cost.

12.3 If either party learns of any infringement or other unauthorized use in Territory by a third party of any of the proprietary rights relating to Technology hereunder, such party shall promptly notify the other party. Licensor shall have the option to institute proceedings under its control and its own expense against such infringement or other unauthorized commercial practice in its own name and/or in the name of Licensee, or to take such other action as may be necessary to recover damages or lawfully cause such infringement or commercial practice to cease, which such other action shall not be in derogation of Licensee's rights under this Agreement. If Licensor decides to initiate such proceedings, it shall so notify within six (6) months following the date of the aforementioned notice of such infringement or unauthorized commercial use. Licensee may, at its option, participate in such proceedings at its own cost.

If such proceedings ae successful (or otherwise settled on terms which are not adverse to Licensee) and damages or other amounts are awarded or payable as a result thereof, the same shall be applied first to the payment or reimbursement of all costs or expenses incurred by Licensor incident to the prosecution of such proceedings (including costs for scientific experiments and analysis), next to the payment or reimbursement of all costs or expenses incurred by Licensee incident to the prosecution of such proceedings, and the remainder, if any, to Licensor and Licensee equally.

If Licensor declines to initiate such proceedings, it shall so notify Licensee within six (6) months following the date of the abovementioned notice of such infringement or unauthorized commercial practice. In the event that, in the opinion of Licensee, the effect of such infringement or unauthorized practice is substantial and adverse to Licensee's business, Licensee may then seek an opinion from an independent patent counsel chosen by it and accepted by Licensor with respect to the likelihood of success of an action or proceedings brought for the purpose of enjoining or otherwise terminating, in whole or in substantial part, such infringement or unauthorized commercial use.

If such opinion is to the effect that such suit or proceeding is more probable of success than failure, Licensee shall so notify Licensor. Licensor shall thereafter promptly initiate such proceedings, and the same shall be conducted pursuant to the foregoing provisions of Article 12.3.

12.4 In all actions or suits brought or defended under this Article 12 each party shall, without charge, furnish to the other party such relevant information as is in their respective possession, shall execute all necessary or desirable papers and documents, and shall furnish such other assistance as may be reasonably requested by the other party.

12.5 Notwithstanding anything to the contrary contained herein, Licensor's liability for payments to others and outside legal expenses that may become payable by Licensor under Article 12 of this Agreement shall be limited to ______________ in the aggregate.

［訳文］

第 12 条　特許侵害

12.1　本 12.1 条に基づくライセンサーの義務は、以下のすべてに従うことを条件としている。

（a）ライセンシーが、ライセンサーに対して侵害クレーム、訴訟もしくは訴えまたはそのようなクレーム、訴訟もしくは訴えが提起されるおそれについて、ライセンサーに迅速な書面の通知を送ったこと、

（b）ライセンシーは、ライセンサーの事前の書面による同意なくそのようなクレーム、訴訟または訴えを和解しないこと、

(c) ライセンシーは、本契約に基づき、ライセンサーに生じるロイヤルティを支払い続けること、

(d) ライセンサーは、そのようなクレーム、訴訟または訴えの防衛または和解をコントロールする権限を有しており、ライセンシーは、そのような訴訟もしくは訴えの結果またはそれらの解決を害する認諾または議論をしないこと、および

(e) 本12.1条に基づくライセンサーの義務は、そのような侵害が、独立の弁護士の意見の獲得において重要な事実のライセンサーによる隠蔽または偽りの陳述によって引き起こされなかったならば、侵害は故意であったと裁判所が見つけ出すことから生じる、損害および公判前審理の利息における増加の支払いに及ばないこと。

ライセンサーは、自身の費用で、本契約の期間の間、いつでも、製品施設において製品の生産のための技術の商業的使用または実施の理由により、________において第三者に発行された特許の侵害の申し立てのために、ライセンシーに対して提起されたクレーム、訴訟または訴えを防衛しおよびまたは和解し、かつ、そのような訴訟、もしくは訴えまたはそれらの和解において、ライセンシーに対して、最終の、上訴できないまたは上訴しなかった所轄裁判所により宣告または命じられた、すべての損害およびコストからライセンシーを保護しおよびライセンシーに対して害を及ぼさない。

そのようなクレーム、訴訟または訴えに基づく、最終の、上訴できないまたは上訴しなかった判決または命令により、製品施設の運転が禁じられもしくは禁止され、または本契約に基づいてライセンスされた技術に関する財産権のライセンシーによる商業的実施が禁じられまたは禁止される場合は、ライセンサーは、その費用で、以下のオプションを有する。

(i) ライセンシーがそのような運転または商業的実施を再び始めることを可能にするために必要なライセンスをライセンシーのために獲得すること、または

(ii) そのような差止めまたは禁止が効果的でなかったならば、ライセンシーが生産することができたものと実質的に同じグレード、品質および数量の製品の生産をライセンシーが再び始めることを可能にするに十分な非侵害の技術、プロセスまたは情報を、事情次第で、ライセンシーのために獲得すること。

ライセンサーが、合理的な商業的条件で、そのようなオプションのいずれも行使することができない場合、ライセンサーはそのようにライセンシーに知らせる。ライセンシーは、その費用で、上記の(i)または(ii)において記述されるライセンスまたは技術を獲得するオプションを有する。

テリトリーにおいて技術に関係する財産権のライセンシーによる商業的実

施が禁じられまたは禁止され、かつ、ライセンサー、ライセンシーのいずれも、上記に記述されたオプションの実施に成功しないならば、本契約は終了する。ライセンサーは、ライセンシーの事前の書面による同意がある場合を除き、いかなる点でもライセンシーの利益に反する条件で、侵害に関するクレームまたは訴訟に関するいかなる和解も結ばない。

12.2　12.1 条の規定に従い、ライセンシーは、そのようなクレームの防衛に付随して、その選択した弁護士によって代表され、ライセンシーのコストでそのような防衛に参加する権利を有する。

12.3　いずれの当事者も、本契約に基づきライセンスされた技術に関する知的財産権のテリトリーにおける第三者による侵害または他の権限のない使用を知るならば、そのような当事者は、迅速に他の当事者に知らせる。ライセンサーは、そのような侵害または他の権限のない商業的実施に対して、そのコントロールの下でおよび自身の費用で、自身の名前およびまたはライセンシーの名前において、訴訟手続を開始する、または損害を回復するに必要なもしくはそのような侵害もしくは商業的実施を合法的にやめさせる他の方策をとる、オプションを有する。ただし、そのような他の方策は、本契約に基づくライセンシーの権利を損じないものとする。ライセンサーは、そのような訴訟手続を開始することを決定するならば、そのような侵害または権限のない商業的実施の上述した通知の日後 6 カ月以内にライセンシーにそのように知らせる。ライセンシーは、そのオプションで、そのような訴訟手続に自身のコストで参加する。

そのような訴訟手続が成功し（またはさもなければライセンシーにとって不利でない条件で解決する）、かつ損害賠償額または他の金額がその結果として付与されるまたは支払われるならば、それらは、最初に、そのような訴訟手続の遂行に付随して、ライセンサーが負ったすべてのコストまたは費用（科学的実験および分析のためのコストを含む）の支払いまたは返済に当てられ、次に、そのような訴訟手続の遂行に付随して、ライセンシーが負ったすべてのコストまたは費用の支払いまたは返済に当てられ、残余は、何かあれば、ライセンサーおよびライセンシーに、等しく当てられる。

ライセンサーがそのような訴訟手続を断るならば、ライセンサーは、そのような侵害または権限のない商業的実施の上記の通知日後 6 カ月以内に、ライセンシーにその旨を知らせる。ライセンシーの意見では、そのような侵害または権限のない実施の効果は重要であり、ライセンシーのビジネスに不利である場合には、そのような侵害または権限のない商業的実施を、全体のまたは重要な部分において、禁止またはさもなければ終わらせる目的のために提起された訴えまたは手続の成功の可能性に関して、ライセンシーは、ライセンシーにより選ばれ、ライセンサーによって受入れられた独立特許弁護士の意見を求める。

そのような意見が、そのような訴えまたは手続は失敗よりは成功しそうである場合は、ライセンシーはライセンサーにその旨を知らせる。ライセンサーは、迅速にそのような訴訟手続を開始し、12.3 条の上記手続が遂行される。

12.4　本 12 条に基づき提起されまたは防衛されるすべての訴えまたは訴訟において、各当事者は、それぞれが所有する関連情報を他の当事者に無償で提供し、すべての必要な書類および文書を作成し、他の当事者により合理的に要請される他の援助を提供する。

12.5　12 条に含まれる反対にかかわらず、本契約 12 条に基づきライセンサーにより支払われる、他者への支払いおよび外部の法的費用に対するライセンサーの責任は、総額＿＿＿＿＿＿に限定される。

［解説］

本条は、まず、ライセンシーによる第三者の特許の侵害のため、第三者がライセンシーに対して訴訟を提起した場合において、ライセンサーが防衛するが、敗訴となって、ライセンシーのプラントの運転または許諾技術の実施の禁止が命じられたとき、ライセンサーは、ライセンシーのために、ライセンスまたは非侵害の技術の獲得という 2 つのオプションを有する。

ライセンサーがそのようなオプションの行使に失敗した場合は、代わってライセンシーがこれらのオプションを行使する。このようなオプションの行使は、ライセンサー、ライセンシーいずれにとっても、敗訴の結果に対応する手段として有用である。

次に、第三者によるライセンサーの特許の侵害のため、ライセンサーが第三者に対して訴訟を提起する場合において、ライセンサーが、なんらかの理由で訴訟手続を始めないならば、ライセンシーは、訴訟の成功の可能性に関して独立特許弁護士の意見を求め、失敗よりも成功の可能性が大きいという意見であれば、ライセンサーは訴訟手続を開始する。ライセンサーによる訴訟提起を促すために、独立特許弁護士を活用することは、きわめて有効である。

最後に、いずれにしても敗訴となれば、ライセンサーの責任がどの程度大きくなるか不明であることから、ライセンサーの観点から、その金銭的責任の範囲を一定の金額に限定していることは、ライセンサーにとって重要である。

4　技術援助

ライセンサーは、国際技術ライセンス契約において許諾技術を実施するのに合理的に必要な範囲内で、技術情報の提供と技術指導を行うのが原則であり、通常の国際技術ライセンス契約におけるライセンサーの義務はここでとどまることになる。しかし、発展途上国企業・後進企業へのライセンスや海外子会社ないし共同事業体へのライセンスの場合には、ライセンサーは、このような通常の範囲を超える技術援助をも求められるのが通常である。

前者の場合は、ライセンシーの技術レベルが一般的に低いことから、許諾技術に習熟させるために許諾技術分野におけるライセンシーの技術力を向上させる必要があり、さらに現地市場のニーズに応じた製品の開発のために許諾技術の改良に向けた技術援助を行う必要も生じてくる。後者は、親会社または共同事業者としての親会社の子育て義務の一環としてライセンシーに対して継続的な技術援助を行うものであり、単なるライセンス関係を超えて、ライセンサーを中心とする企業グループの事業戦略を考慮に入れて、ライセンシーに対する技術援助を行う必要が生じる。

いずれにしても当事者は、国際技術ライセンス契約においてあるいは国際技術ライセンス契約とは別途に、援助の対象となる技術分野、訓練や指導などの援助の内容、援助の期間および援助の対価について明確な規定を設けなければならない。

5　ライセンシーの最恵待遇

ライセンサーが許諾技術について異なる条件で複数の非独占的ライセンスを許諾した場合において、新しいライセンシーが「より有利な条件」で当該ライセンスを取得したとき、古いライセンシーの立場からは、ライセンス条件の差別であって競争上不利な地位に置かれることになる。古いライセンシーも「より有利な条件」を享受できるべきであり、これを可能とする契約上のメカニズムは、ライセンシーの最恵待遇条項であるといわれる。このような最恵待遇は、基本的には国際技術ライセンス契約に基づくライセンサーの義務であるが、きわめて漠然とした概念であり、利害の対立するライセンサー、ライセンシー間で紛争が生じることが予想される。

（１） 最恵待遇条項の目的

最恵待遇ライセンシー条項（Most Favored Licensee Clause）の目的は、同じ権利に対してより有利な条件のライセンスを取得する将来の競争者に対して、競争上不利な立場に置かれる古いライセンシーを保護することであり、その権利が特許権、商標権、著作権、トレード・シークレットやノウハウのいずれであっても変わるところはない。競争上不利な立場に置かれることを避けるために、ライセンシーは、非独占的ライセンス契約において最恵待遇条項を織り込むことを主張し、ライセンサーは、将来のライセンスを交渉する自由を制約することになるので、そのような条項を織り込むことに反対するのが通常である。交渉の結果この条項を受け入れたライセンサーは、その適用を制限し、あるいはその結果に伴うリスクを制限するように最恵待遇条項の枠組みを設けることが必要と考えられる[10]。一方、ライセンシーは、本条項を享受するためには「より有利な条件」の評価や発動の手続において適正に取り扱われることが必要である。

（２） 最恵待遇条項発動の事由

最恵待遇条項は、将来の明示の国際技術ライセンス契約のみならず、当事者間で別途の合意がない限り、特許侵害者を訴えないライセンサーの不作為、過去の侵害に対する損害賠償を放棄する和解、あるいは過去の侵害と将来の使用の間に配分することのない一時金の支払いによる侵害者との和解のような行為に基づいて認容される黙示のライセンス（implied license）にも適用される可能性がある[11]。

まず、ライセンサーが許諾特許の侵害者に対し不十分な対応のまま放置してしまう場合、黙示によるロイヤルティ・フリーのライセンスが生じていると解されることがあり、これが最恵待遇条項の引き金となるおそれがある。

De Forest Radio Telephone & Telegraph Co. v. United States, 273 U.S. 236 (1927)

において、連邦最高裁判所は、特許侵害にかかわる論争の過程において、特許の所有者によって使われた語句や相手方に示された行為から、その所有者が相手方による製造・使用・販売における特許権の実施に同意していることが適切に推測されるときには、それらの行為はライセンスを構成すると述べている[12]。つまり、かかる論争の不存在は、ライセンサーが侵害者によるその特許権の実施に同意していることを強く推測させることになる。しかし、ライセンサーがその権利を強制することを真剣に試み、そして侵害者も絶えず責任を否定しているという事実がある場合には、将来の侵害を防止して長い訴訟を避けようとする和解は、必ずしも黙示のライセンスを構成するものではない。

Core Lab., Inc. v. Hayward-Wolff Research Corp., 136 A.2d 553 (Del. 1957) では、特許権所有者と侵害者の間で論争が存在しなかったことは、当該ライセンサーが侵害者による独占的使用に同意し、これによって黙示のロイヤルティ・フリーのライセンスを生ずる強い証拠である、とデラウェア州最高裁判所は判断している。

Shatterproof Glass Corp. v. Libbey-Owens-Ford Co., 482 F.2d 317 (6thCir. 1973) においては、第三者の Ford Motor Co. は、ライセンサーである Libbey-Owens-Ford Co. にいくつかの特許の侵害からの免責のために 40 万ドルを支払い、そして Jendrisak という特許に関する過去の侵害からの免責のために 6 万ドルを支払った。ライセンサーの積極的な行為について詳述することなく、第 6 巡回区連邦控訴裁判所は、Jendrisak 特許に関して支払われた金額が黙示のライセンスに基づく過去の実施に対する補償の支払いであると判断した。これに対して、他の特許に関する過去の侵害に対する支払いは、黙示のライセンスとは判断されなかった。その理由は、侵害の主張に対して Ford が激しく抵抗していたこと、そしてライセンサーが Ford による当該特許の無許諾の実施に同意していたと推測しうるような、ライセンサーの言動がなかったからであった。

一方、Studiengesellschaft Kohle m.b.H. v. Novamont Corp., 704 F.2d 48 (2d Cir. 1983) において、第 2 巡回区連邦控訴裁判所は、最恵待遇条項があるからといってライセンシーである Novamont に、ライセンサーである Studiengesellschaft が特許係争にからんで他のライセンシーに与えた前払いライセンスのための一時金の支払いという、特殊な需要に応じるタイプのロイヤルティ条項を適用する権限までも与えていると解釈することはできないと述べている[13]。

また、Searle Analytic Inc. v. Ohio-Nuclear Inc., 398 F. Supp. 229 (N.D. Ill. 1975) では、特許侵害について、過去の侵害を許す代わりに将来ロイヤルティを支払う

という同じ条件の2つの和解が成立したという背景の下で、時間的に先に和解し、ライセンシーとなったOhio-Nuclearが最恵待遇条項に基づき、後続のライセンシーとの和解とその日付を自らの支払いの内容および支払いの起算日として適用するよう主張したが、イリノイ北部地区連邦地方裁判所は、最恵待遇条項の定義に入るようなものではないとしてこの主張を退けている。

これらの判例から、ライセンサーが第三者による過去の侵害に対する対価を受け取った場合、裁判所は、当該侵害者との和解をめぐる状況を吟味して、ライセンサーが侵害による実施に同意してその対価を受け取ったかどうかを決定するに至ると考えられる[14]。

しかし、特許侵害に対する和解条件を無条件に最恵待遇の対象とする場合には紛争が生ずるおそれがあり、当事者の利益の保護を考慮する必要があると考えられる。

特許侵害における和解条件として、特許侵害者に対し一定の条件でライセンスを与えることが多いが、当該技術の市場状況を必ずしも常に反映しているわけではない。とりわけ過去の侵害についてはいわば政治的な妥協がありうる。したがって、ライセンサーの立場からは、過去の侵害についての和解条件は最恵待遇の対象から除外し、特許係争の和解として許諾された将来のライセンスのみを対象とすることを明記する必要がある[15]。

一方、ライセンシーの立場からは、過去の侵害の適用除外に対しては、まず、「過去の侵害」ということが明白に定義ないし記述される必要がある。とりわけ、適用除外は、権利の将来の実施に対するものとして過去の侵害を取り扱う和解の局面に限定されるべきである。さらに、ライセンシーは、かかる除外をライセンサーが許諾した権利に制限すべきである。そうすることによって、許諾した権利が、その他の権利の侵害にかかわる和解のための対価の一部として認容されるような状況を避けることができる[16]。

また、最恵待遇条項の適用は、法によりつくられた政府の権利から生ずる強制ライセンスおよび子会社や関連会社との間で許諾されるライセンスについては、特別の考慮がなされることから、対象外とすべきである[17]。さらに、クロスライセンスやパテントプールの場合におけるライセンスも、このような形態における特有の考慮が加わることから、最恵待遇条項の適用対象外とする必要がある[18]。

（3） より有利なライセンスの具体的基準

「より有利な条件」と抽象的にいうことはできても、ライセンス条件の比較は実際上相当に難しい。ライセンスは、特定のライセンシーの需要に応じて交渉し、許諾されるものであり、それぞれの国際技術ライセンス契約における特有の条件を評価して比較することはきわめて困難である。それぞれのライセンシーに与えられたすべてのライセンス条件を単純に比較して有利な条件のみを取り上げることは公平ではなく、不利な条件も含めて総体として有利か不利かを判断する必要があるが、そのような評価は正確を期しがたい[19]。最恵待遇の対象について、国際技術ライセンス契約の当事者が、例えば、許諾技術とその範囲、ロイヤルティ、改良技術のグラントバック、ライセンシーに課される主たる義務、契約期間、秘密保持期間などのような主要な条件をリストアップして明記する方法がありうるが、それらを評価して比較することは実際問題として容易なことではない。

したがって、最恵待遇の対象とする条件ないし項目をより限定する方がよさそうである。そこでまず、このような条件や項目をどのように絞るかの問題であるが、例えば、ノウハウ・ライセンスにおけるライセンシーにとって、秘密保持期間の長さが事業展開において重要な意味をもつことがある。新しいライセンシーの秘密保持期間が古いライセンシーより短ければ、古いライセンシーは競争上不利な立場となる。この場合、秘密保持期間そのものの長さの比較が問題ではなく、秘密保持義務が免除される時点、すなわち終期が比較されるべきである。もっとも、開示された情報の同一性が比較の前提となることはいうまでもない。いずれにしても、秘密保持期間という１つの項目をとっても比較することは簡単ではない。

国際技術ライセンス契約におけるライセンシーの基本的義務であるロイヤルティ支払いというライセンス条件の中で最も基本的な項目を中心として取り上げることが考えられる。もっとも、許諾される権利の範囲に対する制限あるいは許諾される権利に付随する義務など他のすべての条件がロイヤルティの額に影響を及ぼしている可能性があり、どのように絞るかの問題が残る。

Hooker Chem. Corp. v. Velsicol Chem. Corp., 235 F. Supp. 412 (W.D.Tenn. 1964) では、ライセンサーである Hooker は、Velsicol とのライセンス契約において「特定された条件」より有利な条件で他のライセンス契約が締結された場合には、そのような有利な条件が適用されることに合意している。

そこで、ロイヤルティに加えて、ロイヤルティに直接関連する制限・義務を最恵待遇の対象とすることを明記して比較することが考えられる。この場合、当事者間におけるその旨の一般的な合意にとどまることなく、具体的な項目や条件をリストとして列記する方法がある。例えば、許諾技術の範囲、改良技術のグラントバック、地域や使用分野などのライセンスの制限、ライセンシーの最善努力義務、契約期間などである[20]。

しかし、このようにライセンサーとライセンシーが合意して最恵待遇の対象とする項目ないし条件を特定することができたとしても、その数が多ければ権利や義務を比較することは難しくなり、やはり比較障害が残る。これらを金銭的に評価することができる場合には、その有利性を比較することは容易となるので、許諾技術に対する対価として金銭的に評価できるような項目や条件に、あるいはそれぞれのライセンス契約の性格に応じて比較することができるような項目や条件にさらに絞ることが望ましい。

一方、比較の対象をロイヤルティのみに限定し、その他の項目や条件はすべて対象外とすることは、当事者が合意するならば可能である。しかし、上述したように、ロイヤルティに少なくとも直接関連する制限や義務はロイヤルティの額に影響を及ぼしており、その他の項目や条件が実質的に同じものである場合には問題はないが、あまりにも単純化することはとりわけライセンサーの利益を損なうおそれが生ずる。このような場合は、ロイヤルティのみの比較により最恵条項発動の事由とするが、ライセンシーが新しいライセンスにおける安いロイヤルティを享受するためには、ロイヤルティに直接関連する制限や義務のすべてを、いずれが有利であろうと不利であろうと、受け入れることを条件とするべきである[21]。

さらに、ロイヤルティの支払いが比較の対象となった場合においても、Hazeltine Corp. v. Zenith Radio Corp., 100 F.2d 10 (7th Cir. 1938)[22] では、最恵待遇条項をもつライセンシーである Zenith は、他のライセンシーが販売額のパーセンテージに代わる一時金の支払方法を選択し、その結果 Zenith よりも単位当たりの支払いが少なくなったときには、その一時金の支払いから算出したパーセンテージのロイヤルティの料率を享受する権利があると主張したが、第 7 巡回区連邦控訴裁判所は、一時金の支払いと販売額のパーセンテージを同じ方法とすることは、両者の実質的な価値を無視するものとして、この主張を退けている。

したがって、このような一時金の支払いによる場合も最恵待遇条項の対象外とする必要がある。

（4） ライセンシーへの情報開示

ライセンサーは、最恵待遇の対象となるライセンス条件をライセンシーに通知して開示することがその義務として要求される。古いライセンシーが最恵待遇条項を発動してより有利な条件を享受するためには、ライセンサーから必要な情報が開示されなければならない。この場合、より有利な条件である新しいライセンスを開示する義務、あるいはすべての新しいライセンスを開示する義務という 2 つの情報開示の方法がありうる。

前者は、新しいライセンスがより有利な条件であることをライセンサーが判断して、ライセンシーに通知するが、その判断を誤った場合には、ライセンシーに対して責任を負うことになる。後者は、新しいライセンスが有利な条件であるかどうかをライセンシーが決定することになる。いずれの場合にも、ライセンシーは一定の期間内に応答することが求められる。

Article 13 Most Favored Licensee

13.1 In the event that, during the term of this Agreement, Licensor enters into a license agreement with any third party other than a corporation or organization (now or hereafter organized) of which at the time of such grant Licensor owns or controls, directly or indirectly. at least fifty percent (50%) of the issued and outstanding stock having the right to vote for the election of directors thereof, which grants a license to such third party to practice, use or commercialize Technology similar in scope to the licensee granted hereunder at a royalty rate which, when considered in their entirety together with the other terms and conditions of such license, is lower than that specified in Article ___, Licensor shall promptly notify Licensee of the same. If within sixty (60) days after such notification Licensee informs Licensor in writing that Licensee desires to enjoy the benefits of such provisions and accepts all of the terms and conditions of said third party agreement, Licensee shall be entitled to the benefit of the same in respect of operations hereunder subsequent to such grant, subject to all of the terms and conditions of said third party agreement, but only for so long as and only to such extent as such lower royalty rate shall be available to such third party.

[訳文]

第 13 条　最恵待遇ライセンシー

13.1　本契約の期間の間、ライセンサーが、取締役の選任のために投票する権利をもつ発行済みで未払いの株式の少なくとも 50% を直接または間接に、ライセンスの許諾の時に、ライセンサーが所有またはコントロールする会社または組織（現在または今後設立される）以外の第三者と、そのようなライセンスの他の条件と共に、そっくりそのまま考慮されるとき、___条に特定されたものより低いロイヤルティ料率で、本契約に基づき許諾されたライセンスと同様の範囲で技術を実施し、使用しまたは商業化するために第三者にライセンスを許諾するライセンス契約を結ぶ場合は、ライセンサーはライセンシーにそのことを迅速に知らせる。そのような通知後 60 日以内に、ライセンシーは、そのような規定の便益を楽しむことを望んでおり、その第三者契約のすべての条件を受入れるということを書面で、ライセンサーに知らせるならば、ライセンシーは、その第三者契約のすべての条件に従うが、そのような低いロイヤルティ料率がその第三者に利用できる間のみ、かつその範囲でのみ、そのような許諾の後の活動に関して同様の便益を受ける権利がある。

[解説]

本条は、ライセンサーが最初に締結したライセンス契約の後、より低いロイヤルティ料率で後続のライセンス契約を締結した場合、最初のライセンシーがより低いロイヤルティ料率を享受するための典型的な条項である。

注

1　John T. Ramsay, *Ramsay on Technology Transfers and Licensing* (Butterworths, 2003), at 189-190.

2　Id. at 197-198.

3　井原宏「国際ライセンスにおけるライセンサーの責任」『筑波法政』20 号（1996）14-20 頁参照。

4　雨宮正彦『特許実施契約論』（日本工業新聞社、1982）107-108 頁。

5　嶋末和秀「ライセンス製品が第三者の特許権を侵害する場合におけるライセンサーの責任」山上和則先生還暦記念論文集刊行会編『判例ライセンス法』（発明協会、2000）181-182 頁。

6　同上、115-116 頁。

7　アメリカにおいては、悪意の特許侵害による 3 倍賠償を避けるために、このような第三者の専門家による鑑定書をライセンス契約の締結時前に入手しておくことが必要である。

8　一方、前者の対応において、独占的ライセンシーが訴訟の当事者（共同被告）となっているときには、ライセンサーは独占的ライセンシーの同意なくして和解することはできない。

9　非独占的ライセンシーは、特許侵害訴訟を提起する当事者適格を有しない。Crown Die & Tool Co. v. Nye Tool & Machine Works, 261 U.S. 24 (1923). これに対し、独占的ライセンシーは、原告としての特許権者であるライセンサーに参加することを条件として、特許侵害訴訟の当事者適格を有する。

Independent Wireless Telegraph Co. v. Radio Corp. of America, 269 U.S. 459 (1926).

Bruce M. Wexler & Nathaniel I. Watts, Bringing Suit for Patent Infringement: Standing of Licensees, *The Licensing Journal, November/December 2002*, at 23.

10　D. Patrick O'Reilley & Michael A. Morin, Troubles for Most-Favored Licensees, *les Nouvelles March 1998*, at 26.

11　Id. at 27.

12　273 U.S. 236 (1927), at 241.

13　704 F.2d 48 (2d Cir. 1983), at 58.

14　O'Reillry & Morin, supra note 10, at 28.

15　最恵待遇の範囲から過去の侵害についての和解条件を除外する例として、Plastic Contact Lens Co. v. Guaranteed Contact Lens, Inc., 283 F. Supp. 850 (S.D.N.Y. 1968) 参照。

16　O'Reillry & Morin, supra note 10, at 30.

17　Dennis Rader and Robert B. Furr, Jr., Most Favored License Clause: A Tool for Narrowing Risk Imbalances Between Licensors and Licensees, *The Licensing Journal January 2003*, at 9.

18　Jay Dratler, Jr., *Licensing of Intellectual Property Vol. 2* (Law Journal Press, 2004), at 9-23.

19　許諾される技術情報や知的財産権の量やタイプが異なり、改良技術のグラントバックの有無、ライセンサー、ライセンシーのそれぞれの義務、ライセンシーに対する制限などが異なるといわれる。

Pane & Brunsvold, Five Important Clauses: A Practical Guide, *Licensing Law and Business Report, Vol.6 No.1* May-June 1983, at 75.

D. O'Reilley, The Trouble With Most-Favored-License Clauses, *Licensing Law and Business Report, Vol.8 No.5* January-February 1986, at 50.

20 O'Reilley & Morin, supra note 10, at 32.

21 Rader and Furr, supra note 17, at 11.

22 Cert. denied, 306 U.S. 656 (1939).

第 5 章

ライセンシーの義務のリスクとリーガルプランニング

1　改良技術のグラントバック

ライセンサーは、①ライセンシーの改良技術に対応してその技術的指導ないし援助を提供することができるようにする、②ライセンシーの改良技術を他のライセンシーと分かつことにより改良技術交換のネットワークを発展させる、③許諾製品を業界標準として維持する、というような目的のために、ライセンシーの改良技術にアクセスすることを期待する[1]。

ライセンシーとしては、ライセンサーの改良技術を許諾技術に密接に関連するものとしてあるいはその対象の範囲に含めて取得することを望み、ライセンサーとしては、ライセンシーの改良技術をグラントバックさせて利用することを望むのが通常である。とりわけ、ライセンサーがライセンシーの技術開発力に期待して許諾技術を供与する場合は、ライセンシーからの改良技術のグラントバックは、ライセンス契約の主たる目的ともいえる。ライセンシーによる改良技術の開発を促進するためには、グラントバックの条件やライセンサー・ライセンシー間の改良技術交換のシステムなどについて、ライセンシーにインセンティブを与えるような配慮が必要と考えられる。

また、競争法の観点からは、ライセンサーに一方的に有利な条件のグラントバックは許されないのが原則である。

Article 14　Improvements

14.1　From time to time during the period commencing on the Effective Date of this Agreement and extending until ______ years thereunder, Licensee shall disclose to Licensor all Licensee's Improvements, subject to the provisions of Article 14.

14.2　Licensee hereby grants to Licensor a royalty free right together with the right to grant royalty free sublicenses to use Licensee's Improvements disclosed hereunder in any country of the world under Licensee's Patents which may issue thereon.

[訳文]

第14条　改良技術

14.1　本契約の発効日に始まり、_______年まで及ぶ期間、時折、ライセンシーは、14条の規定に従い、ライセンシーのすべての改良技術をライセンサーに開示する。

14.2　ライセンシーは、ロイヤルティのないサブライセンスを許諾する権利と共に、本条に基づき開示されたライセンシーの改良技術を、発行されるライセンシーの特許に基づき世界中で、使用するロイヤルティのない権利をライセンサーに許諾する。

[解説]

本条は、ライセンシーの改良技術を無料でライセンサーにグラントバックするライセンシーの義務に関する典型的な条項である。

Article 14　Improvements

14.1　Licensee hereby grants to Licensor a non-exclusive, non-transferable, royalty-free license with the right to grant sublicenses to others under Licensee's Patents and the Technology to practice Licensee's Improvements to manufacture the Products and to use and sell the Products so made anywhere in the world.

14.2　Licensor's sublicensing rights may be exercised only pursuant to sublicenses which include clause for exchanging Improvements of sublicensed technologies with Licensor's improvements and which will thereby allow Licensee to have access to and utilize technical and proprietary information developed by other licensees or sublicensees of Licensor to the same extent that technical and proprietary information developed by Licensee may be used by Licensor. Licensor may, however, in licensing the Technology to third parties subsequent to the Effective Date of this Agreement, include within the information transferred to such third parties Licensee's Improvements received by Licensor from Licensee's Improvements as of the date on which the license to the third party is granted. Licensor may not, however, make Licensee's Improvements available to such third party to the extent that they have been received by Licensor from Licensee subsequently the date on which the license to such third party is granted.

[訳文]

14条　改良技術

14.1　ライセンシーは、製品を製造し、そのようにつくられた製品を使用し、世界中に販売するために、ライセンシーの改良技術を実施する、ライセンシーの特許および技術に基づき、他者にサブライセンスを許諾する権利付の非独占的、譲渡できない、ロイヤルティのないライセンスをライセンサーに許諾する。

14.2　ライセンサーのサブライセンス権は、サブライセンスされた技術の改良技術をライセンサーの改良技術と交換する条項を含む、かつ、それによってライセンシーが、ライセンシーにより開発された技術的および財産的情報がライセンサーによって使用されるのと同じ程度に、他のライセンシーまたはサブライセンシーにより開発された技術的および財産的情報にアクセスしおよび利用することを可能にする、サブライセンスに従ってのみ行使される。しかしながら、ライセンサーは、本契約の発効日後、技術を第三者にライセンスする際、そのような第三者に移転される情報の中に、第三者へのライセンスが許諾される日付けで、ライセンサーによりライセンシーから受領された改良技術を含む。しかしながら、ライセンサーは、そのような第三者に許諾される日後、改良技術がライセンシーからライセンサーにより受領されたという程度までそのような第三者にライセンシーの改良技術を利用できるようにすることはできない。

[解説]

本条は、ライセンサーのサブライセンス権は、サブライセンスされた技術の改良技術のライセンサーの改良技術との交換および他のライセンシーまたはサブライセンシーにより開発された技術情報のライセンシーによる利用を条件とすることを規定しており、ライセンサーの観点から、サブライセンスの効果の最大化を目的とする条項である。

（a）改良技術の範囲と対価

改良技術を当初の許諾技術とどのように線引きするかは、許諾技術の定義にかかわる技術的な記述の問題であるだけでなく、ライセンサーにとっては改良技術の交換という技術戦略の観点から検討すべき重要な問題である。

ライセンサーへのグラントバックは、ライセンシーにインセンティブを与えるために非独占的であることが原則と考えられる。アサインバック（assign-back）や独占的グラントバックは、競争法の観点からも避けるのが賢明である。

ライセンサーの観点からは、グラントバックされたライセンシーの改良技術のサブライセンスの権利を享受したいところであり、ライセンシーに許諾された本来のライセンスにサブライセンスが認められている場合には、ライセンシーもこれを受け入れることに抵抗はないと考えられる。

グラントバックを有償とするかどうかも、ライセンシーへのインセンティブの観点から、いわゆる重大な（major）改良技術については有償とするのが通常である。もっとも、その具体的な基準をあらかじめライセンス契約に織り込むことは難しく、ライセンサーとライセンシーの技術交換会のような場における情報交換を通じて具体的基準を確立することが望ましい。

（b）改良技術の帰属

改良技術の発明者がその改良技術を所有し、特許出願権をもつのが原則である。当該発明者が帰属するライセンシーが職務発明のルールにより所有者となり、特許出願権を有することとなる。

改良技術の交換を通じて共同開発的なライセンス関係が構築されている場合には、ライセンシーが特許出願をしない、あるいは特定の国にのみ出願するときは、ライセンサーに当該特許の出願をする、あるいは他の国に出願する機会を与えるようなシステムを設けることが考えられる。

2　秘密保持義務

ノウハウ・ライセンスにおけるノウハウは秘密性が生命であり、秘密保持条項は最も重要なものである。開示された情報の目的外使用禁止と第三者への漏洩禁止は、当然明記されねばならない。ライセンサーからライセンシーへの一方的な情報開示にとどまる場合は、ライセンシーの秘密保持義務となるが、改良技術の交換のような双務的な情報開示となればライセンサーも秘密保持義務を負うことになる。

このように多くのライセンス契約は秘密情報の交換を定めており、一定の様式の秘密保持条項を含んでいる。しかし、ライセンス契約の当事者は、その取引に適切な秘密保持条項を工夫せず、いわゆる標準条項（standard provision）に委ねることがしばしばである。すべての取引に有用な秘密保持の標準条項というようなものはありえず、標準条項への依存は重大な損失や責任を生ずるに至るおそれがあることに注意しなければならない[2]。

（a）開示された情報の特定

開示された情報について、秘密保持の対象となる情報を特定することが必要である。書面によって開示された情報は、秘密の旨の文言（confidential）を付すことによって秘密保持義務を負わせることができるが、口頭による開示の場合は、開示後直ちに書面によって確認しなければならない。

（b）秘密保持の例外

被開示者にとって既知の情報、公知の情報あるいは適法な権限をもつ第三者から得た情報は秘密保持義務の例外とされるが、特定情報を包含するより一般的な情報が公知となったときでも当該特定情報を保護する必要がある場合、また公知情報の組み合わせ（combination）自体に意味がある場合には、それぞれ秘密保持義務の対象とする必要がある。

（c）被開示者の秘密保持対策

開示者が被開示者に要求する秘密保持のための対策は次のように考えられる。第1に、被開示者は、開示された情報を秘密に保持してその組織内においても不必要には伝達しない。第2に、秘密情報にアクセスできる者が限定される。第3に、コントラクター等の第三者に開示する必要がある場合には、開示者の事前の承認が必要とされ、被開示者はその第三者と秘密保持契約を結ばなければならない。そしてこのコントラクター等の秘密保持義務は、しばしば被開示者自身の義務とみなされる旨ライセンス契約に明記される。

（d）秘密保持の期間

秘密保持の期間が契約に明記されていなければ、開示された情報が公知となるまで半永久的となるが、その証明の問題を考えると、むしろ期間を定めるのが合理的である。開示者は、できるだけ長い期間を要求するのが通常であり、ノウハウの技術的性格、許諾特許の最後の特許権の終了日、情報の開示を受けなかった場合に自力で同等の技術を開発するのに要すると想定される期間などが期間の設定に当たって参考となる。

さらに、ライセンシーにとっては、秘密保持の期間がその将来のライセンス活動に大きい影響を及ぼすことになる。すなわち、ライセンシーが、改良技術の開発の積み重ねによって、ライセンサーから当初許諾された技術を超える新たな技術を開発し、当初のライセンス期間終了後には自らの技術としてライセンス活動を始めたいと企図する場合がありうる。しかし、当初のライセンス契約における秘密保持義務がいまだ残存しているときには、ライセンシーはこの義務に拘束されて他へのライセンスの許諾はできないことになる。したがって、ライセンシーの立場からは、将来のライセンスによる事業活の展開を想定する場合は、かかる秘密保持義務の期間は合理的な長さに限定されることが必要である。

（e）秘密保持義務違反

ライセンス契約において、秘密保持義務に違反した場合の救済について、許諾技術を含む図面や関連技術資料の返還または破棄、許諾技術に基づく製品の製造中止、許諾技術に基づいて製造された製品の回収または破棄、契約解除権や損害賠償請求権の行使などの規定を設けておくことも秘密保持義務違反の抑止策の１つとして有効である。

Article 15　Secrecy
15.1　Each party agrees to hold in confidence, and not to use except herein

provided, for the term of this Agreement, all of the other party's technical information disclosed under this Agreement, which shall mean any and all technical information disclosed under this Agreement, which shall mean any and all technical information of the designated party made available and disclosed by one party directly or indirectly to the other party except:

(a)information which at the time of disclosure is in the public domain; or

(b)information which after disclosure is published or otherwise becomes part of the public domain through no fault of the receiving party; or

(c)information which the receiving party can show was in its possession in writing at the time of disclosure hereunder and which the receiving party without breach of any obligation is free to disclose to others: or

(d)information which the receiving party can show was received by it after the time of disclosure hereunder from a third party who did not acquire it directly or indirectly from the disclosing party and which the receiving party without breach of any obligation is free to disclose to others.

For the purpose of this Article, any information which is specific as to operation procedures and equipment for producing or processing specific materials, shall not be deemed to be within the foregoing exception merely because it is embraced by more general disclosures in the public domain or in the possession of the receiving party. In addition, any combination of features shall not be within the forgoing exceptions merely because individual features are separately in the public domain or in the possession of the receiving party.

15.2 Each party shall impose on all of its employees who have access to the other party's technical information obligation in writing to hold such information in confidence to an extent consistent with its obligations hereunder. Each party shall be responsible for the violations of the secrecy provisions under this Agreement by such employees of the party during their employment by such party.

Each party agrees upon the other party's request to enforce such secrecy provisions against such employees of such party during and after their employment therein including any reasonable action(s) against third parties to whom such employee or former employee discloses the other party's technical information.

15.3 Licensee may disclose to the engineering firms and/or contractors selected by Licensee so much of Technology as is necessary to enable Licensee to design, construct, operate and maintain its plan, provided that such engineering firms and/or contractors are obligated to Licensee or Licensor in writing to hold such information in confidence and not to use such information except as authorized by Licensee or Licensor.

15.4 Each party reserves the right to proceed directly against any other party violating any of the secrecy obligations provided for herein to the extent that it is legally entitled to do so.

［訳文］

15条　秘密

15.1 各当事者は、本契約の期間、一方の当事者より他の当事者に、直接または間接に、利用できるようにされ、開示された、すべての技術情報を意味する、本契約に基づき開示された他の当事者のすべての技術情報を、本条に規定されたものを除き、秘密に保持し、かつ使用しないことに同意する。ただし、以下の情報を除くものとする。

(a) 開示時に、公知である情報、または

(b) 開示後に、公表される、またはさもければ、受領当事者の過失なく、公知の一部となる情報、または

(c) 受領当事者が、本契約に基づく開示時に、書面でその所有にあったことを示すことができる、かつ、受領当事者が義務違反なしに他者に自由に開示することができる情報。または

(d) 受領当事者が、開示する当事者から、直接または間接に、情報を取得しない第三者から、本契約に基づく開示後、受領当事者により受け取られたことを示すことができる、かつ、受領当事者が義務違反なくして自由に他者へ開示することができる情報。

本条の目的のために、特定の原材料を生産または加工するための運転手順および機器について特定である情報は、単にそのような情報が、受領当事者の公知または所有においてより一般的な開示によって包含されているという理由では前記の例外内にあるとはみなされない。加えて、特徴の組み合わせは、単に個々の特徴が、受領当事者の公知または所有において別々であるという理由だけでは、前記の例外内にあるとはみなされない。

15.2 各当事者は、他の当事者の技術情報にアクセスするすべての従業員に、本契約に基づくその義務と一致する程度までそのような情報を秘密に保持する義務を書面で課す。

各当事者は、当事者のそのような従業員による本契約に基づく秘密規定の違反に対して、そのような当事者による雇用の間、責任を負う。各当事者は、他の当事者の要請に応じて、そのような従業員の雇用の間およびその後、そのような従業員または前従業員が他の当事者の技術情報を開示する第三者に対する合理的な訴訟を含む、そのような当事者のそのような従業員に対してそのような秘密規定を強制することに合意する。

15.3　ライセンシーは、ライセンシーにより選ばれたエンジニアリング会社およびまたはコントラクターに、ライセンシーがそのプラントをデザイン、建設、運転および維持することができるために必要である多くの技術を開示する。しかし、そのようなエンジニアリング会社およびまたはコントラクターは、そのような情報を秘密に保持する、かつ、ライセンシーまたはライセンサーにより権限を与えられたものを除き、そのような情報を使用しない義務がある。

15.4　各当事者は、本条において規定される秘密義務に違反する他の当事者を直接に訴える権利を、法的にそうする権利がある範囲で、留保する。

[解説]

本条は、当事者の守秘義務に関する典型的な条項であるが、特にライセンシーによるエンジニアリング会社およびコントラクターへの開示および秘密義務に違反する当事者を訴える権利のライセンサーによる留保を規定している。

3　独占的ライセンシーの最善努力義務

ライセンス契約において、ライセンシーは、許諾技術の実施に関してどのような義務をどの程度負うのであろうか。

わが国においては、独占的ライセンシー（専用実施権者および独占的通常実施権者）は、契約上当然に実施義務を負うと解されている。ライセンサーは、ライセンシーの実施を期待したからこそこれに独占的に実施権を与えたものと解される、そして特許発明の利用および収益はすべてライセンシーに委ねられ、実施義務を認めない限り、ライセンシーが実施をしない場合、ライセンサーとしては拱手傍観せざるをえない不合理な結果となることなどがその理由とされる。一方、非独占的ライセンシー（非独占的通常実施権者）については、ライセンサーはライセンシーと並んで自ら製造および販売をなし、または他の者に実施権を付与することができることから、特約がない限り実施義務は負わない[3]。

実施義務の範囲については、ライセンサーとライセンシーとの間の利益衡量の観点から具体的事案に応じて個別的にかつ客観的に定められるという他はないとされる。実施義務の不履行に対しては、ライセンサーに解除権およびうべかりし実施料相当額の損害賠償請求権を認めれば足りると解されている[4]。

ライセンサーとライセンシーがライセンス契約の交渉において、将来の事態が複雑あるいは不確実であると予想され、契約にかかわるリスクをとることができない場合、あるいは絶対的な義務として将来のリスクをとることが公平でない場合、ライセンシーの義務について詳細かつ具体的な明文化まで合意するに至らず、しばしば政治的な妥協としてライセンシーの最善努力義務にとどめることがある。このような妥協は、ライセンス契約をともかくもまとめるという観点からはやむをえない場合もあると考えられるが、当事者の権利義務を明確化することを放置したことによって将来、紛争を生じることはないであろうか。そもそもライセンス関係においてライセンシーの最善努力義務とはどのようなものであろうか。

（1）　最善努力義務の抽象性

ライセンシーの最善努力義務がライセンス関係において黙示的に存在するかどうかは、きわめて曖昧な境界に属する問題であり、個々のライセンス契約における裁判所の判断にかかっている。ライセンサーがライセンスの許諾によって得るものが、ライセンシーによるライセンスの実施の成功いかんによっているとき、裁判所は、かかるライセンサーのライセンシーに対する信頼に応えるべく当該ライセンス契約を吟味して、ライセンシーに黙示の最善努力義務があるかどうかを判断する。

この場合、非独占的ライセンシーに対しては最善努力義務の黙示的存在は認められない。ライセンシーの地位は非独占的なものにすぎず、黙示の最善努力義務の存在に見合っていないからである。一方、独占的ライセンシーに対しては、裁判所はこの義務をしばしば認めている。もっとも、その判断は個々のライセンス契約における事実関係いかんによっている。

アメリカの裁判所が独占的ライセンシーに黙示の最善努力義務を認めたものはWood v. Lady Duff-Gordon, 222 N.Y. 88 (1917) に遡る。ファッション・デザイナーであるDuff-Gordonからマーケティングにおける独占的ライセンスを許諾されたWoodは、利益を上げるべく最善の努力を尽くす義務を負っていると判断された[5]。

しかし、Krantz v. Van Dette, 272 F.2d 709（6th Cir. 1959）[6]においては、オハイオ北部地区連邦地方裁判所は、ライセンシーのVan Detteが許諾製品を製造・使用・販売する独占的権利を与えられていたが、どのような許諾製品であってもそれを販売する義務まで負わされているわけではないと判示した。第6巡回区連邦控訴裁判所は、その判断を支持している。

これに対し、Perma Research & Dev. v. Singer Co., 542 F.2d 111（2d Cir. 1976）[7]では、独占的ライセンシーでかつ許諾特許の譲受人となったSingerは、当該製品を完成させるために合理的な期間最善の努力をする黙示の義務があるとされ、その努力の範囲はその製品を市場に出すのに必要な開発を行うことまでに及びうる、と第2巡回区連邦控訴裁判所は判断した。

さらに、Bailey v. Chattem, Inc., 684 F.2d 386（6th Cir. 1982）において、発明者であるBaileyは、当該技術の開発のためにChattemにコンサルタントとして起用されていた。ライセンシーでかつ許諾特許の譲受人であるChattemは、Baileyをその開発のためになんら活用しなかったので、第6巡回区連邦控訴裁判所は、Chattemが許諾製品を開発・商業化する黙示の誠実義務、つまり最善努力義務に違反したと判断している[8]。

また、最善努力義務の性格ないし基準に関して、Western Geophysical Co. of America, Inc. v. Bolt Assoc., Inc., 584 F.2d 1164（2d Cir. 1978）においては、ライセンス契約は、ライセンサーのBoltがWesternに許諾技術を実施しかつサブライセンスを認める独占的ライセンスを与えて、ロイヤルティ収入を両者で等しく分配することを定め、そしてライセンシーのWesternがライセンス活動および許諾製品の使用を世界中に促進するという最善努力義務を尽くすことを要求していた。第2巡回区連邦控訴裁判所は、ライセンス活動を促進する義務とは、促進プランの選択における裁量の程度を示すものであり、Westernがサブライセンスを実施することを絶対的に要求しているものではないとして、この場合には誠実に活動的な開発を行っているという基準が適用されることが適切であると述べている[9]。

このように裁判所は、ライセンシーの最善努力義務を判断するに際し、合理的なビジネスの基準というよりも誠実に（in good faith）義務を遂行したかどうかということに重点を置いているようにみえる。もっとも、実際的なビジネスのセンスにおいてライセンシーの最善努力義務を判断した判例も存在している。

（2）　最善努力義務と特定結果達成義務

ユニドロワ国際商事契約原則 5.1.4 条によれば、当事者の債務が特定の結果を達成する義務にかかわる場合には、その当事者は、当該結果を達成する義務を負い、当事者の義務が、ある業務の履行につき最善の努力をする義務にかかわる場合には、その当事者は、同じ部類に属する合理的な者が同じ状況の下においてなすであろう努力をする義務を負う。

このようにユニドロワ国際商事契約原則は、努力義務を 2 種類に分けており、特定の結果を達成する義務の場合、その結果を獲得しないことは過失（fault）を推定し、契約違反を構成して、不履行当事者に不可抗力のような免責事由を証明する責任を負わせる。最善努力義務の場合、履行についての不満足は、履行当事者が要求される勤勉さで行為をしなかったことを証明する責任を被害当事者に負わせる。すなわち、このようなタイプの義務は、履行において要求される努力の強さを決定するのみでなく、履行が満足すべきものでない場合における被害当事者の状況を決定するものである[10]。

特定結果達成義務の場合、当事者は単に約束した結果を達成する義務を負い、不可抗力のときは別として、その達成不成功はそれ自身で不履行となる。一方、最善努力義務の不履行の評価は、同じ部類に属する合理的な者が同じ状況の下においてなすであろう努力との比較に基づき、より厳格でない判断の問題となる[11]。

さらに、ユニドロワ国際商事契約原則は、努力義務が上記いずれの種類の義務かを決定するための規定を設けており、当事者の債務が、どの程度、ある業務の履行における最善の努力義務または特定の結果を達成する義務にかかわるかを決定するに当たっては、とりわけ以下の要素が考慮されるべきであるとし、その判断基準を提供している（5.1.5 条）。①その債務が契約の中で表現される方法、②契約上の価格およびその他の契約条項、③期待されている結果を達成する上で通常見込まれるリスクの程度、④相手方当事者がその債務の履行に対して影響を及ぼす力。

このような判断基準は、本来最善努力義務という概念が当事者それぞれの主観的判断に基づくものであることを考えると、それに対する抑制のための客観テストとして有効であると評価することはできる。しかし、特定結果達成義務か最善努力義務のいずれの義務であるかを決定することは実際には難しい場合があり、本条は、当事者、裁判官または仲裁人に、その決定のためのガイダンスを提供するが、これらのリストに尽きるものではなく、解釈の問題となることがしばしばである[12]。

契約関係にある当事者は、本来的にあるいは潜在的には利害が対立しうる者であり、時間の経過または環境の変化に応じてそれが顕在化することがしばしばである。一見客観的な判断ができそうな最善努力義務の内容も、当事者の立場によって大きく相違することがあり、その内容と程度の解釈あるいは不達成の効果に関して当事者間に紛争が生じる余地が残される。

（3） ライセンシーの果たすべき義務の具体的基準

ライセンシーの最善努力義務は、例えば上記の判例のようにライセンシーによる技術開発を目的としたライセンス（技術開発型ライセンス）、すなわち商業的に未完成の技術をライセンシーに許諾して、ライセンシーの技術力を利用して完成を図り、それをグラントバックさせる場合、あるいはライセンシーによる市場開発を目的としたライセンス（市場開発型ライセンス）、すなわちライセンシーのマーケティング力によって許諾製品の市場を開拓し、強力なマーケティング活動を展開させる場合などにしばしばみられる。

最善努力義務に関する判例は数多くあるけれども、最善努力義務という用語の意味を論じているものはきわめて少ない。判例をいくら分析しても個々のケースにおける事実関係に照らしてこの義務を判断する以外に方法はなく、一般的な抽象的最善努力義務から踏み込んだ具体的基準を抽出することは、判例の分析からは困難である。

最善努力義務が存在するかどうか、どのような内容の義務か、さらにその義務の範囲ないし程度はどうかについて、黙示の場合はもちろんのこと、明示でも幅広い言葉で表現された場合には判断の拠り所となる確たるものは存在しない。したがって、最善努力義務条項を含む契約を締結する当事者は、きわめて不確かなかつリスクのある状況に置かれることになり、必然的に将来に論争の火種を残す結果となる。最善努力義務は、これを判断する者の立場によって大きく変わることがあり、本来的に主観的な判断基準に基づくものであるといえる。

ライセンシーの努力義務の達成をめぐって紛争が生ずることを避けたい点においては、ライセンサーとライセンシーの利害は一致するが、どのような種類の義務をライセンシーに負わせるかについては、両者の立場は相反する。ライセンサーの立場からは、ライセンシーに特定結果達成義務を負わせ、目的とする結果の未達成は契約違反を構成するとしたいが、ライセンシーとしては、受け入れがたいところである。

ライセンシーの立場からは、最善努力義務にとどめたいが、その判断をすべて裁判所に、あるいはライセンシーの責任を追及するライセンサーに委ねることは必ずしも賢明ではないと考えられる。上述した最善努力義務をめぐる不確実さ・リスクを軽減するために、契約上の枠組みを設けることは可能であろうか。

１つの枠組みとして、以下のようにできるだけ具体的な基準の範囲内でこの義務をライセンシーに果たさせるように明文化することが考えられる。まず、第１に、最善努力義務としてどのような義務が対象となるのか明確にする。第２に、ライセンシーがなすべき業務をできるだけ詳しく列記する。第３に、資金的・人的制限を設けて、その範囲内でライセンシーの義務を尽くさせる。これに代えて、ライセンシーが費やす資金と人材について最大と最小の幅を設けることも１つの方法である。第４に、期間的制限を設けて、ライセンシーがその特定の期間内は最善努力義務を果たすことを要求する[13]。

他の枠組みとしては、最低ロイヤルティの設定と組み合わせて、独占的ライセンシーが、所定の期間、所定の最低ロイヤルティを支払うことができなければ、ライセンサーは、独占的ライセンスを非独占的ライセンスに転換する権利をもつ旨を規定することが考えられる[14]。

4　品質保持

ライセンス契約には、ライセンス契約の一環としてあるいはライセンス契約とともに、商標ライセンスが許諾される例が多い。商標ライセンスを伴わないライセンス契約の場合には、ライセンシーは許諾技術に基づいて製造した製品の品質を最終的に決定することができるのが原則である。

しかし、商標ライセンスを伴う場合、ライセンサーは、その商標のブランド価値を維持する必要性のために、ライセンシーの許諾製品について品質管理のコントロールを及ぼすのが通常であり、ライセンシーは、ライセンサーの要求に従って許諾製品の品質を保持する義務を負うことになる。

ライセンス契約には、ライセンサーの指示した規格等の遵守、ライセンシーによる品質管理基準の策定と実施、ライセンシーの品質管理体制に対するライセンサーによる立入検査などに関する規定が一般的に設けられる。

5　当事者間の関係

（1）　ライセンシーの報告義務

ライセンス契約の当事者は、ライセンス関係における相互関係の結果として、追加的な義務を負うことがしばしばであることを認識する必要がある。アメリカの裁判所は、独占的ライセンス契約の存在のみでは信認義務を黙示するには十分でない、と一般的に認めている。このような一般原則はライセンシーを保護するのに役立つと考えられる[15]。

例えば、Flight Concepts Limited Partnership v. Boeing Company, 38 F.3d 1152 (10th Cir. 1994) において、Flight は、Boeing にロッキード T33 型を改造して低コスト・多用途の新しい航空機を世界中で製造・販売する独占的ライセンスを許諾した。ライセンス契約上、Boeing は、販売した 1 機につき 150,000 ドルのロイヤルティを支払うことになっていたが、当該航空機の製造・販売の義務はなんら負っていなかった。Boeing は、1 機も製造・販売することなく、2 年後に契約を解消した。Flight は、詐欺、不実表示、信義誠実と公正取引および信認義務違反を主張して訴えを提起した。Flight は、Boeing が同時に進めていた他の航空機製造のプロジェクトの経過を開示する義務があった、そして契約交渉におけるこの不開示が詐欺的であったと主張する。
第 10 巡回区連邦控訴裁判所によれば、信認的な関係は当該関係の事実と状況から生じ、信認義務者は追加的な義務を負担するので、信認義務者の責任を意識して引き受けるものでなければならない。Boeing が Flight との取引において信認義務者の責任を意識的に引き受けたという証拠は提示されていない、と連邦控訴裁判所は判断し、Boeing にはそのような情報を開示する義務はない、と判示した。しかしながら、連邦控訴裁判所は、ライセンス関係における当事者間の取引の経過（course of dealing）から、信認的関係を見いだす結果に至ることがありうると述べている。この場合には、例えば、当事者はより強い情報開示義務を負うことになる[16]。

Rhone-Poulenc Agro, S.A. v. DeKalb Genetics Corporation, 272 F.3d 1335（Fed. Cir. 2001）では、Rhone-Poulenc Agro, S.A.（RPA）は、DeKalb Genetics（DeKalb）に対して、DeKalb が 1994 年独占的ライセンス契約を締結するよう詐欺的に RPA を誘導した、そして RPA のトレード・シークレットを不正に利用し、RPA の特許権を侵害したとして訴えを提起した。

RPA と DeKalb は、1991 年以来、周囲の雑草を枯らすに十分な強い除草剤の散布後も生き残ることができるような新しいトウモロコシの遺伝子組み換えによる開発に関してライセンス協力関係にあった。

1992 年 11 月、RPA は DeKalb に新しい遺伝子を含む材料を供給し、DeKalb がそのテストの結果を報告することに合意した。1994 年 9 月 DeKalb は、RPA から受けた遺伝子を組み込んだ新しいトウモロコシのフィールド・テストに初めて成功したが、そのテスト結果を RPA になんら報告しなかった。RPA と DeKalb は、1994 年 12 月にライセンス関係の再交渉に入り、上記独占的ライセンス契約を締結し、DeKalb は RPA の独占的ライセンシーとなった。その後 DeKalb は、1998 年に当該トウモロコシを市場に出すに至った。

RPA は、DeKalb が上記のめざましいテスト結果を報告すべきであったとして、訴えに及んだものである。

DeKalb の詐欺という主張は、DeKalb が新しいトウモロコシのフィールド・テストの成功の結果を RPA に開示せず、共有しなかったということに基づいている。DeKalb は、独占的ライセンスを獲得するための再交渉の数カ月前に、テストの結果を得ていた。DeKalb の不開示は、当事者双方の研究者間の多くの接触や協力関係にもかかわらず生じたものであった。RPA の人々の証言によれば、フィールド・テストの成功はPRAに知らされていないのみならず、RPAには過去の不成功の連続からそれを予期しえないものであった、そしてそれがゆえに、RPAは、隠されたテストの数ヵ月後に行われた再交渉において、DeKalbに独占的ライセンスを与えようとしたのであった。

これらの事実に基づいて、陪審員は、DeKalbに対して、詐欺による1994年独占的ライセンス契約の締結と不当利得、さらにトレード・シークレットの不正利用および特許権の侵害を認めて、不当利得（unjust enrichment）に対する1,500百万ドル、1ドルの名目的損害賠償および50万ドルの懲罰的損害賠償の支払いを命じ、連邦巡回区控訴裁判所はこれらの評決を認めたのである。

（2） 独立当事者の関係

単純なライセンス関係においては、技術移転、技術導入のいずれであろうと、ライセンサーとライセンシーは、独立当事者の関係にあるのが通常である。ほとんどのライセンス契約には、当事者がお互いに独立の事業者（independent contractor）であることを記述する条項が含まれている。

しかし、このような条項では、ライセンス当事者間における情報の格差や相対的な従属の状況から、当事者の一方が相手方に信認義務を負っている、あるいは未開示の重要な情報は開示されるべきというような主張に対処するには不十分と考えられる。

ライセンシーとしては、当事者間に信認的な関係はなく、ライセンシーとしての契約上の義務の履行はそのような信認的な義務を形成しない旨の条項を規定する必要がある。例えば、ライセンシーは、ライセンスの実施に関して許諾技術や許諾製品の商業化の状況をライセンサーに知らせるというライセンス契約上の報告義務を履行するが、それにより他の追加的な義務をなんらライセンシーに負わせるものではないという趣旨をライセンス契約に明記することである。かかる規定によっては上記のような主張を完全に防ぐことはできないかもしれないが、それが限界的な主張であれば、それを阻止するに役立つ、あるいは少なくとも交渉上の立場を強くすることができる[17]。

当該ライセンス関係が、商業化完成型あるいは共同開発型のような性格をもつ関係に発展している場合には、ライセンシーは、上記のような一般的な条項や規定に委ねるのではなく、ライセンシーとしての追加的な義務の内容と範囲を明確にライセンス契約上合意しておく必要があると考えられる。

注

1　John T. Ramsay, *Ramsay on Technology Transfers and Licensing* (Butterworths, 2003), at 190.

2　Adam Petravicius, Top 10 Mistakes in License Agreements, *The Licensing Journal, April 2004*, at 16.

3　雨宮正彦『特許実施契約論』（日本工業新聞社、1982）122頁。

4　同上、128頁。

5　Howard J. Schwartz and Jason B. Lattimore, So, You Received A Big Check, But It Could Have Been A Really Big Check, *les Nouvelles, September 2002* , at 95.

6　165 F. Supp. 776 (N.D. Ohio 1958) 779, aff'd, 272 F.2d 709 (6th Cir. 1959).

7　542 F.2d 111 (2d Cir. 1976), at 114, cert. denied, 97 S. Ct. 507 (1976).
Van Detteは、ライセンス契約締結後2年弱の間は安価な対抗品との激しい競争に直面し、Krantzに改良品の開発を促したが、拒絶されたので、利益の生じない許諾製品の生産を中止して、他の技術に基づく生産方法に変更するに至った。

8　684 F.2d 386 (6th Cir. 1982), at 397.
Chattemが当該製品の商業化に至らなかったのは、ある技術の問題による障害が原因であった。Baileyは、その問題の解決に知見をもっており、短期間で解決することができたが、Chattemからなんらの相談を受けたこともなかった。Chattemが開発のために相当の資金と努力をかけたことは事実であったが、それで誠実義務が尽くされたとは認められなかったのである。

9　584 F.2d 1164 (2d Cir. 1978), at 1171.
この事件は、ライセンシーの最善努力義務違反を理由とするライセンサーの契約解除に対して、ライセンシーが損害賠償を請求し、それが認容されたものであるが、当裁判所は、上述した最善努力義務の解釈の他に、ライセンシーが許諾製品を改良しようと誠実に努力して相当な金額を費やしたこと、許諾製品の欠陥が治癒される前の販売努力は意味がなかったことやライセンサーがライセンシーの行動を知りながら決して不満を示さなかったことも考慮して判断を下した。

10　Marcel Fontaine, Content and Performance, *The American Journal of Comparative Law Vol.40*, at 649.

11　Unidroit Principles Art. 5.1.4, Comment 1-2.

12　Unidroit Principles Art. 5.1.5, Comment 1.

13　Jay Dratler, Jr., *Licensing of Intellectual Property Vol. 2* (Law Journal Press, 2004), at 8-86参照。

14　Brian G. Brunsvold & D.Patrick O'Reilley & D.Brian Kacedon, *Drafting Patent License Agreements Seventh Edition* (Bloomberg BNA, 2012), at 67-68.

15　Mitchell G. Stockwell, Successful Licensing Collaborations: A Predicate to Litigation ?, *The Licensing Journal, October 2003*, at 10.

16　Motorola, Inc. v. Hitachi, Ltd., 750 F. Supp. 1319 (W.D. Tex. 1990) vacated, 923 F.2d 868 (Fed. Cir. 1990)においては、MotorolaとHitachiは、1975年以来マイクロプロセッサー分野でクロスライセンスを含む一連の契約関係にあり、その中の1986年特許ライセン

ス契約に関して特許侵害の紛争が生じた。連邦巡回区控訴裁判所は、当業界の激烈な技術革新と競争という特殊な性格、代替供給源の確保の観点からの両者間の技術面における緊密な関係などを考慮して、両者の間には信認的関係が事実上存在していると判断した。

17 Stockwell, supra note 15, at 12.

第 6 章

競争法による規制のリスクとリーガルプランニング

1　アメリカ反トラスト法による規制

（1）　アメリカ反トラスト法による一般的評価

アメリカ司法省と連邦取引委員会は、2017 年 1 月、「知的財産のライセンスのための反トラストガイドライン（Antitrust Guidelines for the Licensing of Intellectual Property、以下「ガイドライン」という）を公表した。

ガイドラインによれば、知的財産法と反トラスト法は、技術革新を促進し、消費者厚生を増大させるという共通の目的を分けもっている。ガイドラインは、次のような 3 つの一般原則を具体化している。第 1 に、反トラスト分析のために、当局（司法省および連邦取引委員会）は、特定の知的財産権の特有の性格を考慮しつつ、他の財産に係る行為に適用するのと同じ分析を知的財産に係る行為に適用する。第 2 に、当局は、知的財産が反トラストの状況における市場支配力をつくり出すとは推定していない。第 3 に、当局は、知的財産ライセンスが企業に補完的な生産要素を結合させ、一般的に競争促進的であると認識している（ガイドライン 2.0）。

知的財産のライセンスは、ライセンスされた財産を生産の補完的要素との統合を促進することができる。この統合は、コストの削減および新製品の導入を通じて消費者に利益をもたらしつつ、知的財産のより効率的な開発に導くことができる。このような取決めは、消費者および所有者にとって知的財産の価値を増加する。ライセンスは、革新者に、発明を実施する者からロイヤルティの支払いを通じて、発明を創出し発展することへの投資からリターンを取得させることができる。このように、ライセンスは、革新的な努力に投資するインセンティブを提供する（ガイドライン 2.3）。

（a）関連市場

当局は、典型的には、ライセンス契約によって影響を受ける製品市場におけるライセンスの反競争的効果を分析する。しかし、他のケースにおいては、当局は、技術市場または研究開発市場における効果を分析する（ガイドライン 3.2）。

異なる商品市場のいくつかは、ライセンス契約の効果を評価することに関係している。ライセンス契約における制限は、知的財産を用いてつくられた最終または中間の商品の市場において競争的な効果を有している、または知的財産とともに投入して使用される商品の市場において、他の商品の生産に流れをさかのぼる効果を有する（ガイドライン 3.2.1）。

技術市場は、ライセンスされた知的財産および、その密接な代替物、すなわちライセンスされる知的財産に関して市場支配力の行使を実質的に制限するに十分なほど密接な代替物である技術または商品から構成される。知的財産の権利が、それらが使用される製品から分離されて取り引きされる場合は、当局は、技術市場におけるライセンス契約の競争的効果を分析する（ガイドライン 3.2.2）。

ライセンス契約が新しいまたは改良された商品またはプロセスを開発する競争に悪影響を及ぼすときは、当局は、分離した研究開発市場における競争的効果のような強い影響を分析する。ライセンス契約は、商品または技術市場の分析を通じて適切に扱われることができない研究開発の競争的効果を有する。例えば、ライセンス契約は、商業化できる製品を見分ける研究または特定の商品またはサービスの開発に関係するイノベーションに影響を与える。あるいは、ライセンス契約は、関連商品において実際のまたは潜在的な競争がない地理的市場における新しいまたは改良された商品またはプロセスの開発に影響を与える。

研究開発市場は、商業化できる製品の見分けに関係する、または特定の新しいまたは改良された商品またはプロセスに向けられた研究開発を含む資産およびその研究開発の密接な代替物から構成される。研究開発が特定の新しいまたは改良された商品またはプロセスに向けられているときは、密接な代替物は、例えば、研究開発のペースを引き下げるために仮想の独占者の能力およびインセンティブを制限することにより、関連する研究開発に関して市場支配力の実施を実質的に制限する研究開発の努力、技術および商品を含む。当局は、関連する研究開発に従事する能力が特定の企業の専門化した資産または特性と連携することができるときにのみ、研究開発市場を叙述する。

研究開発市場における現在のまたは潜在的な参加者の競争的な重要性を評価する際には、当局は、すべての関連する証拠を考慮する。市場シェアが手に入り、市場参加者の競争的重要性を正確に反映しているときは、当局は、この評価において市場シェアのデータを含める。当局は、また、買手および市場参加者による研究開発市場参加者の競争的重要性の評価の証拠を探す。そのような証拠は、市場シェアデータが手に入らないまたは市場参加者の競争的重要性を正確に表わしていないときは特に重要である。当局は、研究開発市場における参加者の市場シェアの基礎を、イノベーションが当てにしている見分け可能な資産または特性の彼らのシェア、例えば、研究開発費用のシェアまたは関係製品のシェアに置くことができる。企業が、ライセンス契約の当事者の研究開発活動の密接な代替物である研究開発を遂行する比較可能な能力およびインセンティブを有するときは、当局は、等しい市場シェアをそのような企業に割り当てることができる（ガイドライン 3.2.3）。

（b）水平的および垂直的関係

他の財産協定と同じく、知的財産ライセンス協定の反トラスト分析は、協定の当事者間の関係が主として水平的または垂直的性格のものであるかどうか、もしくは両者の実質的側面を有しているかどうかを吟味する。ライセンス協定は、それが補完的関係にある活動に影響を与えるときは、ライセンス協定における場合が典型的であるように、垂直的構成要素をもっている。例えば、ライセンサーの事業の主体が研究開発にあり、そしてライセンシーは、製造者として、ライセンサーが開発した技術を使用する権利を買おうとしている。あるいは、ライセンサーは、ライセンシーが構成要素を他の投入と結合することにより製造する製品の知的財産権を所有する構成要素の製造者である、またはライセンサーが製品を製造し、ライセンシーが主として流通およびマーケティングの活動を行っている。

この垂直的構成要素に加えて、ライセンス協定は、水平的構成要素も有している。分析目的のために。当局は、通常、ライセンサーとそのライセンシー間の関係、またはライセンスがない場合に関連市場において実際のまたは潜在的な競争者であったであろうときにライセンシーが水平的構成要素を有するものとして、たとえ垂直的な関係も存在するとしても、ライセンシー間の関係を取り扱う。

ライセンサーとそのライセンシー間の水平的関係の存在は、それ自体、協定が反競争的であることを示していない。そのような関係の確認は、ライセンス協定から反競争的効果が生じるかどうかを決定する単なる手伝いにすぎない。そのような関係は、反競争的効果を起こさせる必要がなく、または垂直的関係は反競争的効果がないことを純粋に保証するものでもない（ガイドライン 3.3）。

（c）ライセンス制限を評価するためのフレームワーク

ほとんどのケースにおいて、知的財産ライセンス協定における制限は、合理の原則（rule of reason）の下で評価される。合理の原則の下でライセンス制限を分析する当局の一般的手法は、制限が反競争的効果をもちそうであるかどうかを問うことであり、そうであれば、制限が、それらの反競争的効果を上回る競争促進的便益を達成するために合理的に必要であるかどうかを問うことである。

しかし、いくつかのケースにおいては、裁判所は、制限の性格および必然的効果が明白に反競争的であるので、制限のありうる競争的効果を詳細に問うことなく、当然違法（unlawful per se）として取り扱われるべきである、と結論を下してきた。当然違法と決定されてきた制限の中には、露骨な価格協定、産出制限、および一定のグループボイコットと同様に水平的競争者間の市場分割がある。

ライセンスにおける一定の制限が当然違法または合理の原則の取扱いを受けられるかどうかを決定するために、当局は、当該制限が、経済的活動の効率性を向上する統合に貢献することが期待されうるかどうかを評価する。一般的に、ライセンス協定は、ライセンサーの知的財産をライセンシーにより所有されている補完的生産要素と結合することを促進するので、そのような統合を促進する。ライセンス協定における制限は、例えば、ライセンスされた技術の開発およびマーケティングを促進するためにライセンサーとライセンシーのインセンティブを結びつけて、あるいは取引コストを著しく引き下げることによって、さらにそのような統合を促進する。経済活動の効率性を向上する統合がなく、制限のタイプが当然違法の扱いを受けてきたものであれば、当局は当然違法のルールに基づき制限に挑戦する。さもなければ、当局は、合理の原則ルールを適用する。

合理の原則の適用は、当該行為のありうる競争的効果への問いを要求する。しかし、連邦最高裁判所が述べたように、合理性の評価には常に何かスライディングスケール（sliding scale）的なものがあり、そのようなものとして、要求される証明の質は環境に応じて変化するべきであり、要求されるものは、制限の環境、詳細および論理に気をつけながらケースに適当である質問である。

当局が、制限は反競争的効果をもちそうにないと結論を下すならば、市場支配力または制限の正当化の詳細な分析なくして、当局はその制限を合理的であると取り扱う。同様に、制限が、常にまたはほとんど常に、産出を引き下げるまたは価格を上げる傾向がある種類のものであるように外形的にみえて、制限が効率性に関係していないならば、当局は、特定の産業環境の詳細な分析なくしておそらく制限に挑戦する（ガイドライン 3.4）。

（2）　合理の原則に基づく当局のライセンス協定の評価に関する一般原則

（a）反競争的効果の分析

ライセンス協定における制限から起因する反競争的効果の存在は、以下に述べる分析に基づいて分析される。

（i）市場構造、協調および締出し

ライセンス協定が水平的な関係にある当事者に影響を与えるとき、その協

定における制限は、協調された価格、産出制限、または市場支配力の獲得および維持のリスクを増加する。競争に対する害はまた、協定が、新しいまたは改良された商品またはプロセスの開発を遅らせるまたは制限する実質的なリスクを負わせるならば、生じる。競争的害の可能性は、関連市場における、集中の程度、新規参入の困難、および価格変化に対する需要と供給の反応に一部依拠している。

ライセンサーとライセンシーが垂直的関係にあるとき、当局は、ライセンス協定が、ライセンサーまたはライセンシーいずれのレベルでも、またはおそらくはもう1つの関連市場において、水平的関係にある企業間における競争を害するかどうかを分析する。競争に対する制限からの害は、反競争的に、重要な投入へのアクセスを閉め出す、またはそれを獲得するコストを増大する、または価格を上げるまたは産出を制限するために協調を容易にするならば、生じる。反競争的にアクセスを閉め出すまたは競争者のコストを増大するリスクは、ライセンス制限により影響を受ける市場の割合、関連市場の他の特性、集中、新規参入の困難、および関連市場における価格変化に対する需要と供給の反応および制限の期間のようなものに関係している。ライセンス協定は、産業におけるいくつかのまたはすべての潜在的ライセンシーが他の技術を排除してライセンスされた技術を使用することを選んだという理由だけでは、競争を閉め出すのではない。独占的使用は、最低のコストまたは最高の価値を有するライセンスされた技術の効率的な結果である。

垂直的ライセンス協定における制限からの競争に対する害は、また、関連市場において価格を引き上げるまたは産出を減少させるために水平的関係にある企業間の協調を容易にするならば、生じる。例えば、競争する技術の所有者が、彼らのライセンシーに同様の制限を課すならば、ライセンサーは、彼らの価格設定を協調することがより容易であると気付く。同様に、競争者であるライセンシーは、ライセンシーが共通のライセンサーまたは競争するライセンサーとライセンスにおける共通の制限に従うならば、彼らの価格設定を協調することがより容易であることに気付く。反競争的協調のリスクは、関連市場が集中的で、参入が困難であるときは、増大される。しかし、同様の制限の使用は、それらの制限がライセンスされた財産の効率的な開発に貢献するので、産業において共通であり、競争促進的である（ガイドライン 4.1.1）。

（ii）独占に係るライセンス協定

ライセンス協定は、2つの異なる面で独占を伴う。第1に、ライセンサーは、他者にライセンスする、およびおそらく技術自身も使用するというライセンサーの能力を制限する独占的ライセンス、もしくは1つまたはそれ以上の部分的な独占的ライセンス（領域的または使用分野ライセンスのような）を許諾する。一般的に、そのような反トラストの懸念は、ライセンサー間、またはライセンシー間、もしくはライセンサーとライセンシー間の水平的関係があるときにのみ生じる。反トラスト懸念を起こさせる独占的ライセンスに係る協定の例は、市場支配力、グラントバック、および知的財産権の獲得を共同して所有する競争者によるクロスライセンスに係るものである。

ライセンサーまたはライセンシーの競争的行為に対する制限を含まない知的財産権の非独占的ライセンスは、反トラスト懸念を一般的に提示しない。その原則は、たとえライセンスの当事者が水平的関係にあるとしても、非独占的ライセンスは、それがないときに生じる競争を通常は減らさないことから、有効である。

独占の2番目の形態である独占的取引は、ライセンシーが競合する技術をライセンスすること、販売すること、流通させること、または使用することをライセンスが妨げまたは制限するときに生じる。独占は、ライセンスにおける明確な独占的取引条項または補償条項または他の経済的なインセンティブのような他の規定により達成される。そのような制限は、重要な投入へのアクセスを反競争的に閉鎖し、重要な投入を獲得する競争者のコストを増大し、もしくは価格を引き上げまたは産出を減少するために協調を容易にする。しかし、そのような制限は、競争促進的効果も有する。例えば、ライセンシーが他の技術を取引することを妨げるライセンス協定は、ライセンシーがライセンスされた技術またはその技術の専門化された応用を開発し、売りに出すことを奨励する。当局は、協定の合理性の評価におけるそのような競争促進的効果を考慮する。

ライセンシーに対するおよびライセンシー間における、ライセンサーのさまざまな形態の独占の許諾に適用される反トラスト原則は、独占的テリトリーおよび独占的取引のようなライセンス状況外で比較できる垂直的制限に適用されるものと同様である。しかし、知的財産が、いくつかのケースにおいて他の形態の財産によりもより容易に間違った使い方をされうるという事実は、他の状況で反競争的でありうる制限の使用を正当化する。

当局は、協定の公式の条項にではなく、実際の実践およびその効果に焦点を合わせる。非独占的と称されるライセンス（独占的ライセンスまたは独占的取引のいずれの意味において）は、それでもなお、公式の独占により課された同じ懸念を引き起こす。非独占的ライセンスは、ライセンサーが他にライセンスすることまたは技術自身を実践することがなさそうに組み立てられるならば、独占的ライセンスの効果をもつ。独占的取引を明確に要求しないライセンスは、競合する技術を使用するときにライセンシーのコストを著しく増大するように組み立てられるならば、独占的取引の効果をもつ。しかし、ライセンス協定は、当事者が、唯一のライセンサーまたはライセンシーと取引することを選択する、あるいはその活動を唯一の使用分野または場所に制限するという単なる理由で、もしくは唯一のライセンシーのみがライセンスを受けることを選択したという理由で、自動的にこれらの懸念を引き起こすのではない（ガイドライン 4.1.2）。

（b）効率性および正当化

上記（a）に述べた市場要素の評価に基づき、当局が、ライセンス協定の制限は反競争的効果をもちそうにないとの結論を下すならば、当局はその制限に挑戦しない。当局が、制限は反競争的効果をもっているまたはもちそうであるとの結論を下すならば、当局は制限が競争促進的効率性を達成するために合理的に必要であるかどうかを考慮する。制限が合理的に必要であるならば、当局は、各関連市場における競争に対するありそうな純効果を決定するために、競争促進的効率性と反競争的効果を比較考量する。

当局による反競争的害と競争促進的効率性の比較は、必然的に質的なものである。特定のケースにおける反競争的効果のリスクは、予想される効率性に比べて取るに足りないものである、または逆も同様である。特定のライセンス協定における予想される反競争的効果は増加するので、当局は、予想される効率性のより大きなレベルを確立する証拠を要求する。

実際的かつ著しくより制限的でない選択肢の存在は、制限が合理的に必要かどうかの決定に関係している。当事者が著しくより制限的でない手段によって同様の効率性を達成することができたことが明瞭であるならば、そのときには当局は、当事者の効率性の主張に重きを置かない。しかし、この評価をするに際し、当局は、当事者が直面する実際的な予期される事業状況において現実的でない、理論的に最も制限的でない選択肢の探索に従事することはない。

制限が反競争的効果をもっている、またはもちそうであるときは、制限の期間は、推定される競争促進的効率性を達成するために合理的に必要であるかどうかを決定する際に重要な要素となりうる。制限の効果的期間は、影響を受ける当事者のライセンス協定を一方的に解消するオプションおよびライセンシーがライセンス協定を更新することを奨励する契約条項（例えば、最低購入約束に関する未払いのバランス）の存在を含む多くの要素に依拠している。一般的により制限的でない選択肢分析へのアプローチに一致して、当局は、期間に関する細かい区別を引くつもりはない、むしろ彼らの焦点は、期間が競争促進的効率性を達成するに必要とされる期間を明白に超えている状況に置かれている。

競争促進的効率性、それを達成するための制限の合理的必要性、および制限期間の評価は、市場の状況に依拠している。新規参入者の必要性によって正当化される制限は、例えば、異なる市場環境において競争促進的効率性の正当化をもたない（ガイドライン 4.2）。

（c）反トラスト安全圏

ライセンス協定はしばしばイノベーションを促進し、競争を高めるので、当局は、安全圏がある程度の確実性を提供し、こうしてそのような行為を奨励するために有用であると信じている。異常な環境がなければ、当局は、(i)制限が外形的に反競争的でなく、かつ（ii)ライセンサーおよびライセンシーを合わせて制限によって実質的に影響を受けるそれぞれの関連市場の

20％より多くない割合を占めるのであれば、知的財産ライセンス協定における制限に挑戦しない。この安全圏は、結合分析が適用される知的財産権の譲渡には適用されない。

制限が安全圏に入るかどうかは、商品市場のみの分析が、技術間の競争または研究開発における競争についてライセンス協定の効果を不適切に語るのでなければ、商品市場のみに関して決定される。

技術間の競争または研究開発における競争についての効果の吟味が要求され、かつ市場シェアのデータが手に入らないまたは正確に競争的意味を示していないのであれば、次の安全圏基準が適用される。異常な環境がなければ、当局は、(i)制限が外形的に反競争的でなく、かつ（ii)ユーザーにとって比較可能なコストでライセンスされた技術に代替する、ライセンス協定当事者によりコントロールされている技術に加えて独立してコントロールされている4以上の技術があるならば、技術市場の競争に影響を与える知的財産ライセンス協定における制限に挑戦しない。研究開発市場における潜在的な効果に関しては、当局は、異常な環境がなければ、(i)制限が外形的に反競争的でなく、かつ（ii)ライセンス契約の当事者に加えて独立してコントロールされている4以上の実体が、要求された専門化した資産または特性およびライセンス協定当事者の研究開発活動の密接な代替である研究開発に従事するインセンティブを所有しているならば、知的財産ライセンス契約における制限に挑戦しない。密接な代替を評価するに際し、当局は、独立してコントロールされている他の実体の研究開発努力の性格、範囲および大きさ、財政的支援へのアクセス、知的財産、熟練した人員または他の専門化した資産、彼らのタイミング、ならびに彼らのみでまたは他者を通じてイノベーションを成功裏に商業化する彼らの能力を含む多くの要素を考慮する。

当局は、ライセンス協定が単に安全圏に入らないという理由で、ライセンス協定が反競争的でないことを強調する。実際のところ、安全圏の外にある大多数のライセンス契約は、合法的でかつ競争促進的でありそうである。安全圏は、反競争的効果がありそうもないので、ライセンス協定が特定の産業環境への問い合わせなく反競争的でないと推定される状況における確実性を知的財産の所有者に提供するように設計されている。安全圏は、当事者が安全圏に従うべきであること示唆することを、または安全圏の外に落ちる当事者を、経済活動の効率性を向上させる統合を達成するのに合理的に必要であるライセンス協定における制限を採用することを思いとどませることを意図しているのではない。

安全圏に関するライセンス協定の状況は、時とともに変化する。ライセンス協定における制限が安全圏に入る資格があるという当局による決定は、問題の行為の時に広く行われている実際の環境に基づいている（ガイドライン 4.3)。

（3） 一般原則の適用

（a）水平的制限

水平的関係にある当事者に影響を与えるライセンス協定における制限（水平的制限）の存在は、その契約が必然的に反競争的であるとするものではない。水平的競争者間のジョイントベンチャーのケースの場合のように、そのような競争者間のライセンス協定は、それらが統合的効率性に帰着するならば、競争を阻害するよりもむしろ促進する。そのような効率性は、例えば、規模の経済の実現および補完的な研究開発の統合から生じる。

上記（1）(c）において概説した一般原則に従って、当局は、しばしば水平的制限を合理の原則に基づいて評価する。加えて、いくつかの制限は、価格協定、市場または顧客の分割、産出を減少する合意および一定のグループボイコットを含めて、当然違法の取扱いに値する（ガイドライン 5.1)。

（b）価格維持

最低再販売価格維持（RPM, Resale Price Maintenance）は、製造者が、その再販売者に特定の最低価格でまたはそれ以上で製造者の製品を販売することを要求する垂直的価格協定に典型的に言及している。類似の協定は、ライセンサーがライセンスされた技術を組み入れる製品の再販売価格をライセンスの条件とするとき、知的財産の状況において生じうる。

商品の販売に適用される PRM 契約についてと同じく、当局は、知的財産ライセンス契約における価格維持に合理の原則の分析を適用する。当局は、ライセンス契約における垂直的価格制限を、そのような契約からの競争的便益および害を評価しながら、1件ずつ慎重に分析する（ガイドライン5.2）。

United States v. Univis Lens Co., 316 U.S. 241 (1942)[1] および Ethyl Gasoline Corp. v. United States, 309 U.S. 436 (1940)[2] は、いずれも許諾製品の最初の販売後に実行された価格制限にかかわるものであり、連邦最高裁判所は当然違法の原則を適用した。

連邦最高裁判所は、State Oil Co. v. Khan, 522 U.S. 3 (1997)[3] において、最高再販売価格維持（maximum resale price maintenance）には合理の原則が適用されるとの判断を下した。かつてこのような行為は、Albrecht v. Herald Co., 390 U.S. 145 (1968)[4] における連邦最高裁判所の判決に基づき当然違法として非難されてきたが、連邦最高裁判所は、最高再販売価格維持が必ず消費者と競争を損なうとする立場を維持することは困難であるとして、先例を覆したのである。

（c）抱き合わせ協定

拘束、抱き合わせ、または抱き合わされた販売の協定は、買手が、異なる（または抱き合わされた）製品を購入する、または買手が、他の供給者からその（抱き合わされた）製品を購入しないことに少なくとも合意するという条件で、1つの製品を販売するための当事者による合意と定義されてきた。知的財産の1つ以上の種目をライセンスするライセンシーの能力を、知的財産の別の種目または商品またはサービスのライセンシーによる購入に条件づけることは、いくつかのケースにおいて違法な拘束を構成すると判断されてきた。抱き合わせ協定は、反競争的効果に帰着するけれども、そのような協定はまた実質的な効率性および競争促進的便益に帰着することもありうる。当局は、彼らの起訴上の裁量を使って、抱き合わせに帰することができる反競争的効果と効率性の両方を考慮する。当局は、(i)売手が抱き合わせる製品において市場支配力をもっている、(ii)協定が、抱き合わせる製品または抱き合わされる製品の関連市場において競争に悪影響の効果をもっている、および（iii）協定のための効率性の正当化が反競争的効果を上回らないならば、抱き合わせ協定に挑戦しようとする。当局は、特許、著作権またはトレードシークレットが必然的にその所有者に市場支配力を付与するとは推定していない。

一括ライセンス（たった1つのライセンスでまたは関係のあるライセンスのグループで知的

財産の多くの種目をライセンスすること）は、１つの知的財産権のライセンスが、別の、分離した知的財産権のライセンスの受入れを条件としているならば、抱き合わせ協定の形態である。一括ライセンスは、いくつかの環境の下で効率性を向上させることができる。マルティプルライセンスが知的財産のたった１つの種目を使用する必要があるとき、例えば、一括ライセンスは、そのような効率性を促進する。一括ライセンスが抱き合わせ協定を構成するならば、当局は、他の抱き合わせ協定に適用するのと同じ原則に基づきその競争的効果を評価する（ガイドライン 5.3）。

（d）排他的取引

知的財産の状況において、排他的取引は、ライセンシーが競合する技術をライセンスする、販売する、流通させるまたは使用することをライセンスが妨げるときに生じる。独占的取引は、合理の原則に基づいて評価される。独占的取引が、関連市場における競争を減少しそうであるかどうか決定する際に、当局は、協定が（i）ライセンサーの技術の探求および開発を促進する、および（ii）競合する技術の探求および開発を反競争的に閉め出す、またはさもなければ、競合する技術の間の競争を制限する程度を考慮する。

独占的ライセンスが反競争的効果をもつという可能性は、とりわけ、関連市場における締出しの程度、独占的取引の期間、ならびに集中、参入の困難および関連市場における価格変化に対する供給と需要の反応のような、投入および産出市場の他の特性に関係している。

当局が、特定の独占的取引協定が反競争的効果をもつと決定するならば、当局は、ライセンシーが、ライセンスされた技術（またはその技術の専門化した応用）の開発およびマーケティングをすることを奨励し、またはライセンスされた技術を開発しまたは洗練するライセンサーのインセンティブを増加させ、もしくはさもなければ、関連市場における競争を増加し、かつ産出を向上させる程度を評価する（ガイドライン 5.4）。

排他的取引の条項を分析する枠組みは、Tampa Electric Co. v. Nashville Coal Co., 365 U.S. 320 (1961)[5] における連邦最高裁判所の判示から引き出すことができる。

連邦最高裁判所は、有効な競争の関連分野に対するライセンス契約の効果の蓋然性と当該マーケットシェアの先取がその市場内の有効な競争に与える直接的かつ将来の効果の蓋然性とを比較衡量するが、その際以下のような要素を考慮した。

第1に、目的。競争制限の背後にある目的は、事実を解釈し、結果を予測するために用いられてきた。第2に、締出しの程度。裁判所は明確な数値的基準を設けなかったが、古いケースでは10%から25%の市場締出しの比率は反トラスト法違反とされたが、最近ではそれより高いものを適用するケースが見受けられる。第3に、存続期間。排他的取引の期間が短いほど、競争を制限することはより少なくなると一般的にいえる。第4に、その他の要素として、裁判所は、新規参入の容易性、より制限的でない代替手段などの市場支配力に関連する要素を排他的取引の合理性の評価において考慮する[6]。

（e）クロスライセンスおよびプーリング協定

クロスライセンスおよびプーリング協定は、知的財産の異なる種目の2以上の所有者が、お互いにまたは第三者にライセンスするための合意である。これらの協定は、競合する技術を統合し、塞がっている立場を取り除き、かつコストのかかる侵害訴訟を避けることによる競争促進的便益を提供する。技術の普及を促進することにより、クロスライセンスおよびプーリング協定はしばしば競争促進的である。

クロスライセンスおよびプーリング協定は、一定の環境において反競争的効果をもちうる。例えば、共同の価格設定または協調された産出制限を伴う、プールされた知的財産権の共同マーケティングのような、プーリング協定における共同の価格または産出制限は、参加者間の経済的活動の効率性を向上させる統合に貢献しなければ、違法であるとみなされる。クロスライセンスまたはプーリング協定が露骨な価格協定または市場分割を達成するためのメカニズムであるときは、当然違法のルールに基づく挑戦に従うことになる。

知的財産権のクロスライセンスを含む和解は、訴訟を避けるための効率的な手段となりうる、かつ、一般的に、裁判所はそのような和解を好む。しかし、そのようなクロスライセンスが水平的競争者を含むときは、当局は、和解の効果が、クロスライセンスがなければ関連市場において実際のまたは潜在的競争者であったであろう実体の間の競争を減少させることであるかどうかを考慮する。相殺する効率性がなければ、そのような和解は通商の違法な制限として挑戦される。

プーリン協定は、一般的に、参加したいすべての者に開かれている必要はない。しかし、市場支配力を共同して所有する当事者の間のクロスライセンスおよびプーリング協定からの排除は、いくつかの環境下では競争を害する。一般的に、競合する技術の間のプーリングまたはクロスライセンス協定からの排除は、(i)排除された企業がライセンスされた技術を取り込む商品の関連市場で効果的に競争することができ、かつ（ii)プール参加者が関連市場において共同して市場支配力を所有していなければ、反競争的効果をもちそうにもない。これらの環境が存在すれば、当局は、参加に対する協定の制限がプールされた技術の効率的な開発および探索に合理的に関係しているかどうかを評価し、かつ、関連市場におけるそれらの制限の純効果を評価する。

プーリング協定の別の可能な反競争的効果は、協定が、参加者が研究開発に従事することを妨げまたは落胆させて、このようにしてイノベーションを妨害するならば、生じる。例えば、現在および将来の技術のためにお互いに最低のコストでライセンスを許諾することをメンバーに要求するプーリング協定は、プールのメンバーは成功した研究開発を分かち合わなければならず、かつ、メンバーのそれぞれは他のプールメンバーの成果にただ乗りすることができるので、メンバーが研究開発に従事するインセンティブを減少する。しかし、そのような協定は、例えば、規模の経済を探索し、かつ塞がれた立場の取除きを含め、プールされたメンバーの補完的能力を統合することにより、競争促進的便宜をもつことができる、そして協定が研究開発市場における潜在的な大きな割合を占めるときにのみ、競争的効果を引き起こしそうである（ガイドライン5.5)。

連邦取引委員会（FTC）により反トラスト法違反とされたパテントプールの例は次のとおりである[7]。

1998年3月、FTCは、Summit Technology Inc. とVISX, Inc. に対して、レーザーによる眼の手術に関連する特許のプールについて訴えを提起した。

Summit と VISX は、レーザーによる眼の手術のための機器の販売について食品医薬品局（Food and Drug Administration）の承認を受けた唯一の会社であり、眼の手術用機器に関する特許のほとんどを Pillar Point Partnership と呼ばれる会社にライセンスした。Pillar Point は、特許の完全なポートフォリオを Summit と VISX にグラントバックした。Summit と VISX は、医者に彼らの機器を販売またはリースし、機器の操作についてサブライセンスを供与した。Summit と VISX は、1 操作ごとに 250 ドルのサブライセンス・フィーをお互いに課し、そのフィーを Pillar Point に払い戻した。プーリング取引の条項に従い、いずれの会社も、相手方の承認なくしては、自らの技術を当該プール外にライセンスすることはできなかった。

FTC は、Summit と VISX に対する訴追において、プールが、眼の手術用機器に関する特許と関連技術のライセンスの市場において存在したであろう当事者間の競争を排除したと主張した。さらに、取引の独占的性質は、技術を相手方にライセンスするそれぞれのインセンティブを減少させ、それによってレーザー技術に対する相手方のアクセスを制限したと主張した。さらに、取引の独占的性質は、技術を相手方にライセンスするそれぞれのインセンティブを減少させ、それによってレーザー技術に対する相手方のアクセスを制限したと主張した。つまり、Summit と VISX は、プールがなければ、機器または知的財産の販売・リースにおいてお互いに競争していたであろうが、プールの条項によって、プールされた知的財産を相手方の承認なくライセンスすることを禁じられており、かつ必須でない特許をプールしていたのである。

FTC は、プールが、競合する特許に対する訴訟の可能性に伴うリスクと不安定を減少するのに資したという、Summit と VISX の反論を拒絶したのである。

1998 年 8 月、FTC は、プーリング取引の継続を禁止する同意命令により、Summit および VISX と和解した。

（f）グラントバック

グラントバックは、ライセンシーが、ライセンスされた技術のライセンシーの改良技術を使用する権利を知的財産のライセンサーに拡大することを合意する協定である。グラントバックは、非独占的であるならば特に、競争促進的効果をもちうる。そのような協定は、ライセンシーおよびライセンサーがリスクを分かち、かつライセンスされた技術に基づきまたはそれにより教えられたさらなるイノベーションを可能にするためにライセンサーに報いるための手段を提供し、かつ、これらの便益のいずれも、最初にイノベーションを促進し、イノベーションの結果のその次のライセンスを促進する。しかしながら、グラントバックは、それらが研究開発に従事するライセンシーのインセンティブを実質的に減少し、それによって競争を制限するならば、競争に悪影響を与える。

非独占的グラントバックは、ライセンシーがその技術を実施し、他者にライセンスすることを可能にする。独占的グラントバックと比較して、ライセンシーが他者に改良技術を自由にライセンスするままにする非独占的グラントバックは、競争を害するおそれはより少ない。

当局は、ライセンス協定の全部の構造および関連市場における状況に照らしてそのありうる効果を考慮しつつ、グラントバック条項を合理の原則に基づいて評価する。当局のグラントバックの分析における重要な要素は、ライセンサーが関連する技術または研究開発市場において市場支配力をもっているかどうかである。当局が、特定のグラントバック条項はライセンスされた技術を改良することに投資するライセンシーのインセンティブを実質的に減少しそうであると決定するならば、当局は、グラントバック条項が、(i)ライセンスされた技術のライセンシーによる改良の普及の促進、(ii)ライセンスされた技術を普及するライセンサーのインセンティブの増加、またはさもなければ、(iii)関連技術または研究開発市場における供給および産出の増加のような、相殺する競争促進的効果を有する程度を考慮する。さらに、当局は、関連市場におけるグラントバック条項が最初に革新するライセンサーのインセンティブを一般的に増加する程度を考慮する（ガイドライン 5.6）。

（g）知的財産権の獲得

知的財産権の一定の譲渡は、結合を分析するために用いられる原則および基準、特に 2010 年水平的結合ガイドラインを適用することにより最も適切に分析される。当局は、知的財産所有者による知的財産のすべての権利の販売、ならびに人が許諾、販売または他の譲渡を通じて知的財産の独占的ライセンス（すなわち、ライセンサーを含むすべての他の人達を排除するライセンス）を獲得する取引に結合分析を適用する。そのような取引は、クレイトン法７条、シャーマン法１条および２条ならびに連邦取引委員会法５条に基づいて評価される（ガイドライン 5.7）。

（4） 無効なまたは強制不可能な知的財産権

当局は、反トラスト違反として無効な知的財産権の強制に挑戦する。特許商標庁に対する詐欺により獲得された特許の強制またはその試みは、そのほか起訴を立証するに必要なすべての要素が証明されるならば、シャーマン法 2 条または連邦取引委員会法 5 条に違反する。特許商標庁に対する不公正な行為は、その行為が故意を含まず、かつシャーマン法 2 条主張の他の要素が提示されていなければ、2 条主張のベースではない。いくつかの環境において詐欺に足りない不公正な行為によって獲得された特許の実際の強制またはその試みは、連邦取引委員会法 5 条違反の可能性がある。さらに、知的財産を強制する偽りの訴訟は、シャーマン法違反の要素を構成することもある（ガイドライン 6）。

2　EU競争法による規制

技術移転契約に対する EU 機能条約 101 条の適用可能性を規制する法は、2014 年 3 月 21 日に採択された、2 当事者間の技術移転契約に対し EU 機能条約 101 条 3 項に従って一括適用免除を提供する委員会規則（Commission Regulation (EU) No 316/2014 on the application of Article 101 (3) of the Treaty on the Functioning of the European Union to categories of technology transfer agreements, 以下「一括適用免除規則」という）および技術移転契約に対し EU 機能条約 101 条の適用可能性をより幅広く取り扱う委員会のガイドライン（Guidelines on the application of Article 101 of the Treaty on the Functioning of the European Union to technology transfer agreements, 2014/C 89/03、以下「ガイドライン」という）から構成される。

EU 機能条約 101 条は、競争阻害行為の禁止に関して、以下のように規定している。

1 項　構成国間の取引に影響を及ぼすおそれがあり、かつ、共同市場内の自由競争の結果、妨害、制限または歪曲を目的とするかまたはもたらす企業間のすべての協定、企業連合が行うすべての決定およびすべての協調的行為、特に次のものを含む、これらの協定、決定および協調的行為は、共同市場と両立しないとみなされる。

(a) 購入価格、販売価格、その他の取引条件の直接または間接の設定
(b) 生産、販路、技術開発または投資の制限または統制
(c) 市場または供給源の配分
(d) 取引の相手方に対し、同等の取引に関して異なる条件を適用し、その結果相手方を競争的不利な立場に置くもの
(e) その義務の性質上または商慣習に従い契約の主題と関連をもたない補足の義務の相手方による受諾を条件として契約を締結するもの

2項　本条の規定に基づき禁止される協定または決定は、当然無効とする。

3項　もっとも、1項の規定は、次のいずれかの場合に適用することができない旨を宣言することができる。

—企業間の協定または協定の種類
—企業連合が行う決定または決定の種類、および
—協調的行為または協調的種類

であって、商品の生産もしくは分配の改善または技術的もしくは経済的進歩の促進に寄与するとともに、その結果生ずる利益の公平な分け前を消費者に許すもの。ただし次のものを除く。

(a) これらの目的を達成するために不可欠でない制限を関係企業に課するもの
(b) これらの企業に対し、当製品の主要な部分について競争を排除する可能性を与えるもの

(1) 一括適用免除規則による規制

(a) 適用免除

EU機能条約101条3項に従い、かつ一括適用免除規則の規定に基づき、EU機能条約101条1項は、技術移転契約に適用されない。

一括適用免除は、技術移転契約が、EU 機能条約 101 条 1 項の範囲内に入る競争の制限を含む限度で適用される。一括適用免除は、ライセンスされた技術権が終了せず、失効せずもしくは無効と宣言されなかった間、またはノウハウの場合、ノウハウが秘密のまま留まっている間は、適用される。一括適用免除は、技術移転契約における、ライセンサーによる製品の購入または他の知的財産権もしくはノウハウのライセンシーへのライセンスもしくは譲渡に関係する規定にも適用される（一括適用免除規則 2 条)。

（b）市場シェア基準

契約の当事者が競争者である場合、当事者の合計市場シェアが 20 % を超えていないことを条件に、一括適用免除は適用される。契約の当事者が競争者でない場合、各当事者の市場シェアが関連市場において 30 % を超えていないことを条件に、一括適用免除は適用される（一括適用免除規則 3 条)。

（c）ハードコア（露骨な）制限

（i）契約の当事者が競争者である場合、2 条に規定された適用免除は、当事者のコントロールの下で他の要素と、直接または間接に、分離してまたは結合して、以下の目的をもつ契約には適用されない（一括適用免除規則 4 条 1 項)。

① 第三者に製品を販売する時その価格を決定する当事者の能力の制限。

② 非相互契約におけるライセンシーに課されたまたは相互契約におけるライセンシーの 1 人のみに課された契約製品の産出の制限を除く、産出の制限。

③ 市場または顧客の分割、ただし以下のものを除く、

ア 非相互契約において、他の当事者のために留保された独占地域内で、ライセンサーおよびまたはライセンシーに課された、ライセンスされた技術権で生産しない義務およびまたは積極的におよびまたは消極的に独占的地域にまたは他の当事者のために留保された独占的顧客グループに売り込まない義務。

イ 非相互契約において、ライセンサーによって別のライセンシーに割

り当てられた独占的地域または独占的顧客グループへのライセンシーによる積極的売込みの制限、ただし、後者は自身のライセンス締結時にライセンサーの競争者でなかったこと。

ウ　自身の使用のためにのみ契約製品を生産するライセンシーの義務、ただし、ライセンシーは、自身の製品のための予備品として積極的または消極的に契約製品を販売することを制限されていないこと。

エ　非相互契約において、特定の顧客のためにのみ契約商品を生産するライセンシーの義務、ただし、ライセンスがその顧客のための供給の代替源をつくり出すために許諾されていた場合であること。

④　自らの技術の権利を開発するライセンシーの能力に対する制限または研究開発を実行する契約当事者の能力に対する制限、ただし、後者の制限は、ライセンスされたノウハウの第三者への開示を妨げるのに不可欠であること。

(ii) 契約の当事者が競争者でない場合、２条に規定された適用免除は、当事者のコントロールの下で他の要素と、直接または間接に、分離してまたは結合して、以下の目的をもつ契約には適用されない（一括適用免除規則４条２項)。

①　最高販売価格を課すまたは販売価格を推奨する可能性を侵害することなく、第三者に製品を販売する時その価格を決定する当事者の能力の制限、ただし、その制限は、当事者からの圧力または当事者により提供されたインセンティブの結果としての固定または最低販売価格に至らないこと。

②　ライセンシーが契約製品を消極的に販売する顧客へのまたは顧客の地域の制限、ただし、以下のものを除く、

ア　独占的地域へのまたはライセンサーに留保された独占的顧客グループへの消極的販売の制限。

イ　自らの使用のためのみ契約製品を生産する義務、ただし、ライセンシーが自らの製品の予備品として積極的または消極的に契約製品を販売することを制限されないこと。

ウ　特定の顧客のためにのみ契約商品を生産する義務、ただし、ライセンスがその顧客のための供給の代替源をつくり出すために許諾されていた場合であること。

エ　取引の卸売り段階で活動するライセンシーによる、最終ユーザーへの販売の制限。

オ　選択的流通システムのメンバーによる、認定されていない流通業者への販売の制限。

③　選択的流通システムのメンバーであり、かつ小売り段階で活動するライセンシーによる、最終ユーザーへの積極的または消極的販売の制限、ただし、システムのメンバーが認定されていない営業所の外で活動することを禁止する可能性を侵害しないこと。

（iii）契約の当事者が、契約締結時は競争者でないが、その後競争者になる場合は、契約が後に重要な面で変更されないならば、2 項は契約の全期間適用され、1 項は契約の全期間適用されない。そのような変更は、競争する技術権に関して当事者間の新たな技術移転契約の締結を含む（一括適用免除規則 4 条 3 項）。

（d）除外される制限

（i）2 条に規定される適用免除は、技術移転契約に含まれる以下のような義務には適用されない（一括適用免除規則 5 条 1 項）。

①　ライセンスされた技術の、自らの改良技術または自らの新しい応用に関して、ライセンシーが、全部または一部、ライセンサーまたはライセンサーにより指定された第三者に独占的ライセンスするまたは権利を譲渡する直接的もしくは間接的な義務。

②　他者が EU で保有する知的財産権の有効性に挑戦しない、当事者の直接的もしくは間接的な義務、ただし、独占的ライセンスの場合に、ライセンシーがライセンスされた知的財産権の有効性を挑戦するとき、技術移転契約の解消を規定する可能性を侵害してはならないこと。

（ii）契約の当事者が競争者でない場合、2 条に規定する適用免除は、自らの技術権を開発するライセンシーの能力を制限するまたは研究開発を実行する契約当事者の能力を制限する直接的もしくは間接的な義務には適用されない、ただし、後者の制限は、ライセンスされたノウハウの第三者への開示を防止するために不可欠であること（一括適用免除規則5条2項）。

（e）個別のケースにおける撤回

（i）委員会が、特定のケースにおいて、一括適用免除規則の2条において規定された適用免除が適用される技術移転契約が、それでもなお101条3項と矛盾する効果を有することを見つける場合、ならびに特に以下の場合には、委員会は、Article 21 (1) of Regulation（EC）No 1/2003に従い、一括適用免除規則の便益を撤回する（一括適用免除規則6条1項）。

① 例えば、ライセンシーが第三者の技術を使用することを禁止する類似の制限的契約の並行的ネットワークの累積効果によって、第三者の技術の市場へのアクセスが禁止される。

② 例えば、ライセンサーが他のライセンシーにライセンスすることを禁止する類似の制限的契約の並行的ネットワークの累積効果によって、または関連技術権のライセンスを許諾する唯一の技術所有者が、代用可能な技術権に基づいてすでに製品市場で活発であるライセンシーと独占的ライセンスを締結することから、潜在的ライセンシーの市場へのアクセスが禁止される。

（ii）特定のケースにおいて、この一括適用免除規則の2条に規定された適用免除が適用される技術移転契約が、明確な地理的市場のすべての特徴を有する、メンバー国の地域またはその一部において101条3項と矛盾する効果をもつ場合、そのメンバー国の競争当局は、本条1項で記述されたものと同じ環境下で、その地域に関して、Article 29 (2) of Regulation（EC）No 1/2003に従い、この一括適用免除規則の便益を撤回することができる（一括適用免除規則6条2項）。

（f）一括適用免除規則の非適用

（i）Regulation（EC）No 19/65/EECの1 a条に従い、委員会は、類似の技術移転契約の並行的ネットワークが関連市場の50％以上を占める場合、この一括適用免除規則は、その市場に関係する特定の制限を含む技術移転契約に適用されることはないと、規則により宣言する（一括適用免除規則 7 条 1 項）。

（ii）1 項に従う規則は、その採択後 6 カ月より早くは適用可能にならない（一括適用免除規則 7 条 2 項）。

（g）市場シェア基準の適用

3 条に定められた市場シェア基準を適用するために、以下のルールが適用される（一括適用免除規則 8 条）。

（i）市場シェアは、市場販売価額データをベースに算定される。市場販売価額データが手に入らなければ、市場販売量を含む他の信頼できる市場情報に基づく評価が、関連当事者の市場シェアを確立するために用いられる。

（ii）市場シェアは、前暦年に関するデータをベースに算定される。

（iii）ライセンスされた技術権のための関連市場（すなわち製品市場および地理的市場）におけるライセンサーの市場シェアは、関連市場におけるライセンスされた技術権の存在をベースに算定される。関連市場で契約製品が販売されている場合は、市場シェアは、ライセンサーおよびライセンシーを統合して生産される契約製品に関する販売データをベースに算定される。

（iv）3 条 1 項および 2 項で参照される市場シェアが当初はそれぞれ 20% または 30% より以上でないが、その後それらのレベル以上に上がるならば、2 条で規定された適用免除は、20% 基準または 30% 基準を最初に超えた年の後連続 2 暦年の期間、適用が継続される。

（2） 一括適用免除規則の範囲外における101条 1 項および 3 項の適用

（a）分析の一般的フレームワーク（ガイドライン 4.1.）

例えば、市場基準を超えるから、または契約が 2 当事者以上を含むからという理由で、一括適用免除の外に落ちる契約は、個別の評価に従う。101 条 1 項の意味における競争を制限しない、または 101 条 3 項の条件を達成する契約はいずれも有効であり、強制可能である。一括適用免除の範囲外に落ちる契約の違法性を推定するものはないことが思い出される、ただし、それらの契約が競争のハードコア制限を含まないことが必要である。特に、単に市場基準を超えるからという理由で101条1項が適用されるという推定をするものはない。このガイドラインにおいて記述される原則に基づいた個別評価が常に要求される。

一括適用免除規則の適用を超えた予測を推進し、詳細な分析を実際の競争懸念を示しそうなケースに限るために、委員会は、ユーザーにとって比較可能なコストでライセンスされた技術に代わりうる、契約の当事者によってコントロールされた技術に加えて、独立してコントロールされた4以上の技術がある場合、101条は、ハードコア制限地域外にあって、101条は侵害されそうにないという見解をとっている。技術が十分に代わりうるかどうかを評価する際には、問題の技術の相対的な商業力が考慮されなければならない。技術により課された競争的強制は、ライセンスされた技術の商業的に実行可能な選択肢を構成していないならば、制限される。例えば、市場におけるネットワーク効果により、消費者が、ライセンスされた技術に強い好みをもつならば、すでに市場にある、または合理的な期間内に市場に来そうな技術は、実際の選択肢を構成せず、したがって、限定された競争的強制のみを課することができるにすぎない。

契約が安全場所の外に落ちるという事実は、その契約が101条1項につかまえられ、かつそうであれば、101条3項の条件が満たされないということを意味しない。一括適用免除規則の市場シェア安全圏に関する限りは、この追加的な安全場所は、契約が101条によって禁止されないという推定を単につくり出すにすぎない。安全場所の外で、このガイドラインで発展した原則に基づいた契約の個別の評価が要求される（ガイドライン4.1.）。

（i）関連要素

個別ケースに対する101条の適用において、競争が問題の市場において行われる方向を十分に考慮することが必要である。以下の要素は特にこの点において関係がある。

①契約の性質

② 当事者の市場における位置

③ 競争者の市場における位置

④ 関連市場における買手の市場における位置

⑤ 参入障壁、および

⑥ 市場の成熟度。

個別の要素の重要性は、ケースに応じて変化し、かつすべての他の要素に依拠している。

例えば、当事者の高い市場シェアは、通常、市場支配力のよい表示器であるが、低い参入障壁の場合は市場支配力を表示することはできない。したがって、個別の要素の重要性に関するルールを企業に提供することはできない。

技術移転契約は多くの形態と形式をとりうる。したがって、当事者間の競争的関係における契約の性質および契約が含む制限を分析することが重要である。後者の点において、契約の明示の条項を超えることが必要である。黙示の制限の存在は、契約が当事者によって履行されてきた方向、および当事者が直面するインセンティブから引き出すことができる。

当事者により事実上または法律上コントロールされた企業を含む、当事者の市場における位置は、ライセンサー、ライセンシーまたは両者に所有されているならば、市場支配力の程度の表示を提供する。市場シェアが高ければ高いほど、市場支配力はより大きくなる傾向がある。

これは、市場シェアが、競争者に対しコスト有利または他の競争有利を反映している場合には、特にそうである。これらの競争有利は、例えば、市場における最初に動く人であることから、必須の特許を保有することからまたは優秀な技術をもつことから生じる。しかし、市場シェアは、常に、市場における位置を評価することにおける１つの要素にすぎない。例えば、特に技術市場の場合、市場シェアは、いつも問題の技術の相対的な強さのよい表示器であるとは限らず、市場シェアの数値は異なる計算方法に依拠して相当に異なる。

市場シェアおよび可能な競争有利ならびに競争不利は、競争者の市場における位置を評価するためにも用いられる。実際の競争者が強くなればなるほどおよび彼らの数が大きくなればなるほど、当事者が個別に市場支配力を行使するリスクはより少なくなる。しかし、競争者の数が相当に少なく、かつ彼らの市場における位置（サイズ、コスト、研究開発潜在力等）が相当に類似しているならば、この市場構造は共謀のリスクを増加する。

買手の市場における位置は、1人以上の買手が買手力を有するかどうかの表示を提供する。買手力の最初の表示器は、購入市場における買手の市場シェアである。このシェアは、可能な供給者に対する需要の重要性を反映する。他の表示器は、販売代理店の広い地理的な広がりおよび最終消費者の間のブランドイメージのような特徴を含む、再販売市場における買手の位置に焦点を合わせる。いくつかの環境において、買手力は、ライセンサーおよびまたはライセンシーが市場において市場支配力を行使することを防止し、それによってさもなければ存在していた競争問題を解決する。強い買手が、相対的価格の小さいが永久の上昇の場合に、市場に新しい供給源をもたらす能力とインセンティブをもつときは、特にそうである。強い買手が、供給者から有利な条項を単に引き出し、価格上昇を彼らの顧客に単に転嫁する場合、買手の位置は、製品市場におけるライセンシーによる市場支配力の行使を妨げるようなものではなく、したがって、その市場における競争問題を解決するようなものではない。

参入障壁は、会社が、新規の参入を引き込むことなく、競争レベル以上に価格を上げることができる程度により計ることができる。参入障壁がない場合、容易かつ素早い参入は、価格引上げを利益のないものにする。市場支配力を妨げ、または侵食する効果的な参入が1または2年以内に生じそうであるとき、参入障壁は、一般的ルールとして、低いものであるといえる。

参入障壁は、参入障壁が独占的権利、政府援助、輸入関税、知的財産権、供給が、例えば、自然の制限より制限される資源の所有、不可欠施設、最初に動く人の強みまたは長年の強い宣伝によりつくられた消費者のブランド忠誠を確立する場合は特に、経済の規模と範囲、政府の規則のような広い種類の要素に起因する。企業により締結された制限的契約は、アクセスをより困難にし、かつ（潜在的な）競争者を閉め出すことによって参入障壁としても働くことができる。参入障壁は、研究開発、生産および流通のプロセスのすべての段階で存在する。一定のこれらの要素が参入障壁として記述されるべきかどうかの質問は、それらの要素が埋没コストを必然的に伴うかどうかに特に依拠している。そのようなコストは、市場に参入するまたは活動的であるために負わねばならないコストであるが、市場から退去するときには失われるコストである。コストが埋没すればするほど、より多くの潜在的参入者は、市場に入るリスクを計らなければならない。一般的に、参入は、時には小さい、時には大きい埋没コストを要求する。したがって、実際の競争は、一般的に、より効果的であり、かつ、ケースの評価において潜在的競争よりもっと重い。

ある期間存在してきたというべきである成熟市場において、使用された技術がよく知られて、普及し、大きく変化しておらず、かつ、需要が比較的安定的または下がっている場合、競争制限は、よりダイナミックな市場におけるよりも否定的効果をよりもつようになる。

特定の制限の評価において、他の要素が考慮されるべきである。そのような要素は、累積効果、すなわち、類似の契約、契約の期間、価格リーダーシップ、あらかじめアナウンスした価格変化、ならびに正しい価格、過剰能力に対応する価格硬直、価格差別および過去の共謀行動に関する議論のような共謀を示すまたは容易にする、規制的環境および行動による市場の範囲を含む（ガイドライン 4.1.1.）。

（ii）制限的ライセンス契約の否定的効果

制限的技術移転契約に起因する、市場における競争の否定的効果は、以下のものを含む、

① 明示および黙示の共謀の容易化を含む、技術市場または問題の技術を織り込んだ製品の市場で活動する会社間の内部技術競争の減少、

② 価格を引き上げ、不可欠な投入へのアクセスを制限し、またはさもなければ、参入に対する障壁を起こすことによる競争者の締出し、および

③ 同じ技術をベースに製品を生産する企業間における技術内競争の減少。

技術移転契約は、技術内競争、すなわち、代用可能な技術をベースにライ

センスまたは生産する企業間の競争を減少する。これは、特に相互的義務が課されているケースである。例えば、競争者が競争する技術をお互いに対して移転し、それぞれの技術の将来の改良技術をお互いに提供する相互的義務を課す場合、ならびにこの契約がいずれの競争者も他に対する技術的リードを獲得することを妨げる場合は、当事者間のイノベーションにおける競争が制限される。

競争者間のライセンスは、また、共謀を容易にする。共謀のリスクは、集中された市場において特に高い。共謀は、当該企業が、何が彼らの共通の関心であり、かつどのように協調メカニズムが機能するかに関する類似の見解をもつことを要求する。共謀が働くために、企業は、また、他の市場行動をモニターすることもできなければならない、かつ、参入障壁がアウトサイダーによる参入または拡大を制限するに十分なほど高い間、市場に関する共通のポリシーから離れないようにするインセンティブがあることを確保する抑止力がなければならない。契約は、市場における透明性を増加することにより、特定の行動をコントロールすることにより、および参入に対し障壁を起こすことによって、共謀を容易にすることができる。共謀はまた例外的に、類似のコストをもつ企業は協調の条件について類似の見解をよりもちそうになるので、コストの共通性の高い程度につながるライセンス契約によって容易にすることができる。

ライセンス契約はまた、競争者のための参入および競争者による拡大の障壁をつくることによって技術内競争に影響を及ぼす。そのような締出し効果は、ライセンシーが第三者からライセンスを受けることを妨げ、または彼らがそうすることを妨げるものをつくる制限から生じる。例えば、不十分な数のライセンシーが第三者に利用できる程度に、ライセンサーがライセンシーに非競争義務を課す場合、およびライセンシーの段階での参入が困難である場合、第三者は閉め出される。代用可能な技術の供給者もまた、十分な程度の市場支配力をもつライセンサーが、技術のさまざまな部分を抱き合わせ、かつ、パッケージの一部のみが特定の製品を生産するのに不可欠である場合に、それらの部分をパッケージとしてともにライセンスする場合、閉め出される。

ライセンス契約はまた、技術内競争技術、すなわち、同じ技術をベースに生産する企業間の競争を減少する。ライセンシーがお互いの地域に売り込むことを妨げる、ライセンシーに対し地域的制限を課す契約は、彼らの間の競争を減少する。ライセンス契約はまた、ライセンシーの間の共謀を容易にすることにより内部技術競争を減少する。さらに、技術内競争を減少するライセンス契約は、競争する技術の所有者の間の共謀を容易にし、または参入に障壁を起こすことによって技術内競争を減少する（ガイドライン 4.1.2.）。

(iii) 制限的ライセンス契約の肯定的効果とそのような効果を分析するためのフレームワーク

制限的ライセンスでさえもしばしば、反競争的効果を上回る効率性の形態における競争促進的効果を生み出す。可能な競争促進的効果の評価は、101条1項の禁止ルールの例外を含む 101 条 3 項のフレームワーク内で生じる。その例外が適用可能であるためには、ライセンス契約は客観的な経済的便益を生み出さなければならず、競争に対する制限は効率性を達成するために不可欠でなければならず、消費者は効率性利益の公平な分け前を受け取らなければならず、かつ契約は、当事者に当該製品の大部分に関し競争を排除する可能性を与えてはならない。101 条 3 項を当てにする企業は、説得力のある議論と証拠によって、例外を獲得するための条件が満たされていることを提示しなければならない。

101 条 3 項の下で制限的契約の評価は、それらが生じる実際の状況の中で、与えられた時点で存在する事実をベースにして、なされる。したがって、評価は、事実における重大な変化に敏感である。101 条 3 項の例外ルールは、4 つの条件が満たされる間は適用され、もはやそのケースがない時には適用されなくなる。しかし、101 条 3 項を適用するとき、当事者によってなされた当初の埋没投資、必要とされた時間および効率性を向上させる投資を約束し、取り戻すために要求された制限を考慮することが必要である。101 条は、事前の投資およびそれに関係するリスクを考慮することなしに適用することはできない。当事者が直面するリスク、および契約を履行するために約束されなければならない埋没投資は、このようにして、事情次第で、投資を取り戻すために要求される期間、101条3項の外に落ちる契約に至ることができる。

101条3項の最初の条件は、契約により生み出された効率性に関する客観的な便益の評価を要求する。この点、ライセンス契約は、新しいまたは改良された製品を市場に出す、もしくはより低い価格で既存の製品を生産することを可能にする、補完的な技術と他の資産をまとめる潜在能力をもっている。ハードコアカルテルの状況の外で、ライセンスすることが、ライセンサーが自ら技術を開発することよりも技術をライセンスすることがより効率的であることから、しばしば生じる。これは、特に、ライセンシーがすでに必要な生産資産へのアクセスをもっている場合である。契約はそれから、ライセンシーが新しいまたは改良された技術を開発することを可能にしつつ、ライセンシーがそれらの資産を統合することができる技術へのアクセスを獲得することを可能にする。潜在的に効率性を向上させるライセンスのもう1つの例は、ライセンシーがすでに技術をもっており、この技術とライセンサーの技術の統合が相乗効果を生じる場合である。ライセンス契約はまた、垂直的流通契約と同じ方法で流通段階での効率性を生み出す。そのような効率性は、コスト節約または価値あるサービスの消費者への提供の形をとることができる。可能な効率性便益のさらなる例は、技術所有者が第三者へのライセンスのために技術パッケージを集める契約において見つけることができる。そのようなプーリング協定は、ライセンシーが各ライセンサーと別のライセンス契約を締結する必要がないので、特に取引コストを下げる。競争促進的ライセンスはまた、デザインの自由を確保するために生じる。大きな数の知的財産権が存在し、個別の製品が若干の現在および将来の知的財産権を侵害する分野において、当事者がお互いに対して知的財産権を主張しないことを合意する契約は、その後の侵害クレームなくして、当事者がそれぞれの技術を開発することを可能にすることから、しばしば競争促進的である。

101条3項に含まれる不可欠性のテストの適用において、委員会は、個別の制限が、当該制限がなかったであろうケースよりもより効率的に問題の活動を遂行することを可能にするかどうかを特に吟味する。この評価をする際に、市場状況および当事者が直面する現実が考慮されなければならない。101条3項の便益を主張する企業は、仮定的および理論的選択肢を考慮することを要求されるのではない。しかし、彼らは、表面的に現実的であり、かつ著しくより少ない制限的選択肢がなぜ著しくより少なく効率的であるかを説明し、提示しなければならない。何が、表面的に現実的であり、かつより少ない制限的選択肢であるように見えるかの適用が、効率性の著しい損失に至るならば、当該制限は不可欠として取り扱われる。いくつかのケースにおいて、そのような契約が効率性を達成するために不可欠であるかどうかを吟味することもまた必要である。これは、例えば、補完的だが不可欠でない技術を含む技術プールのケースにおいてそうである。そのケースにおいては、どの程度それらの技術の包含が特定の効率性を生じさせるかどうか、または効率性の著しい損失なくして、プールが代用品のない技術に限られることができるかどうか、が吟味されなければならない。2当事者間の単純なライセンスのケースにおいて、個別の制限が不可欠かどうかの吟味を超えていくことは一般的に必要ではない。

消費者が便益の公平な分け前を受領しなければならないという条件は、ライセンスに基づき生産された製品の消費者が、少なくとも契約の否定的効果を補償されなければならないことを意味している。これは、効率性利益が、契約によって引き起こされた、価格、産出および他の関連要素に対するありうる否定的影響を十分に相殺しなければならないことを意味する。効率性利益は、価格を引き下げるインセンティブを与えつつ、当該企業のコスト構造を変えることによって、またはありうる価格引上げを補償しつつ、消費者が新しいまたは改良された製品へのアクセスを獲得することができることによって、そのような否定的影響を相殺する。

契約は当該製品の大部分に関して競争を排除する可能性を当事者に与えてはならないという101条3項の最後の条件は、市場に対する残存する競争的圧力およびそのような競争源に対する契約の影響の分析を前提条件とする。101条3項の最後の条件の適用に際しては、101条3項と102条の間の関係が考慮されなければならない。確立した判例法に従い、101条3項の適用は102条の適用を妨げることはできない。さらに、101条および102条はともに、市場における効果的な競争を維持する目的を追求することから、101条3項は、支配的地位の濫用を構成する制限的契約に対する例外ルールの適用を排除するものとして解釈されることを絶えず要求する。

契約が競争の一面を実質的に減少するという事実は、競争が 101 条 3 項の意味内で除外されていることを必ずしも意味するものではない。例えば、技術プールは、技術的な型に関して競争がほとんどない状況に至りつつ、産業標準に帰することができる。市場における主たるプレイヤーが一定の型を 1 度採用すれば、ネットワーク効果は、代替する型が生き残ることを非常に困難にする。しかしながら、このことは、事実上の産業標準が常に 101 条 3 項の最後の条件の意味内の競争を排除することを意味しない。標準内で、供給者は、価格、品質および製品特徴において競争する。しかしながら、契約が 101 条 3 項に従うためには、契約が不当に競争を制限しないこと、および不当に将来のイノベーションを制限しないことが確保されなければならない（ガイドライン 4.1.3.）。

（b）ライセンス制限のさまざまなタイプに対する 101 条の適用（ガイドライン 4.2.）

本条は、共通してライセンス契約に含まれるさまざまなタイプの制限を取り扱う。それらの制限が広く行き渡っていることから、それらが一括適用免除規則の安全圏の外でどのように評価されるかについてガイダンスを提供することは有用である。

本条は、非競争者間の契約および競争者間の契約の両者に及ぶ。後者に関しては、適切な場合は、相互的契約と非相互的契約の間で区別がなされる。非競争者間の契約のケースにおいてはそのような区別は要求されない。実際、企業が、関連技術市場またはライセンスされた技術を織り込む製品の市場で実際の競争者もしくは潜在的競争者のいずれでもでないとき、相互的ライセンスは、すべての実際的な目的のために、2 つの分離したライセンスとは異ならない。状況は、当事者が技術パッケージを集め、それから第三者にライセンスする協定とは異なる。そのような取決めは技術プールである。

本条は、一般的に、101 条 3 項の意味内の競争制限でないライセンス契約における義務を取り扱わない。これらの義務は以下のものを含むが、それらに限定されない（ガイドライン 4.2.）。

① 秘密保持義務、
② ライセンシーがサブライセンスしない義務、
③ 契約の終了後、ライセンスされた技術権を使用しない義務、ただし、ライセンスされた技術権は有効に残存するものとする、
④ ライセンサーがライセンスされた知的財産権を強制するのを援助する義務、
⑤ 最低のロイヤルティを支払う、またはライセンスされた技術を織り込んだ製品の最低数量を生産する義務、ならびに、
⑥ 製品に、ライセンサーの商標を使う、またはライセンサーの名前を表示する義務。

（ｉ）ロイヤルティ義務

ライセンス契約の当事者は、通常、101条1項にとらわれることなく、ライセンシーによって支払われるロイヤルティおよびその支払方法を自由に決定する。この原則は、競争者間の契約および非競争者間の契約に適用される。例えば、ロイヤルティ義務は、一時金支払い、販売価格のパーセンテージ、またはライセンスされた技術を織り込む各製品の固定額の形態をとる。ライセンスされた技術が最終製品に織り込まれる投入に関係する場合において、ロイヤルティが最終製品の価格をベースに計算されることは、一般的ルールとして、競争制限的ではない、ただし、最終製品がライセンスされた技術を織り込むことが条件である。ソフトウェアライセンスの場合においては、ユーザーの数に基づいたロイヤルティおよび機械ごとに計算されたロイヤルティは、一般的に101条1項と両立する。

競争者間のライセンス契約の場合、限られた環境において、ロイヤルティ義務が、ハードコア制限と考えられる価格協定に至ることが注意されるべきである。ライセンスが見せかけであり、その目的が、補完的技術の統合を認めることではなく、または他の競争促進的目的を達成することでない環境において、競争者が相互的なランニングロイヤルティを規定するならば、それは一括適用免除規則4条1項（a）に基づくハードコア制限である。ロイヤルティが、ライセンシー自身の技術権でのみ生産された製品に及ぶならば、

それはまた4条1項（a）および（d）に基づくハードコア制限である。

競争者間のロイヤルティ協定の他の型は、たとえそれらが競争を制限するとしても、20％の市場シェア基準まで一括適用免除される。一括適用免除の安全圏外で、101条1項は、競争者がクロスライセンスを行い、ライセンスの市場価額に比較して明らかに不釣り合いなランニングロイヤルティを課し、かつ、そのようなロイヤルティが市場価格に実質的な影響を及ぼす場合には、適用することができる。ロイヤルティが不釣り合いであるかどうかを評価する際、同じまたは代替技術の製品市場における他のライセンシーにより支払われたロイヤルティを吟味することが必要である。そのようなケースにおいては、101条3項の条件が満たされることはありそうにない。一括適用免除は、技術権が有効である間のみ適用されるという事実にかかわらず、当事者は、101条1項に抵触することなく、ライセンスされた知的財産権の有効期間を超えてロイヤルティ義務を延長することを正常に合意することができる。これらの権利が終了するや、第三者は当該技術を合法的に開発することができ、契約当事者と競争することができる。そのような実際的および潜在的競争は、問題の義務が明らかな反競争的効果をもたないことを確保するのに普通は十分である。

非競争者間の契約の場合、一括適用免除は、ロイヤルティが、ライセンスされた技術で生産された製品および第三者からライセンスされた技術で生産された製品の両者をベースに計算される契約に及ぶ。そのような協定は、ロイヤルティの算定を容易にする。しかしながら、それらは、第三者の投入を使用するコストを増加することによって締出しに至ることもあり、そうして非競争義務と同じ効果をもつ。ロイヤルティが、ライセンスされた技術で生産された製品に対してのみでなく、第三者の技術で生産された製品に対しても支払われるならば、ロイヤルティは、後者の製品のコストを増加し、かつ第三者の技術に対する需要を減少する。したがって、一括適用免除の範囲外で、制限が締出しの効果をもつかどうかの質問が考慮されなければならない。その目的のために、下記ガイドライン4.2.7（非競争義務）において記述された分析フレームワークを使用することが適切である。明らかな締出し効果のケースにおいて、ロイヤルティ支払いを計算し、かつモニタリングする他の実際的な方法があれば、そのような契約は、101 条 1 項によってとらえられ、101 条 3 項の条件を満たすことはありそうにない（ガイドライン 4.2.1.）。

（ii）独占的および唯一のライセンス

独占的ライセンスは、ライセンサー自身がライセンスされた技術の権利をベースに生産することが許されないこと、または一般的にもしくは特定の使用のためにまたは特定の地域において、ライセンスされた技術権を第三者にライセンスすることが許されないことを意味する。これは、一般的にもしくはその特定の使用のためにまたはその特定の地域において、ライセンシーが、ライセンスされた技術権をベースに生産することを許されている唯一の者であることを意味する。

ライセンサーが、自ら生産しないことまたは一定の地域内で他者にライセンスしないことを引き受ける場合、この地域は、全世界またはその一部に及ぶ。ライセンサーが、一定の地域内で生産するために第三者にライセンスしないことのみを引き受ける場合、ライセンスは唯一のライセンスである。独占的または唯一のライセンスは、ライセンスされた技術を織り込んだ製品を販売することに関して当事者を制限する販売制限をしばしば伴う。

競争者間の相互的な独占的ライセンスは、競争者間で市場および顧客を分割することをハードコア制限として確認する一括適用免除規則の 4 条 1 項（c）の下に入る。しかし、競争者間の相互的唯一のライセンスは、市場シェア基準 20% まで一括適用免除される。そのような契約に基づいて、当事者は相互に彼らの競争する技術を第三者にライセンスしないことを約束する。当事者が重要な程度の市場支配力をもつ場合、そのような契約は、当事者が、ライセンスされた技術に基づいた市場における唯一の供給源であることを確保することによって共謀を容易にする。

競争者間の非相互的な独占的ライセンスは、市場シェア基準 20% まで一括適用免除される。その市場シェア基準以上は、そのような独占的ライセンスのありそうな反競争的効果を分析することが必要である。独占的ライセンスが世界中である場合、ライセンサーが市場を去ることを意味している。独占権が、メンバー国のような特定の地域に制限されている場合、契約は、ライセンサーが問題の地域内で商品およびサービスを生産することを控えることを意味する。101条1項の状況において、ライセンサーの競争的重要性が特に評価されなければならない。ライセンサーが、製品市場において限定された市場位置をもつ、またはライセンシーの市場で技術を効果的に開発する能力を欠いているならば、契約は、101条1項によりとらわれそうにもない。特別なケースが、ライセンサーおよびライセンシーが技術市場において競争しているのみであり、かつ、例えば、ライセンサーが、研究所または小さい研究ベースの企業であって、ライセンスされた技術を織り込んだ製品を効果的に市場に出すための生産および流通資産を欠いている場合に存在する。そのようなケースにおいては、101条1項が侵害されることはありそうもない。

非競争者間の独占的ライセンスは、101条1項によってとらえられるという点で、101条3項の条件を満たしそうである。独占的ライセンスを許諾する権利は、ライセンシーが、ライセンスされた技術に投資することを促し、かつ、時宜を得たやり方で製品を市場に出すために一般的に必要である。これは特に、ライセンシーが、ライセンスされた技術をさらに開発することに大きな投資をする場合である。ライセンシーが、ライセンスされた技術の商業的成功を成し遂げたいなや、独占権に対して干渉することは、ライセンシーからその成功の果実を奪い、競争、技術の普及およびイノベーションに有害である。したがって、委員会は、ライセンスの地理的範囲にかかわらず、非競争者間の契約における独占的ライセンスに対して例外的にのみ干渉する。

しかしながら、ライセンシーが、内部の生産のために使用された代用可能な技術をすでにもっているならば、独占的ライセンスは、製品を市場に出すイノベーションをライセンシーに与えるために必要ではない。そのようなシナリオにおいては、独占的ライセンスは、代わりに、特にライセンシーが製品市場において市場支配力をもっている場合、101条1項によってとらえられる。干渉が正当とされる主たる状況は、支配的ライセンシーが、1以上の競争する技術の独占的ライセンスを獲得する場合である。そのような契約は、101条1項によってとらえられそうであり、かつ、103条3項の条件を満たしそうではない。しかしながら、101条1項が適用されるためには、技術市場への参入が困難でなければならず、かつ、ライセンスされた技術が市場における競争の実際の源を構成しなければならない。そのような環境では、独占的ライセンスは、第三者ライセンシーを締出し、参入への障壁を起こし、およびライセンシーが市場支配力を維持することを可能にする。2以上の当事者がお互いにクロスライセンスを行い、かつ、第三者にライセンスしないことを引き受ける協定は、クロスライセンスから生じる技術のパッケージが、第三者が市場において効果的に競争するためにアクセスをもたなければならない、事実上の産業標準をつくり出すときは、特定の懸念を引き起こす。そのようなケースにおいては、契約は、当事者のために留保された閉鎖的標準をつくり出す。委員会は、技術プールに適用されたと同じ原則に従ってそのような協定を評価する。そのような標準を支援する技術が、衡平な、合理的および差別なき条件で第三者にライセンスされるべきだという要求が、通常、ある。協定の当事者が現存する製品市場で第三者と競争し、かつその協定がその製品市場に関係する場合は、閉鎖された標準は、実質的な排除効果をもちそうである。競争に対するこの否定的な効果は、第三者にもライセンスすることによってのみ避けられることができる（ガイドライン 4.2.2.1.）。

（iii）販売制限

販売制限についてもまた、競争者間のライセンスと非競争者間のライセンスとの間でなされるべき重要な区別がある。

競争者間の相互的契約における1人または両当事者による積極的または消極的販売に対する制限は、一括適用免除規則4条1項（c）に基づく競争のハードコア制限である。そのような販売制限は、101条1項によってとらえられ、101条3項の条件を満たしそうにはない。そのような制限は、影響を受ける当事者が積極的および消極的に地域ならびに、実際に奉仕したまたは契約がなければ現実的に奉仕することができたであろう顧客グループへ販売することを妨げるので、市場分割と一般的に考えられる。

競争者間の非相互的契約の場合、一括適用免除が、独占的地域または他の当事者のために留保された独占的顧客グループへのライセンシーまたはライセンサーによる積極的または消極的販売に対する制限に適用される（一括適用免除規則4条1項(c)(i)参照)。20%の市場シェア基準を超えるライセンサーおよびライセンシー間の販売制限は、1人または両当事者が著しい程度の市場支配力をもっているとき、101条1項によってとらえられる。しかしながら、そのような制限は、貴重な技術の普及のために不可欠であり、したがって、101条3項の条件を満たす。これは、ライセンサーが、技術自身を開発する地域において相当に弱い市場ポジションをもっている場合である。そのような環境において、積極的販売に対する制限は特に、ライセンサーがライセンスを許諾することを誘引するために不可欠である。そのような制限がなければ、ライセンサーは、その主たる活動地域においてあえて活発な競争に直面するリスクをおかすことになる。同様に、ライセンサーによる積極的販売に対する制限は、特に、ライセンシーが、割り当てられた地域において相当に弱い市場ポジションをもっており、かつ、ライセンシーが、ライセンスされた技術を効率的に開発するために著しい投資をしなければならない場合に、不可欠である。

一括適用免除はまた、地域または、ライセンサーとライセンス契約を締結したときにライセンサーの競争者でなかった他のライセンシーに割り当てられた顧客グループへの積極的販売に対する制限にも及ぶ。しかし、これは、問題の当事者間の契約が非相互的（一括適用免除規則4条1項(c)(ii)参照）であるときのケースのみである。市場シェア基準を超えるそのような積極的制限は、当事者が著しい程度の市場シェアをもつとき、101条によってとらえられそうである。それでもなお制限は、保護されたライセンシーが新しい市場に浸透し、割り当てられた地域においてまたは割り当てられた顧客グループに対して、市場プレゼンスを確立するために要求される期間、101条3項の意味内で不可欠でありそうである。積極的販売に対する保護は、ライセンシーの数名がライセンサーの事業と競争しており、こうして市場に定着したという事実によりライセンシーが直面する不釣り合いをライセンシーが克服することを可能にする。

非競争者間の契約の場合、ライセンサーとライセンシー間の販売制限は、30％市場シェア基準まで一括適用免除される。市場シェア基準を超える、ライセンサーのために独占的に留保された地域または顧客グループへのライセンシーによる積極的および消極的販売に対する制限は、貴重な技術の普及のために不可欠であり、したがって、101 条 1 項の外に落ちるか、または 101 条 3 項の条件を満たす。これは、ライセンサーが、自ら技術を開発する地域において相当に弱い市場ポジションをもっているケースである。そのような環境にいて、積極的販売に対する制限は特に、ライセンサーがライセンスを許諾するように誘引するために不可欠である。そのような制限がなければ、ライセンサーは、その主たる活動地域において活発な競争に直面するリスクをおかすことになる。他のケースにおいて、ライセンシーに対する販売制限は、101 条 1 項によってとらえられ、かつ、101 条 3 項の条件を満たすことはできない。これは、ライセンサーが個々に著しい程度の市場支配力をもっており、また、市場において強い市場ポジションを共に保有するライセンサーによって締結された一連の類似の契約が累積的効果をもつケースでありそうである。

101 条 1 項によってとらえられたとき、ライセンサーに対する販売制限は、市場においてライセンサーの技術の実際の選択肢があり、またはそのような選択肢が第三者によりライセンスされるならば、101 条 3 項の条件を満たしそうである。そのような制限および特に積極的販売に対する制限は、ライセンスされた技術を織り込んだ製品の生産、マーケティングおよび販売に投資するようライセンシーを誘引するために、101 条 3 項の意味内で不可欠でありそうである。投資するライセンシーのインセンティブは、生産コストがロイヤルティ支払いにより負担されていないライセンサーからの直接競争にライセンシーが直面し、おそらく次善のレベルの投資に至るならば、著しく減少されることになる。

非競争者間の契約におけるライセンシー間の販売制限に関して、一括適用免除規則は、地域または顧客グループ間の積極的販売に対する制限を一括適用免除する。30 % の市場シェア基準を超えると、ライセンシーの地域および顧客グループ間の積極的販売に対する制限は、技術内の競争を限定し、かつ、個々のライセンシーが著しい程度の市場支配力をもっているとき、101 条 1 項によってとらえられそうである。しかし、そのような制限は、ただ乗り（free riding）を防ぎ、地域内におけるライセンスされた技術の効率的な開発に必要な投資をするようライセンシーを誘引し、かつ、ライセンスされた製品の販売を促進するためにそのような制限が必要である場合、101条3項の条件を満たす。消極的販売に対する制限は、一括適用免除規則4条2項(b)のハードコアリストにより取り扱われる（ガイドライン4.2.2.2.)。

(iv) 産出制限

競争者間のライセンス契約における相互的産出制限は、一括適用免除規則4条1項(b)に記述されるハードコア制限を構成する。4条1項(b)は、非相互的契約におけるライセンシーまたは相互的契約のライセンシーの1人に課されたライセンサーの技術に対する産出制限に及ばない。そのような制限は、20％の市場シェア基準まで一括適用免除される。市場シェア基準を超えると、ライセンシーに対する産出制限は、当事者が著しい程度の市場支配力をもつ場合、競争を制限する。しかしながら、101条3項は、ライセンサーの技術がライセンシーの技術より大いに良く、かつ産出制限が契約締結前にライセンシーの産出を大いに上回るケースにおいては、適用されそうである。そのケースにおいて、産出制限の効果は、需要が大きくなりつつある市場においてさえも制限されている。101条3項の適用に際し、そのような制限は、ライセンサーができるだけ広くその技術を普及することを誘引するために必要であることも考慮されなければならない。例えば、ライセンサーが、特別の能力をもつ特定の生産サイトにライセンス（サイトライセンス）を限定することができないならば、ライセンサーはその競争者にライセンスするのが気が進まない。ライセンス契約が補完的資産の現実の統合に至る場合、ライセンシーに対する産出制限は、したがって、101条3項の条件を満たす。非競争者間におけるライセンス契約に対する産出制限は、30％の市場シェア基準まで一括適用免除される。非競争者間の契約におけるライセンシーに対する産出制限から来る主な反競争的リスクは、ライセンシー間の技術内競争が減少されることである。そのような反競争的効果の重要性は、ライセンサーおよびライセンシーの市場ポジションならびに産出制限が、ライセンシーがライセンスされた技術を織り込んだ製品の需要を満たすことを妨げる程度に依拠している。

産出制限が、独占的地域または独占的顧客グループと統合されるとき、制限的効果は増大される。2つのタイプの制限の統合は、契約が市場分割に資することをよりありそうにする。

非競争者間の契約におけるライセンシーに課された産出制限はまた、技術の普及を促進することにより競争促進的効果をもつ。技術の供給者として、ライセンサーは、ライセンスされた技術でライセンシーにより生産された産出を、通常、自由に決定できるべきである。ライセンサーが、ライセンシーの産出を自由に決定できないならば、多くの契約はそもそも生まれなかったであろうし、そのことは新しい技術の普及に否定的な影響を与えたであろう。ライセンシーの産出は、ライセンサーの主たる活動地域へ戻る道を見つけて、それらの活動に直接の影響を与えるので、これは特に、ライセンサーが生産者でもあるケースでありそうである。一方、ライセンサーの技術が、ライセンシーに対しライセンサーに留保された地域または顧客グループへ販売することを禁止する販売制限と統合されるときは、産出制限が、ライセンサーの技術の普及を確保するために必要であるということはありそうにない（ガイドライン 4.2.3.）。

（v）使用分野制限

使用分野制限の下で、ライセンスは、1つ以上の技術的応用分野または1つ以上の製品市場もしくは産業セクターのいずれかに制限される。産業セクターは、いくつかの製品市場を含むが、製品市場の部分を含まない。同じ技術が、異なる製品をつくるために使用される、または異なる製品市場に属する製品に織り込まれることができる多くのケースがある。例えば、新しい成形技術が、各製品は別の製品市場に属しながら、プラスティックボトルおよびプラスティックグラスをつくるために使用される。しかしながら、1つの製品市場は、いくつかの技術的使用分野を含む。例えば、新しいエンジン技術は、4シリンダーエンジンおよび6シリンダーエンジンに採用される。同様に、チップセットをつくる技術は、4 CPU までおよび4 CPU 以上でチップセットをつくるために使用される。ライセンスされた技術の使用を、4シリンダーエンジンおよび4 CPU まででチップセットをつくることに制限するライセンスは、技術的使用分野制限を構成する。

使用分野制限が、一括適用免除によって取り扱われ、かつ、特定の顧客制限が、一括適用免除規則の4条1項(c)および4条2項(b)の下でハードコア制限であるとすれば、制限の2つのカテゴリーを区別することが重要である。顧客制限は、特定の顧客グループが確認され、当事者がそのような確認されたグループに販売することを制限されることを前提としている。技術的使用分野制限が、製品市場内で特定の顧客グループに対応するという事実は、制限が顧客制限として分類されるべきであるということを意味しない。例えば、特定の顧客が、圧倒的にまたは独占的に、4以上のCPUをもつチップセットを買うという事実は、4までのCPUをもつチップセットに制限されるライセンスが顧客制限を構成するということを意味しない。しかしながら、使用分野は、契約製品の確認された、かつ意味のある技術的特徴を参照することによって客観的に定義されなければならない。

一定の産出制限は一括適用免除規則4条1項(b)の下でハードコア制限であるので、使用分野制限は、ライセンシーがライセンスされた使用分野内で生産できる産出を制限しないことから、使用分野制限は産出制限であると考えられるべきでないことに注意することは重要である。

使用分野制限は、ライセンシーによるライセンスされた技術の開発を、ライセンスされた技術を開発するライセンサーの能力を制限することなく、1以上の特定の使用分野に制限する。加えて、地域と同じく、これらの使用分野は、独占的または唯一のライセンスに基づきライセンシーに割り当てられることができる。独占的または唯一のライセンスと統合された使用分野制限は、他者にライセンスする方法によることを含めて、ライセンサーが自身の技術そのものを開発することを妨げることによって、自身の技術を開発するライセンサーの能力も制限する。唯一のライセンスの場合、第三当事者へのライセンスは制限される。独占的および唯一のライセンスと結びつけられた使用分野制限は、上記(ii)（独占的ライセンスおよび唯一のライセンス）において扱われた独占的および唯一のライセンスと同じように取り扱われる。特に、競争者間のライセンスについては、これは、相互的独占的ライセンスが4条1項(c）の下でハードコアであることを意味する。

使用分野制限は、主たる焦点の主たる地域外に入る応用のために、ライセンサーがその技術をライセンスすることを奨励することによって、競争促進的効果をもつ。ライセンサーが技術自身を開発する分野または技術の価値がまだよく確立されていない分野において、ライセンシーが活動することをライセンサーが妨げることができなければ、ライセンサーがライセンスする意欲を妨げるものをつくりそうであり、またはライセンサーがより高いロイヤルティを課すことに至るであろう。特定の領域において、侵害クレームを妨げることによってデザインの自由を確保するために、ライセンスがしばしば生じるという事実も考慮されなければならない。ライセンスの範囲内で、ライセンシーは、ライセンサーからの侵害をおそれることなく、自身の技術を開発することができる。

実際のまたは潜在的競争者間の契約におけるライセンシーに対する使用分野制限は、20％市場シェア基準まで一括適用免除される。そのような制限のケースにおける主たる競争的懸念は、ライセンシーが、ライセンスされた使用分野外で競争的力であることを止めるリスクである。このリスクは、契約が不釣り合いな使用分野制限を規定する、競争者間のクロスライセンスのケースにおいて、より大きくなる。使用分野制限は、一方の当事者が、1つの産業領域、製品市場または技術的な使用分野内で、ライセンスされた技術を使用することが許され、他の当事者が、もう1つの産業領域、製品市場または技術的使用分野内で他のライセンスされた技術を使用することが許される場合に、不釣り合いである。競争的懸念は、ライセンスされた技術を使用するために設備されているライセンシーの生産施設が、ライセンスされた使用分野外で製品を自身の技術で生産するためにも使用される場合に、特に生じる。契約が、ライセンスされた使用分野外で産出を減少するようにライセンシーを導きそうであれば、その契約は、101条1項によってとらえられそうである。釣り合った使用分野制限、すなわち、当事者はお互いの技術を同じ使用分野内で使用することがライセンスされている契約は、101条1項によってとらえられそうでない。そのような契約は、契約がなければ存在した競争を制限することはありそうでない。101条1項は、ライセンサーによる侵害をおそれることなく、ライセンスの範囲内でライセンシーがその技術を開発することを単に可能にする契約のケースにおいて適用されることもありそうにない。そのような環境において、使用分野制限は、契約がない場合に存在した競争を基本的には制限しない。契約がない場合、ライセンシーはまた、ライセンスされた使用分野の範囲外で侵害クレームのリスクをおかした。しかしながら、ライセンシーが、ビジネスの正当化なくしてライセンスされた使用分野外の領域における活動を止める、または縮小するならば、これは、一括適用免除規則の4条1項(c)に基づくハードコア制限に達する根本的な市場分割の兆候である。

非競争者間の契約におけるライセンシーおよびライセンサーに対する使用分野制限は、30% 市場シェア基準まで一括適用免除される。ライセンサーが1以上の製品市場または技術的市場分野を自身のために留保する、非競争者間の契約における使用分野制限は、一般的に、競争非制限的または効率性の向上のいずれかである。それらは、ライセンサーが技術自身を開発することを望まない分野において開発のためにライセンスするインセンティブをライセンサーに与えることによって、新しい技術の普及を促進する。ライセンサーが技術自身を開発する分野で、ライセンサーは、ライセンシーが活動することを妨げることができないならば、ライセンサーがライセンスする意欲を妨げるものをつくり出しそうである。

非競争者間の契約において、ライセンサーはまた、普通は、1以上の使用分野に限定された異なるライセンシーに対し唯一のまたは独占的ライセンスを許諾する権利がある。そのような制限は、独占的ライセンスと同じ方法でライセンシー間の技術内競争を制限し、同じ方法で分析される（ガイドライン4.2.4.）。

（vi）内部使用制限（Captive use restrictions）

内部使用制限は、ライセンスされた製品の生産を、ライセンシー自身の生産ならびに維持および修繕のために要求される数量に制限する、ライセンシーに対する義務と定義されることができる。いいかえれば、このタイプの使用制限は、ライセンシー自身の生産に織り込むための投入としてのみ、ライセンスされた技術を織り込む製品を使用するライセンシーの義務の形態をとる。すなわち、その制限は、他の生産者の製品に織り込むためのライセンスされた製品の販売に及ばない。内部使用制限は、20% および 30% の各市場シェア基準まで一括適用免除される。一括適用免除の範囲外では、制限の競争促進的および反競争的効果を吟味する必要がある。この点、競争者間契約を非競争者間契約から区別する必要がある。

競争者間ライセンス契約の場合、自らの製品への織り込みのためにのみライセンスに基づき生産することをライセンシーに課す制限は、ライセンシーが第三者生産者に部品を供給することを妨げる。契約締結前に、ライセンシーが、他の生産者に対する実際のまたは可能な潜在的な部品供給者でなかったならば、内部使用制限は、前から存在する状況に比べて何も変えない。それらの環境において、制限は、非競争者間の契約のケースにおけると同じ方法で評価される。一方、ライセンシーが実際のまたは可能な部品供給者であれば、その活動に対する契約の影響は何かを吟味する必要がある。ライセンサーの技術を使用するために設備することによって、ライセンシーが、独立型のベースで自身の技術を使用することを止め、こうして部品供給者であることを止めるならば、契約は、契約前に存在した競争を制限する。ライセンサーが部品市場において著しい程度の市場支配力をもつとき、それは、深刻な否定的市場効果に帰着する。

非競争者間のライセンス契約の場合、内部使用制限から生じる 2 つの主たる競争的リスクがある。すなわち、投入の供給市場における技術内の競争の制限およびライセンサーがライセンシーに差別的ロイヤルティを課す可能性を高めるライセンシー間の鞘取りの排除。

しかしながら、内部使用制限は、競争促進的ライセンスを促進する。ライセンサーが部品供給者であるならば、制限は、非競争者間で技術の普及が生じるために必要である。制限がなければ、ライセンサーは、ライセンスを許諾しない、またはさもなければ、ライセンサーは、部品市場において自身との直接の競争をつくり出すことから、より高いロイヤルティに対してのみ、そうする。そのようなケースにおいて、内部使用制限は、通常、競争制限的でない、または 101 条 3 項によって保護される、かのいずれかである。しかしながら、ライセンシーは、ライセンスされた製品を自身の製品の取替え部品として販売することを制限されてはならない。ライセンシーは、ライセンシーによって生産された製品のアフターサービスをし、修繕する独立のサービス組織を含め、自身の製品のためのアフターマーケットを受けもつことができなければならない。

ライセンサーが、関連製品市場における部品供給者でない場合、内部使用制限を課す上記の理由は適用されない。そのようなケースにおいて、内部使用制限は、他の製品市場においてライセンサーと競争する生産者にライセンシーが販売しないことを確保することによって、原則的に技術の普及を促進する。しかしながら、ライセンサーのために留保された特定の顧客グループへ販売しないという、ライセンシーに対する制限は、通常、より制限的でない選択肢を構成する。したがって、そのようなケースにおいて、内部使用制限は、技術の普及が生じるために、通常、必要ではない（ガイドライン 4.2.5.）。

（vii）抱き合わせおよび束ね（Tying and bundling）

技術ライセンスの状況において、抱き合わせは、ライセンシーが別の技術のためにライセンスを受けること、またはライセンサーもしくはライセンサーによって指名された誰かから製品（抱き合わされた製品）を購入することを条件に、1つの技術（抱き合わせる製品）のライセンスをするとき、生じる。束ねは、2つの技術または技術と製品が、束（bundle）としてのみ販売される場合に、生じる。しかし、両ケースにおいて、製品および関連技術が、抱き合わせまたは束の部分を形成している製品および技術のそれぞれに対する別個の需要があるという意味において別個であることが条件である。これは、通常、技術または製品が、ライセンスされた技術が抱き合わされた製品なしには開発されることができない、または束の2つの部分が他の部分なしに開発されることができない、というような方法で必要があって連結されているケースではない。以下では、抱き合わせという用語は、抱き合わせおよび束ねの両方を参照する。

市場シェア基準により一括適用免除の適用を制限する一括適用免除規則3条は、競争者間の契約の場合は抱き合わせおよび束ねは20％市場シェア基準を超えて、非競争者間の契約の場合は30％を超えては、一括適用免除されないことを確保している。市場シェア基準は、抱き合わされた製品の市場を含むライセンス契約によって影響を受ける、関連技術または製品に適用される。市場シェア基準を超えると、抱き合わせの反競争的効果および競争促進的効果を比較考量することが必要である。抱き合わせの主たる制限的効果は、抱き合わされた製品の競争供給者の締出しである。抱き合わせは、抱き合わせが新規参入者に同時にいくつかの市場に参入することを強いることから、参入の障壁を起こすことによって、抱き合わせる製品の市場においてライセンサーが市場支配力を維持することも可能にする。さらに、抱き合わせは、抱き合わせる製品と抱き合わされる製品が部分的に代用可能であり、かつ2つの製品が固定した割合で使用されないとき、特に、ライセンサーがロイヤルティを引き上げることを可能にする。抱き合わせは、抱き合わす製品のために引き上げられたロイヤルティに直面して、ライセンシーが投入を取り替えるために切り替えることを妨げる。これらの競争懸念は、契約の当事者が競争者であるかまたは競争者でないかどうかは関係がない。ありそうな反競争的効果を生じる抱き合わせに対して、抱き合わされた製品における競争を制限するためには、ライセンサーは、抱き合わせる製品において著しい程度の市場支配力をもたなければならない。抱き合わせる製品における市場支配力がない場合、ライセンサーは、抱き合わされた製品の供給者を閉め出す反競争的目的のためにその技術を使用することはできない。さらに、非競争義務のケースにおけると同じく、抱き合わせは、明らかな締出し効果が生じるためには、抱き合わされる製品市場の一定の割合を占めなければならない。ライセンサーが、抱き合わせる製品の市場においてよりも抱き合わされた製品の市場において市場支配力をもつ場合、制限は、競争問題が、その起源を抱き合わされる製品の市場にもっており、抱き合わせる製品の市場にもっていないという事実を反映しつつ、非競争条項または数量強制条項として分析される。

抱き合わせはまた、効率性の便益を生じさせる。これは、例えば、抱き合わされる製品が、ライセンスされた技術の技術的に十分な開発のために、またはライセンスに基づく生産がライセンサーおよび他のライセンシーにより尊重された品質基準に一致することを確保するために必要であるケースである。そのようなケースにおいて、抱き合わせは、通常、競争制限的でないか、または101条3項により取り扱われる。ライセンシーがライセンサーの商標もしくはブランドネームを使用する場合、またはライセンスされた技術を織り込む製品とライセンサーとの連結があることが、その他の点で消費者にとって明らかである場合、ライセンサーは、製品の品質が技術の価値または経済的運営者としての評判を傷つけないようなものであることを確保する正当な利益をもっている。さらに、ライセンシー（およびライセンサー）が同じ技術をベースに生産することが消費者に知られている場合、技術が技術的に満足のいくやり方で開発されないならば、ライセンシーはライセンスを受けようとすることはありそうにない。抱き合わせはまた、抱き合わされた製品が、ライセンシーがライセンスされた技術を著しくより効率的に開発することを可能にする場合、競争促進的でありそうである。例えば、ライセンサーが特定のプロセス技術をライセンスする場合、当事者は、ライセンシーがライセンサーから、ライセンスされた技術で使用のために開発され、かつ技術が他の触媒のケースにおけるよりもより効率的に開発されることを可能にする触媒を購入することを合意することもできる。そのようなケースにおいて、制限が 101 条 1 項によってとらえられる場合、101 条 3 項の条件は、市場シェア基準を超えていても満たされそうである（ガイドライン 4.2.6.）。

（viii）非競争義務

技術ライセンスの状況における非競争義務は、ライセンスされた技術と競争する第三者の技術を使用しないライセンシーの義務の形態をとる。非競争義務が、ライセンサーによって供給された製品または追加の技術に及ぶ程度において、その義務は、抱き合わせに関する上記 (vii) 抱き合わせおよび束ねで扱われる。

一括適用免除規則は、競争者間の契約の場合および非競争間の契約の場合のどちらも、それぞれ 20% および 30% の市場シェア基準まで、非競争義務を一括適用免除する。

非競争義務により提示される主たる競争的リスクは、第三者技術の締出しである。非競争義務は、数名のライセンサーが別々の契約（それは累積的使用のケースにおいてである）で第三者技術を使用するとき、ライセンサー間の共謀も容易にする。競争する技術の締出しは、ライセンサーにより課されるロイヤルティに対する競争的圧力を減少し、かつ、ライセンシーが、競争する技術の間で取って代わる可能性を制限することによって、技術間の競争を減少する。両ケースにおいて、主たる問題は締出しであるので、分析は、一般的に、競争者間の契約および非競争者間の契約のケースにおけると同じでありうる。しかしながら、両者が第三者技術を使用しないことを合意する、競争者間のクロスライセンスのケースにおいては、契約は、製品市場における彼らの間の共謀を容易にし、そうすることによって、20％のより低い市場シェア基準を正当化する。

締出しは、潜在的ライセンシーの著しい割合が、すでに1つの技術源または、累積的ケースにおいて、より多くの技術源に結びつけられており、かつ、競争する技術を開発することから妨げられる場合に、生じる。締出し効果は、各個別契約または契約のネットワークが一括適用免除規則により扱われる場合であっても、著しい程度の市場支配力をもつ1人のライセンサーにより締結された契約または数名のライセンサーにより締結された契約の累積的効果から生じる。しかしながら、その後者のケースにおいて、深刻な累積的効果は、市場の50%以下が結びつけられている間は、生じそうにない。その基準を超えると、著しい締出しが、新しいライセンシーのための相当高い参入障壁があるとき、生じそうである。参入障壁が低い場合、新しいライセンシーは、市場に参入し、第三者により保有された商業的に魅力的な技術を開発することができる。第三者による参入および拡大の現実の可能性を決定するために、流通業者がどの程度、非競争義務によってライセンシーに結びつけられているかを考慮することが必要である。第三者技術のみが、それらが必要な生産および流通の資産にアクセスをもつならば、参入の現実の可能性をもつ。いいかえれば、参入の容易さは、ライセンシーの入手可能性のみならず、彼らがどの程度、流通へアクセスをもっているかに依拠している。

ライセンサーが、著しい程度の市場支配力をもつとき、ライセンシーがライセンサーからのみ技術を獲得する義務は、著しい締出し効果に至りうる。ライセンサーの市場ポジションが強ければ強いほど、競争する技術を閉め出すリスクが高くなる。明らかな締出し効果が生じるために、非競争義務は、必然的に市場の著しい部分を占めなければならないというわけではない。それがなくても、締出し効果は、非競争義務が、競争する技術をライセンスすることが最もありそうな企業に目標が定められる場合、生じる。締出しのリスクは、限定された数のみの潜在的ライセンシーであり、かつ、ライセンス契約が、自らの使用用に投入をつくるためにライセンシーによって使用される技術に関係する場合、特に高い。そのようなケースにおいて、新しいライセンサーに対する参入障壁は、高くなりそうである。締出しは、技術が、第三者に販売する製品をつくるために使用されるケースにおいて、より少なくなりそうである。このケースにおいて、制限はまた、問題の投入のために生産能力を結びつけるが、ライセンシーの下流の需要を結びつけない。後者のケースにおいて、市場に参入するために、ライセンサーのみが、適切な生産能力をもつ 1 人以上のライセンシーへのアクセスを必要とする。少数の企業しか、ライセンスを受けるのに要求される資産を所有しない、または獲得することができないならば、非競争義務をライセンシーに課すことによって、ライセンサーは、効率的なライセンシーへのアクセスを競争者に否定することができるということはありそうにない。

非競争義務は、競争促進的効果も生み出す。第 1 に、そのような義務は、ライセンスされた技術、特にノウハウにおいて間違った使い方をするリスクを減少することによって、技術の普及を促進する。ライセンシーが、第三者からの競争する技術をライセンスする権利があるならば、特に、ライセンスされたノウハウが競争する技術の開発において使用され、かつ、こうして、競争者に便益を与えるリスクがある。ライセンシーも、競争する技術を開発するとき、それはまた、通常、ロイヤルティ支払いの監視をより難しくし、それはライセンシングに対する意欲を妨げるものとして働く。

第 2 に、非競争義務は、おそらく独占的地域と結合して、ライセンシーが、ライセンスされた技術に効果的に投資し、かつ開発するインセンティブをもつことを確保するために必要である。契約が、明らかな締出し効果の理由で 101 条 1 項によりとらわれるケースにおいて、例えば、最低の産出またはロイヤルティ義務を課すというより少ない制限的選択肢を選ぶことが、101 条 3 項から便益を得るために必要である。それは、通常、競争する技術を閉め出すより少ない可能性をもつ。

第3に、ライセンサーが、例えば、訓練およびライセンスされた技術をライセンシーの需要に適合させることに、著しい顧客特有の投資をすることを引き受けるケースにおいて、非競争義務または代わりに、最低産出もしくは最低ロイヤルティ義務は、ライセンサーが投資をし、かつ停滞問題を回避するために必要である。しかしながら、通常、ライセンサーは、そのような投資のために一時金支払いを通じて、より少ない制限的選択肢が手に入ることを暗示しつつ、直接請求することができる（ガイドライン 4.2.7.）。

（ix）和解契約（ガイドライン 4.3.）

和解契約における技術権のライセンスは、紛争を和解する、または他の当事者が、自身の技術権を開発することを妨げるために、一方の当事者が知的財産権を行使するということを避ける手段として、貢献する。

技術紛争の関係状況における和解契約は、商業的紛争の多くの他の領域におけると同じく、原則として、善意の法的不一致に対して相互に受入れ可能な妥協を見いだす適法な方法である。当事者は、紛争または訴訟が、あまりにも費用がかかり、時間がかかり、およびまたはその結果について不確かであることが分かるので、紛争または訴訟をやめることを選ぶ。和解は、案件について決定することにおける裁判所およびまたは所管行政官庁の努力を助ける、したがって、便益を向上する厚生をもたらすことができる。一方で、無効な知的財産権を、イノベーションおよび経済活動の不当な障壁として取り除く。

和解契約の関係における、クロスライセンスを含むライセンスは、当事者が、契約が締結された後、技術を開発することができるようにするので、一般的に、競争を制限するようなものではない。ライセンスがなければ、ライセンシーは、市場から排除されることが可能であるケースにおいて、ライセンシーのために和解契約の手段による係争中の技術へのアクセスは、一般的に、101条1項によってとらわれない。

しかしながら、和解契約の個々の条項および条件は、101条1項によってとらわれる。和解契約の状況におけるライセンスは、他のライセンス契約と同じやり方で取り扱われる。これらのケースにおいて、当事者が潜在的または実際の競争者であるかどうかを評価することが特に必要である。

①和解契約における支払制限（Pay-for-restriction）

支払制限または支払遅延（pay-for-delay）タイプの和解契約は、しばしば、技術権の移転を含まないが、他の当事者の市場における参入およびまたは拡大に関する制限の見返りに一方当事者からの価値移転をベースにしており、101条1項によってとらえられる。

しかしながら、そのような和解契約はまた、紛争の基礎となって関係する技術権のライセンスを含んでおり、かつ、その契約は、ライセンシーが当該市場に製品を送り出す能力の遅延またはさもなければ、限定に至るならば、その契約は、101条1項によってとらえられ、特に一括適用免除規則4条1項（c）および（d）に照らして評価されなければならない。そのような契約の当事者が、現実のまたは潜在的な競争者であり、かつ、ライセンサーからライセンシーへの著しい価値移転があったならば、委員会は、市場割当ておよび市場分割のリスクに特に注意する。

②和解契約におけるクロスライセンス

当事者が、お互いにクロスライセンスをし、かつ、第三者へのライセンスに対する制限を含む、当事者の技術の使用に制限を課す和解契約は、101条1項によってとらえられる。当事者が著しい程度の市場支配力をもち、かつ、契約が、妨害をやめるために要求される範囲を明白に超える制限を課す場合、契約は、お互いに妨害するポジションが存在しそうであるとしても、101条1項によってとらえられそうである。101条1項は、当事者が市場を分割する、または市場価格に著しい影響を与える相互的ランニングロイヤルティを固定する場合、特に適用されそうである。

和解契約に基づき、当事者は、お互いの技術を使用する権利があり、かつ、契約が将来の開発に及ぶ場合、当事者の革新するインセンティブに対して契約がどのような影響を与えるかを評価することが必要である。当事者が著しい程度の市場支配力をもつケースにおいて、契約は、当事者がお互いに対して競争的優位を得ることをその契約が妨げる場合、101条1項によってとらえられそうである。一方の当事者が相手方に対して競争的優位を得る可能性を排除する、または著しく減少する契約は、革新するインセンティブを減少し、かつ、こうして、競争的プロセスの非常に重要な部分に悪影響を与える。そのような契約は、101 条 3 項の条件を満たしそうにもない。制限は 101 条 3 項の 3 番目の条件の意味内で不可欠であると考えられることは特にありそうにない。契約の目的の達成、つまり、当事者が、他の当事者によって妨害されることなく、自身の技術を開発し続けることができることを確保することは、当事者が将来のインセンティブを分かつことに合意することを要求しない。しかしながら、ライセンスの目的が、当事者がそれぞれの技術を開発することを可能にすることであり、かつ、ライセンスが、彼らが同じ技術的解決策を使用するように導かない場合、当事者は、お互いに対し競争的優位を得ることが妨げられることはなさそうである。そのような契約は、第三者による将来の侵害クレーム妨げることによって、単にデザインの自由をつくり出すにすぎない。

③和解契約における非係争条項

和解契約の状況において、非係争義務条項は、一般的に、101 条 1 項の外に落ちると考えられている。当事者が、紛争の中心である知的財産権を事後において挑戦しないことを合意することは、そのような契約において固有である。実際、契約の目的そのものは、現在の紛争を和解し、およびまたは将来の紛争を避けることである。

しかしながら、和解契約における非係争条項は、特定の環境の下、反競争的である、かつ、101 条 1 項によってとらえられる。知的財産権に挑戦する自由の制限は、知的財産権の特定の主題の部分ではなく、競争を制限する。例えば、非係争条項は、知的財産権が不正確なまたは誤解させる情報に従って許諾された場合、101 条 1 項を侵害する。そのような条項の精査も、ライセンサーが、技術権をライセンスするほかに、財政的にまたはそうでなく、ライセンシーが技術権の有効性に挑戦しないことを合意するよう促す、または技術権がライセンシーの生産のために必要な投入であるならば、必要である。

（x）技術プール（ガイドライン 4.4.）

技術プールは、2 以上の当事者がプールへの貢献者のみならず、第三者への貢献者にライセンスされる技術のパッケージを集める協定として定義される。技術プールは、それらの構成の点から、限られた数のメンバー間のたった1つの協定またはプールされる技術をライセンスする組織が別の実体に委託される入念な組織的協定の形態をとることができる。両ケースにおいて、プールは、ライセンシーが、たった1つのライセンスをベースに市場で活動することを可能にする。

技術プールと標準との間に固有の連結はないが、プールにおける技術はしばしば、全体にまたは部分的に、事実上のまたは法律上の産業標準を支持する。異なる技術プールは、競争する標準を支持する。技術プールは、特に、取引コストを削減し、かつ、二重に無用のものとして扱うことを避けるために、累積ロイヤルティに対する制限を設定することによって、競争促進的効果を生み出す。プールの形成は、プールによって扱われる技術のワンストッププライセンスを可能にする。これは、知的財産権が広く行き渡っており、かつ、市場で活動するために、ライセンスが、著しい数のライセンサーから獲得される必要がある領域において、特に重要である。ライセンシーが、ライセンスされる技術の応用に関して進行中のサービスを受け取るケースにおいて、共同のライセンスおよびサービスは、さらなるコスト削減に至る。パテントプールは、競争促進的標準の実施において有益な役割も果たす。

技術プールは、競争制限的でもある。技術プールの形成は、代用技術から単にまたは主として構成されるプールのケースにおいて、価格協定カルテルに至る、プールされた技術の共同販売を必然的に意味する。さらに、当事者間の競争の減少に加えて、技術プールはまた、それらが産業標準を支持する、または事実上の標準を確立するときに、代わりの技術を閉め出すことによってイノベーションの減少に帰すことになる。標準および関係技術プールの存在は、新しいまたは改良された技術が市場に参入することをより困難にする。

技術プールを設立し、活動のための条項および条件を提示する契約（当事者の数に関係なく）は、プールを設立する契約が特定のライセンシーが契約製品を生産することを許さないので、一括適用免除によって取り扱われない。そのような契約は、これらのガイドラインによってのみ扱われる。プール協定は、他のタイプのライセンス関係においては生じない、含まれる技術の選択およびプールの運営に関する多くの特定の問題を引き起こす。プールからのライセンシングアウト（licensing out）は、貢献者が一般にそのようなライセンスアウトの条件を決定することを考慮すると、一般的に、多数当事者の契約であり、したがって、また、一括適用免除によって扱われない。プールからのライセンスアウトは、下記（xii）プールとライセンシー間の契約における個別制限の評価において取り扱われる。

（xi）技術プールの形成と運営の評価

技術プールが、形成され、組織化され、運営される方法は、競争制限の目的または効果をもつリスクを減少することができ、かつ、協定が競争促進的であるという確信を提供することができる。可能な競争的リスクと効率性の評価において、委員会は、とりわけ、プール形成プロセス、すなわち、独立専門家がプールの形成と運営にかかわっている程度を含め、プールされる技術の選択と性質の透明性、および微妙な情報の交換に対する保護策と独立した紛争解決メカニズムが用意されているかどうかを考慮する。

① オープン参加

標準およびプール形成プロセスにおける参加が、関心をもつすべての当事者に開かれているとき、プールに含まれる技術は、プールが技術所有者の限られたグループによって設立されるときよりも、価格および品質の考慮をベースに選択される。

② プールされる技術の選択と性質

競争的リスクと技術プールの潜在能力を高める効率性は、プールされる技術間の関係とプールの外での技術との関係に大いに依拠している。2つの基本的な区別が、すなわち、技術的補足物と技術的代用品との間に、および不可欠技術と非不可欠技術の間に、なされなければならない。

2つの技術は、両者が、製品を生産するために、または技術が関係するプロセスを実施するために要求されるとき、代用品に対立するものとして補足物である。逆に、2つの技術は、いずれの技術も保有者が製品を生産する、または技術が関係するプロセスを実施するとき、代用品である。

技術は、(ア)特定の製品を生産する、もしくはプールされる技術が関係する特定のプロセス実施する、または（イ）そのような製品を生産する、もしくはプールされる技術を含む標準に従ってそのようなプロセスを実施する、そのどちらのためにでも不可欠でありうる。最初のケースにおいて、技術は、プール内または外でその技術のために実行可能な代用品がなければ（商業的および技術的観点の両者から）、かつ、問題の技術が、製品を生産しまたはプールが関係するプロセスを実施する目的のために技術パッケージの必要部分を構成しているならば、不可欠（非不可欠に対立するものとして）である。２番目のケースにおいて、技術は、それが、プールにより支持された標準に従うために必要とされるプールされた技術（標準不可欠技術）の必要部分（すなわち、実行可能な代用品がない）を構成するならば、不可欠である。不可欠である技術は、必然的に補足物でもある。

プールにおける技術が代用品であるとき、ライセンシーは、問題の技術間の対抗から利益を得ないので、ロイヤルティは、そうでなかったときより高くなりそうである。プールにおける技術が補足物であるとき、１つの技術のためのより高いロイヤルティが、通常、補足的技術に対する需要を減少することを考慮しない間、各当事者は自身の技術のためにロイヤルティを固定することに対立するものとして、パッケージのために共通のロイヤルティを固定することができるので、技術プールは、取引コストを減少し、かつより低い全ロイヤルティに至る。補足技術のためにロイヤルティが別個に設定されるならば、これらのロイヤルティの総額は、同じ補足技術のパッケージのためにプールによりひとまとめにして設定されたであろうものをしばしば超える。補足技術と代用技術との間の区別は、すべてのケースにおいて、技術は、一部分は補足物であり、かつ一部分は代用品であるので、明確でない。２つの技術の統合から生じる効率性のため、ライセンシーが両技術を要求しそうであるとき、技術は、部分的に代用可能であるとしても、補足物として扱われる。そのようなケースにおいて、プールがなければ、ライセンシーは、１つのみの技術を使用することに対立するものとして両技術を使用する追加的な経済的便益のために、両技術をライセンスすることを望みそうである。プールされる技術の補足性についてそのような需要に基づいた証拠がなければ、（ア）プールに技術を貢献する当事者は、彼らの技術を個別に自由にライセンスするままであり、(ｲ)プールは、すべての当事者の技術のパッケージのライセンシングのほかにも、各当事者の技術を別々にもライセンスする用意があり、かつ、(ｳ)すべてのプールされる技術に対し別個のライセンスをとるときに課される全ロイヤルティが、技術の全パッケージのためにプールにより課されるロイヤルティを超さない、のであれば、これらの技術は補足物である、という兆候である。

プールに代用技術を含めることは、一般的に、それが集合的な束ね（collective bundling）に達し、かつ競争者間の価格協定に至ることができるので、技術内競争を制限する。委員会は、一般原則として、プールにおける重要な代用技術を含めることは、101条1項の違反を構成すると考えている。委員会はまた、著しい程度に代用技術を含むプールのケースにおいては、101条3項の条件は満たされそうでないと考えている。問題の技術が選択できるものであると仮定すれば、取引コストの削減は、両技術をプールに含むことからは生じない。プールがなければ、ライセンシーは両技術を要求しなかったであろう。競争懸念を緩和するためには、当事者が独立して自由にライセンスするままであることは十分でない。これは、当事者が、共同して市場支配力を行使することを可能にする、プールのライセンシング活動の土台を削り取らないために、独立してライセンスするインセンティブをほとんどもちそうにないからである。

③　独立専門家の選択と機能

技術プールの競争的リスクと効率性を評価する際のもう1つの要素は、独立専門家がプールの形成と運営にかかわっている程度である。例えば、技術が、プールにより支持された標準にとって不可欠であるかどうかの評価は、しばしば、特別の知見を要求する複雑な問題である。独立専門家の選択プロセスにかかわることは、不可欠技術のみを含む約束が実際に実行されていることを確保するのに役立つことができる。プールに含まれる技術の選択が独立専門家によって実行される場合、これは、利用できる技術的解決策の間の競争をも促進する。

委員会は、専門家がそのように選択されたか、かつ、専門家がなすべき機能を考慮する。専門家は、プールを形成した企業から独立しているべきである。専門家が、ライセンサー（またはプールのライセンシング活動）に連結されている、またはさもなければ、彼らに頼っているならば、専門家がかかわっていることは、より小さいウエートが与えられる。専門家は、委託されたさまざまな機能を果たすために必要な技術的知見ももっていなければならない。専門家の機能は、特に、プールに含まれることを推薦された技術が有効であり、かつそれらが不可欠であるかどうかの評価を含む。

最後に、プールを設立する法律文書において予知された紛争解決メカニズムは、関連があり、かつ、考慮されるべきである。紛争解決が、プールおよびそのメンバーから独立している組織または人に委託されればされるほど、紛争解決は、中立的なやり方で働きそうである。

④　微妙な（sensitive）情報の交換に対する保護策

当事者の間で微妙な情報を交換するための協定を考慮することも関連がある。寡占市場において、価格設定（pricing）および産出データのような微妙な情報の交換は、共謀を容易にする。そのようなケースにおいて、委員会は、微妙な情報が交換されないことを確保する保護策がどの程度用意されているかを考慮する。独立専門家およびライセンシング組織は、ロイヤルティを計算し、かつ証明するために必要である産出および販売データが、影響を受ける市場で競争する企業に開示されないことを確保することによって、この点において重要な役割を演じる。

関心のある当事者が、競争するプール間での微妙な情報の交換に至る、競争する標準のプールを形成する努力に同時に参加するとき、特別な注意が払われるべきである。

⑤　安全圏

ライセンシングアウト（licensing out）を含む、プールの形成および運営は、当事者の市場ポジションにかかわりなく、以下の条件すべてが満たされるならば、一般的に101条1項の外に落ちる。

(ア)　プール形成プロセスへの参加が、すべての関心のある知的財産権所有者に開かれている、

(イ)　十分な保護策が、不可欠技術（したがって、必然的に補足物でもある）のみがプールされることを確保するために採用される、

(ウ)　十分な保護策が、微妙な情報（価格設定および産出データのような）の交換が、プールの形成および運営のために必要であるものに制限されることを確保するために採用される、

(エ)　プールされる技術が、非独占的ベースでプールにライセンスされる、

(オ)　プールされる技術が、FRAND（fair, reasonable and non-discriminatory）条項に基づき、すべての潜在的ライセンシーにライセンスアウトされる、

(カ)　プールに技術を貢献する当事者およびライセンシーが、プールされる技術の有効性および不可欠性に自由に挑戦する、および

(キ)　プールに技術を貢献する当事者およびライセンシーが、競争する製品および技術を自由に開発し続けること。

⑥　安全圏外

重要な、補足的だが、不可欠でない特許がプールに含まれている場合、第三者の技術の締出しのリスクがある。技術がプールに含まれ、パッケージの部分としてライセンスされると、ライセンシーは、パッケージのために支払われたロイヤルティがすでに代用技術を含むとき、競争する技術をライセンスするインセンティブをほとんどもちそうにない。さらに、製品を生産する、または技術プールが関係するプロセスを実施する目的のために必要でない、もしくはプールされる技術を含む標準に従うために必要でない技術の包含は、ライセンシーが必要としない技術のために支払うことも強いる。そのような補足的技術の包含は、こうして集合的な束ねに達する。プールが不可欠でない技術を包含する場合、契約は、プールが関連市場において重要なポジションをもつとき、101条1項によってとらえられそうである。

代用および補足の技術は、プール形成後開発されると仮定すれば、不可欠性を評価する必要性は、必ずしもプールの形成で終わらない。技術は、新しい第三者の技術の出現のため不可欠でなくなる。そのような新しい第三者の技術がライセンシーに提案され、かつライセンシーによって要求されることが、プールに注目される場合、締出しの懸念は、新しい現在のライセンシーに、相応して引き下げられたロイヤルティ料率で、もはや不可欠でない技術

なしに、ライセンスを提案することによって回避される。

不可欠でないが、補足的な技術を含む技術プールの評価において、委員会は、その総体的な評価において、なかんずく、以下の要素を考慮する。

(ア)　例えば、すべての技術が、大きい数の技術の観点から不可欠であるかどうかを評価するコストのために、不可欠でない技術をプールに含むための競争促進的理由があるかどうか。

(イ)　ライセンサーは、それぞれの技術を独立して自由にライセンスし続けるかどうか。プールが限られた数の技術から成っており、かつプールの外に代用技術がある場合、ライセンシーは、1部はプールの一部分を形成する技術および1部は第三者により所有される技術から構成される自身の技術的パッケージを組み立てることを望むかどうか。

(ウ)　プールされる技術が、すべてのプールされる技術の使用を要求しないいくつかの異なる応用をもつケースにおいて、プールは、たった1つのパッケージとしてのみ技術を提案するのかどうか、または各々が問題の応用に関連する技術のみを含む、別個の応用のために別々のパッケージを提案するのかどうか。後者のケースにおいて、特定の製品またはプロセスに不可欠でない技術は、不可欠な技術に抱き合わされない。

(エ)　プールされる技術は、たった1つのパッケージとしてのみ利用できるのかどうか、またはライセンシーは、相応して減少するロイヤルティでパッケージの一部のみのためにライセンスを獲得する可能性をもつのかどうか。パッケージの一部のみのためにライセンスを獲得する可能性は、プールの外で、ライセンシーがロイヤルティの相応する減少を獲得する場合は特に、第三者技術の締出しのリスクを減少する。これは、全ロイヤルティのシェアがプールにおける各技術に割り当てられたことを要求する。プールと個々のライセンシーとの間で締結されたライセンス契約が、比較的長い存続期間であり、かつ、プールされる技術が事実上の産業標準を支持する場合、プールが、新しい代用技術の市場へのアクセスを閉め出すという事実も考慮されなければならない。そのようなケースにおける締出しのリスクの評価において、ライセンシーが、合理的な通知でライセンスの一部を解消することができ、ロイヤルティの相応する減少を獲得できるか否かを考慮することは適切である。

競争を制限する技術プール協定でさえも、101 条 3 項に基づいて考慮され、競争に対する否定的効果と比較考量されなければならない競争促進的効率性を生じる。例えば、不可欠でない特許をプールに含むための競争促進的理由があり、かつ、ライセンシーが、ロイヤルティの相応する減少でパッケージの一部のみのためにライセンスを獲得する可能性をもつ場合は、技術プールが不可欠でない技術を含むが、安全圏のすべての他の規準を満たすならば、101 条 3 項の条件は満たされそうである（ガイドライン 4.4.1.）。

（xii）プールとライセンシー間の契約における個別制限の評価

技術プールを設立する契約が 101 条を侵害しない場合、次のステップは、プールによってライセンシーと合意されたライセンスの競争的効果を評価することである。これらのライセンスが許諾される条件は、101 条 1 項によってとらえられる。この（xii）の目的は、1 つの形態または他の形態で、技術プールからのライセンス契約において共通して発見され、かつ、プールの全関係において評価される必要がある、一定の数の制限を扱うことである。一般的に、一括適用免除規則は、プールと第三者ライセンシーとの間で締結されたライセンス契約に適用されない。したがって、この（xii）は、技術プールの関係においてライセンシングに固有であるライセンシング課題の個別の評価を扱う。

プールとライセンシー間の技術移転契約の評価をする際に、委員会は、以下の主原則によって案内される。

① プールの市場ポジションが強ければ強いほど、反競争的効果のリスクは大きくなる。

② プールの市場ポジションが強ければ強いほど、すべての潜在的ライセンシーにライセンスしない、または差別的条件でライセンスする契約は、ますます 101 条を侵害しそうである。

③ プールは、不当に、第三者技術を閉め出すべきでない、または代わ

りのプールの形成を制限すべきでない。

④　技術移転契約は、一括適用免除規則4条にリストされたハードコア制限を含むべきではない。

101条と両立できる技術プールを設立する企業は、技術パッケージのためのロイヤルティ（FRAND条件でライセンスに与えられる約束に従って）ならびに、標準が設定される前または後のいずれでも、ロイヤルティの各技術のシェアを、通常、自由に交渉し、決定する。そのような契約は、プールの設立に固有のものであり、それ自身競争制限的と考えられることはできない。特定の環境において、プールのロイヤルティが、1以上の不可欠技術に著しい程度の市場支配力を与えることによって標準の選択がロイヤルティ料率を増加することを避けるために、標準が選ばれる前に、合意されるならば、より効率的である。しかしながら、ライセンシーは、ライセンスに基づいて生産された製品の価格を自由に決定し続けなければならない。

プールが市場において支配的なポジションをもつ場合、ロイヤルティおよび他のライセンシング条件は、過大でなく、差別的でなく、かつライセンスは非独占的であるべきである。

これらの要求は、プールが開かれており、かつ、締出しおよび下流の市場における他の反競争的効果に至らないことを確保するために必要である。しかしながら、これらの要求は、異なるユーザーに対する異なるロイヤルティを排除しない。異なる製品市場に異なるロイヤルティ料率を適用することは、製品市場内に差別があるべきでないが、一般的に、競争制限的とは考えられていない。特に、プールのライセンシーの取扱いは、彼らがライセンサーでもあるかどうかに依拠すべきでない。したがって、委員会は、ライセンサーおよびライセンシーが同じロイヤルティ義務に従うかどうかを考慮する。

ライセンサーおよびライセンシーは、競争する製品および標準を自由に開発するべきである。彼らはまた、プール外で自由にライセンスを許諾し、獲得するべきである。これらの要求は、第三者技術の締出しのリスクを制限する、およびプールがイノベーションを制限しない、かつ、競争する技術的解決策の創造を排除しないことを確保するために必要である。プールされる技術が、（事実上の）産業標準に含まれる場合、かつ、当事者が非競争義務に従う場合、プールは、新しいおよび改良された技術および標準の開発を妨げる特定のリスクをつくり出す。

グラントバック義務は、非独占的であり、かつ、プールされる技術の使用に不可欠または重要である開発に限られるべきである。これは、プールが、プールされる技術の改良技術をえさとし、かつそれから利益を得ることを可能とする。当事者が、グラントバック義務によって、プールされる技術の開発が、ライセンシーのライセンスに基づいて働く下請業者を含む、不可欠特許を保有または獲得するライセンシーによって妨げられることができないことを確保することは正当である。

技術プールに関して確認される問題の1つは、プールが無効な特許を隠すリスクである。プーリング（pooling）は、プールにおける1つの特許のみが有効であれば、挑戦は失敗するので、成功する挑戦のためのコストおよびリスクを引き上げる。プールにおける無効特許の隠蔽は、ライセンシーがより高いロイヤルティを支払うことを義務付け、かつ、無効な特許によって含まれる分野におけるイノベーションも妨げる。このような関係において、プールと第三者間の技術移転契約における、解消条項を含む非係争条項は、101条1項内に落ちそうである。

プールは、しばしば、特許および特許申請の両者を含む。プールに特許申請を提出する特許申請者が、より早い許諾を可能にする特許申請手続を使うならば、これは、それらの特許の有効性と範囲に関するより早い確実性を達成する（ガイドライン 4.2.2.）。

3　わが国独占禁止法による規制

わが国において公正取引委員会は、「知的財産の利用に関する独占禁止法上の指針（平成28年改正、以下「本指針」という）」を公表している。

本指針で対象とする技術の利用に係る制限行為には、ある技術に権利を有する者が、①他の者に当該技術を利用させないようにする行為、②他の者に当該技術を利用できる範囲を限定して許諾する行為および③他の者に当該技術の利用を許諾する際に相手方が行う行為に制限を課する行為がある。技術の制限行為には、技術を有する者が、自ら単独で制限を行う場合もあれば、他の事業者と共同で行う場合もあり、技術を利用しようとする者に対して直接に制限を課す場合もあれば、第三者を通じて制限を課す場合もある。また、これらの制限には、契約中の制限条項として規定されるもののほか、事実上の制限もある。

本指針では、その形態や形式にかかわらず、実質的に技術の利用に係る制限行為に当たるものは、すべて対象としている。

本指針で示される考え方は、事業者の事業活動が行われる場所がわが国の内外いずれであるかを問わず、わが国市場に影響が及ぶ限りにおいて適用される。

（1）　私的独占および不当な取引制限の観点からの考え方

（a）私的独占の観点からの検討

技術の利用に係る制限行為が、「他の事業者の事業活動を排除し、または支配する」（独占禁止法２条５項）ものである場合には、私的独占の規定の適用が問題となる。技術の利用に係る制限行為が「排除」または「支配」に該当するか否かは、行為の態様により一義的に決まるおのではなく、それぞれの行為の目的や効果を個別的に検討して判断することになる。

（ⅰ）技術を利用させないようにする行為

ある技術に権利を有する者が、他の事業者に対し当該技術の利用についてライセンスを行わない（ライセンスの拒絶と同視できる程度に高額のライセンス料を要求する場合も含む。以下同じ）行為や、ライセンスを受けずに当該技術を事業者に対して差止請求訴訟を提起する行為は、当該権利の行使とみられる行為であり、通常それ自体では問題とならない。しかしながら、これらの行為が、以下のように、知的財産制度の趣旨を逸脱し、または同制度の目的に反すると認められる場合には、権利の行使と認められず、一定の取引分野における競争を実質的に制限する場合には、私的独占に該当することになる。

ア　パテントプールを形成している事業者が、新規参入者や特定の既存事業者に対するライセンスを合理的理由なく拒絶することにより当該技術を使わせないようにする行為は、他の事業者の事業活動を排除する行為に該当する。

イ　ある技術が一定の製品市場において有力な技術と認められ、多数の事業者が現に事業活動において、これを利用している場合に、これらの事業者の一部の者が、当該技術に関する権利を権利者から取得した上で、他の事業者に対してライセンスを拒絶することにより当該技術を使わせないようにする行為は、他の事業者の事業活動を排除する行為に該当する場合がある（横取り行為）。

ウ　一定の技術市場または製品市場において事業活動を行う事業者が、競争者（潜在競争者を含む）が利用する可能性のある技術に関する権利を網羅的に集積し、自身では利用せず、これらの競争者に対してライセンスを拒絶することにより、当該技術を使わせないようにする行為は、他の事業者の事業活動を排除する行為に該当する場合がある（買い集め行為）。

エ　多数の事業者が製品の規格を共同で策定している場合に、自らが権利を有する技術が規格として採用された際のライセンス条件を偽るなど、不当な手段を用いて当該技術を規格に採用させ、規格が確立されて他の事業者が当該技術についてライセンスを受けざるをえない状況になった後でライセンスを拒絶し、当該規格の製品の開発や製造を困難とする行為は、他の事業者の事業活動を排除する行為に該当する。

また、公共機関が、調達する製品の仕様を定めて入札の方法で発注する際、ある技術を有する者が公共機関を誤認させ、当該技術のみによって実現できる仕様を定めさせることにより、入札に参加する事業者は当該技術のライセンスを受けなければ仕様に合った製品を製造できない状況の下で、他の事業者へのライセンスを拒絶し、入札への参加ができないようにする行為についても同様である。

オ　FRAND（fair, reasonable and non-discriminatory）宣言をした標準規格必須特許を有する者が、FRAND 条件でライセンスを受ける意思を有する者に対し、ライセンスを拒絶し、または差止請求訴訟を提起することや、FRAND 宣言を撤回して、FRAND 条件でライセンスを受ける意思を有する者に対し、ライセンスを拒絶し、または差止請求訴訟を提起することは、規格を採用した製品の研究開発、生産または販売を困難にすることにより、他の事業者の事業活動を排除する行為に該当する場合がある。上記については、自らFRAND宣言をした者の行為であるか、またはFRAND宣言がされた標準規格必須特許を譲り受けた者の行為であるか、またはFRAND宣言がされた標準規格必須特許の管理を委託された者の行為であるかを問わない。

FRAND条件でライセンスを受ける意思を有する者であるか否かは、ライセンス交渉における両当事者の対応状況（例えば、具体的な標準規格必須特許の侵害の事実および態様の提示の有無、ライセンス条件およびその合理的根拠の提示の有無、当該提示に対する合理的な対案の速やかな提示等の対応状況、商慣習に照らして誠実に対応しているか否か）等に照らして、個別事案に即して判断される。

（ii）技術の利用範囲を制限する行為

ある技術に権利を有する者が、他の事業者に当該技術を利用する範囲を限定してライセンスをする行為は、権利の行使とみられる行為であり、通常はそれ自体では問題とならない。しかしながら、技術を利用できる範囲を指示し守らせる行為は、ライセンシーの事業活動を支配する行為に当たりうるので、知的財産制度の趣旨を逸脱する等と認められる場合には、権利の行使と認められず、一定の取引分野における競争を実質的に制限するときには、私的独占に該当することになる。

（iii）技術の利用に条件を付す行為

ある技術に権利を有する者が、当該技術を他の事業者にライセンスする際に条件を付す行為は、その内容によっては、ライセンシーの事業活動を支配する行為または他の事業者の事業活動を排除する行為に当たりうるので、一定の取引分野における競争を実質的に制限する場合には、私的独占に該当することになる。

ア　ある技術に権利を有する者が、当該技術を用いて事業活動を行う事業者に対して、マルチプルライセンスを行い、これら複数の事業者に対して、当該技術を用いて供給する製品の販売価格、販売数量、販売先等を指示して守らせる行為は、これら事業者の事業活動を支配する行為に当たりうる。

イ　製品の規格に係る技術または製品市場で事業活動を行う上で必要不可欠な技術（必須技術）について、当該技術に権利を有する者が、他の事業者にライセンスする際、当該技術の代替技術を開発することを禁止する行為は、原則として、ライセンシーの事業活動を支配する行為に当たる。また代替技術を採用することを禁止する行為は、原則として、他の事業者の事業活動を排除する行為に当たる。

ウ　製品の規格に係る技術または製品市場で事業活動を行う上で必要不可欠な技術（必須技術）について、当該技術に権利を有する者が、他の事業者にライセンスする際に、合理的理由なく、当該技術以外の技術についてもライセンスを受けるように義務を課する行為、またはライセンサーの指定する製品を購入するように義務を課する行為は、ライセンシーの事業活動を支配する行為または他の事業者の事業活動を排除する行為に当たりうる。

（b）不当な取引制限の観点からの検討

技術の利用に係る制限行為が、「事業者が他の事業者と共同して、相互にその事業活動を拘束しまたは遂行する」（独占禁止法２条６項）ものである場合は、不当な取引制限の規定の適用が問題となる。

（i）パテントプール

ア　パテントプールとは、ある技術に権利を有する複数の者が、それぞれ有する権利または当該権利についてライセンスする権利を一定の企業体や組織体（その組織の形態にはさまざまなものがあり、また、その組織を新たに設立する場合や既存の組織が利用される場合がありうる）に集中し、当該企業体や組織を通じてパテントプールの構成員等が必要なライセンスを受けるものをいう。パテントプールは、事業活動に必要な技術の効率的利用に資するものであり、それ自体が直ちに不当な取引制限に該当するものではない。

イ　しかしながら、一定の技術市場において代替関係にある技術に権利を有する者同士が、それぞれ有する権利についてパテントプールを通じてライセンスをすることとし、その際のライセンス条件（技術の利用の範囲を含む）について共同で取り決める行為は、当該技術の取引分野における競争を実質的に制限する場合には、不当な取引制限に該当する。

ウ　一定の製品市場で競争関係に立つ事業者が、製品を供給するために必要な技術を相互に利用するためにパテントプールを形成し、それを通じて必要な技術のライセンスを受けるとともに、当該技術を用いて供給する製品の対価、数量、供給先等についても共同して取り決める行為は、当該製品の取引分野における競争を実質的に制限する場合には、不当な取引制限に該当する。

エ　一定の製品市場で競争関係に立つ事業者が、製品を供給するために必要な技術を相互に利用するためにパテントプールを形成し、他の事業者に対するライセンスは当該プールを通じてのみ行うこととする場合において、新規参入者や特定の既存事業者に対するライセンスを合理的理由なく拒絶する行為は、共同して新規参入を阻害する、または共同して既存事業者の事業活動を困難にするものであり、当該製品の取引分野の競争を実質的に制限する場合には、不当な取引制限に該当する。

（ii）マルチプルライセンス

マルチプルライセンスとは、ある技術を複数の事業者にライセンスすることをいう。マルチプルライセンスにおいて、ライセンサーおよび複数のライセンシーが共通の制限を受けるとの認識の下に、当該技術の利用の範囲、当該技術を用いて製造する製品の販売価格、販売数量、販売先等を制限する行為は、これら事業者の事業活動の相互拘束に当たり、当該製品分野の競争を実質的に制限する場合には、不当な取引制限に該当する。また、同様の認識の下に、当該技術の改良・応用研究、その成果たる技術（以下「改良技術」という）についてライセンスする相手方、代替技術の採用等を制限する行為も、技術の取引分野における競争を実質的に制限する場合には、不当な取引制限に該当する。

(iii)クロスライセンス

ア　クロスライセンスとは、技術に権利を有する複数の者が、それぞれの権利を相互にライセンスすることをいう。クロスライセンスは、パテントプールやマルチプルライセンスに比べて、関与する事業者が少数であることが多い。

イ　関与する事業者が少数であっても、それらの事業者が一定の製品市場において占める合算シェアが高い場合に、当該製品の対価、数量、供給先等について共同で取り決める行為や他の事業者へのライセンスを行わないことを共同で取り決める行為は、前記のパテントプールと同様の効果を有することとなるため、当該製品の取引分野における競争を実質的に制限する場合には、不当な取引制限に該当する。

ウ　技術の利用範囲としてそれぞれが当該技術を用いて行う事業活動の範囲を共同して取り決める行為は、技術または製品の取引分野における競争を実質的に制限する場合には、不当な取引制限に該当する。

（2）　不公正な取引方法の観点からの考え方

（i）基本的な考え方

①　不公正な取引方法の観点からは、技術の利用に係る制限行為が、一定の行為要件を満たし、かつ、公正な競争を阻害するおそれ（以下「公正競争阻害性」という）があるか否かが問題となるところ、行為者（行為者と密接な関係を有する事業者を含む。以下同じ。）の競争者等の取引機会を排除し、または当該競争者等の競争機能を低下させるおそれがあるか否か、また、価格、顧客獲得等の競争そのものを減殺するおそれがあるか否か、により判断されるものを中心に述べることとする。その際、前者に関しては、制限行為の影響を受ける事業者の数、これら事業者と行為者との間の競争の状況等、競争に及ぼす影響について個別に判断する。

②　公正競争阻害性については、上記のほか、競争手段として不当かどうか、また、自由競争基盤の侵害となるかどうかを検討すべき場合があり、その際は、ライセンシーの事業活動に及ぼす影響の内容および程度、当該行為の相手方の数、継続性・反復性等を総合的に判断することになる。

ア　競争手段として不当かどうかについては、例えば、技術取引において、自己が権利を有する技術の機能・効用や権利の内容について誤認させる行為や、競争者の技術に関して誹謗中傷を流布する行為について問題となる。また、自らが有する権利が無効であることを知りながら差止請求訴訟を提起することによって競争者の事業活動を妨害する行為についても同様である。

イ　自由競争基盤の侵害となるかどうかについては、主として、ライセンサーの取引上の地位がライセンシーに対して優越している場合に、ライセンスに当たりライセンシーに不当に不利益な条件を付す行為について問題となる。なお、ライセンサーの取引上の地位がライセンシーに対して優越しているかどうかの判断に当たっては、当該ライセンスに係る技術の有力性、ライセンシーの事業活動における当該ライセンスに係る技術への依存度、ライセンサーおよびライセンシーの技術市場または製品市場における地位、当該技術市場または製品市場の状況、ライセンサーとライセンシーの間の事業規模の格差等を総合的に考慮する。

（ii）技術を利用させないようにする行為

ある技術に権利を有する者が、他の事業者に対して当該技術の利用についてライセンスを行わないことや、ライセンスを受けずに当該技術を利用する事業者に対して差止請求訴訟を提起することは、通常は当該権利の行使とみられる行為であるが、以下のような場合には、権利の行使とは認められず、不公正な取引方法の観点からは問題となる。

①　自己の競争者がある技術のライセンスを受けて事業活動を行っていることおよび他の技術では代替困難であることを知って、当該技術に係る権利を権利者から取得した上で、当該技術のライセンスを拒絶し当該技術を使わせないようにする行為は、競争者の事業活動の妨害のために技術の利用を阻害するものであり、知的財産制度の趣旨を逸脱し、または同制度の目的に反するものと認められる。したがって、これらの行為は競争者の競争機能を低下させることにより、公正競争阻害性を有する場合には、不公正な取引方法に該当する。

例えば、多数の事業者が製品市場における事業活動の基盤として用いている技術について、一部のライセンシーが、当該技術を有する者から権利を取得した上で、競争関係に立つ他のライセンシーに対して当該技術のライセンスを拒絶することにより当該技術を使わせないようにする行為は、不公正な取引方法に該当する場合がある。

② ある技術に権利を有する者が、他の事業者に対して、ライセンスする際の条件を偽るなどの不当な手段によって、事業活動で自らの技術を用いさせるとともに、当該事業者が、他の技術に切り替えることが困難になった後に、当該技術のライセンスを拒絶することにより当該技術を使わせないようにする行為は、不当に権利侵害の状況を策出するものであり、知的財産制度の趣旨を逸脱し、または同制度の目的に反するものと認められる。これらの行為は、当該他の事業者の競争機能を低下させることにより、公正競争阻害性を有する場合には、不公正な取引方法に該当する。

例えば、共同で規格を策定する活動を行う事業者のうちの一部の者が、自らが権利を有する技術について、著しく有利な条件でライセンスをするとして、当該技術を規格として取り込ませ、規格が確立して多くの事業者が他の技術に切り替えることが困難になった後になって、これらの事業者に対してライセンスを拒絶することにより、当該技術を使わせないようにする行為は、不公正な取引方法に該当する場合がある。

③ ある技術が、一定の製品市場における事業活動の基盤を提供しており、当該技術に権利を有する者からライセンスを受けて、多数の事業者が当該製品市場で事業活動を行っている場合に、これらの事業者の一部に対して、合理的な理由なく、差別的にライセンスを拒絶する行為は、知的財産制度の趣旨を逸脱し、または同制度の目的に反すると認められる。したがって、このような行為が、これらの事業者の製品市場における競争機能を低下させることにより、公正競争阻害性を有する場合には、不公正な取引方法に該当する。

④ FRAND宣言をした標準規格必須特許を有する者が、FRAND条件でライセンスを受ける意思を有する者に対し、ライセンスを拒絶し、または差止請求訴訟を提起することや、FRAND宣言を撤回して、FRAND条件でライセンスを受ける意思を有する者に対し、ライセンスを拒絶し、または差止

請求訴訟を提起することは、規格を採用した製品の研究開発、生産または販売を行う者の取引機会を排除し、またはその競争機能を低下させる場合がある。当該行為は、当該製品市場における競争を実質的に制限するまでには至らず私的独占に該当しない場合であっても公正競争阻害性を有するときには、不公正な取引方法に該当する。

（iii）権利の利用範囲を制限する行為

ある技術に権利を有する者が、他の事業者に対して、全面的な利用ではなく、当該技術を利用する範囲を限定してライセンスする行為は、外形上、権利の行使とみられるが、実質的に権利の行使と評価できない場合がある。したがって、これらの行為については、権利の行使と認められか否かについて検討し、権利の行使と認められない場合には、不公正な取引方法の観点から問題となる。

①　権利の一部の許諾

ア　区分許諾

例えば、特許権のライセンスにおいて生産・仕様・譲渡・輸出等のいずれかに限定するというように、ライセンサーがライセンシーに対し、当該技術を利用できる事業活動を限定する行為は、一般には権利の行使と認められるものであり、原則として不公正な取引方法に該当しない。

イ　権利の利用期間の制限

ライセンサーがライセンシーに対し、当該技術を利用できる期間を限定することは、原則として不公正な取引方法に該当しない。

ウ　技術の利用分野の制限

ライセンサーがライセンシーに対し、当該技術を利用して事業活動を行うことができる分野（特定の商品の製造等）を制限することは、原則として不公正な取引方法に該当しない。

②　製造に係る制限

ア　製造できる地域の制限

ライセンサーがライセンシーに対し、当該技術を利用して製造を行うことができる地域を限定する行為は、原則として不公正な取引方法に該当しない。

ウ　製造数量の制限または製造における技術の使用回数の制限

ライセンサーがライセンシーに対し、当該技術を利用して製造する製品の最低製造数量または技術の最低使用回数を制限することは、他の技術の利用を排除することにならない限り、原則として不公正な取引方法に該当しない。他方、製造数量または使用回数の上限を定めることは、市場全体の供給量を制限する効果がある場合には権利の行使と認められず、公正競争阻害性を有する場合には、不公正な取引方法に該当する。

③　輸出に係る制限

ア　ライセンサーがライセンシーに対し、当該技術を用いた製品を輸出することを禁止する行為は、原則として不公正な取引方法に該当しない。

イ　当該製品を輸出しうる地域を制限することは、原則として不公正は取引方法に該当しない。

ウ　当該製品を輸出しうる数量を制限することについては、輸出した製品が国内市場に還流することを妨げる効果を有する場合には、後記（ⅳ）－②－アと同様に判断される。

エ　ライセンサーが指定する事業者を通じて輸出する義務については、後記（ⅳ）－②－イの販売に係る制限と同様に判断される。

オ　輸出価格の制限については、国内市場の競争に影響がある限りにおいて、後記（ⅳ）－③と同様に判断される。

④　サブライセンス

ライセンサーがライセンシーに対し、そのサブライセンス先を制限する行為は、原則として不公正な取引方法に該当しない。

（ⅳ）技術の利用に関し制限を課す行為

ある技術に権利を有する者が、当該技術の利用を他の事業者にライセンスする際に、当該技術の利用に関し、当該技術の機能・効用を実現する目的、安全性を確保する目的、またはノウハウのような秘密性を有するものについて漏洩や流用を防止する目的で、ライセンシーに対し一定の制限を課すことがある。これらの制限については、技術の効率的な利用、円滑な技術取引の促進の観点から一定の合理性がある場合が少なくないと考えられる。他方、これらの制限を課すことは、ライセンシーの事業活動を拘束する行為であり、競争を減殺する場合もあるので、制限の内容が上記の目的を達成するために必要な範囲にとどまるものかどうかの点を含め公正競争阻害性の有無を検討する必要がある。

①　原材料・部品に係る制限

ライセンサーがライセンシーに対し、原材料・部品その他ライセンス技術を用いて製品を供給する際に必要なもの（役務やその他の技術を含む。以下「原材料・部品」という）の品質または購入先を制限する行為は、当該技術の機能・効用の保証、安全性の確保、秘密漏洩の防止の観点から必要であるなど一定の合理性が認められる場合がある。しかし、ライセンス技術を用いた製品の供給は、ライセンシー自身の事業活動であるので、原材料・部品に係る制限はライセンシーの競争手段（原材料・部品の品質・購入先の選択の自由）を制約し、また、代替的な原材料・部品を供給する事業者の取引の機会を排除する効果をもつ。したがって、上記の観点から必要な限度を超えてこのような制限を課す行為は、公正競争阻害性を有する場合には、不公正な取引方法に該当する。

②　販売に係る制限

ライセンサーがライセンシーに対し、ライセンス技術を用いた製品（プログラム著作物の複製物を含む）の販売に関し、販売地域、販売数量、販売先、商標使用等を制限する行為は、ライセンシーの事業活動の拘束に当たる。

ア　ライセンス技術を用いた製品を販売できる地域および販売できる数量を制限する行為については、当該権利が国内において消尽していると認められる場合またはノウハウライセンスの場合であって、公正競争阻害性を有するときは、不公正な取引方法に該当する。

イ　ライセンス技術を用いた製品の販売の相手方を制限する行為（ラ

イセンサーの指定した流通業者にのみ販売させること、ライセンシーごとに販売先を割り当てること、特定の者に対して販売させないことなど）は、利用範囲の制限とは認められないことから、公正競争阻害性を有する場合には、不公正な取引方法に該当する。

ウ　ライセンサーがライセンシーに対し、特定の商標の使用を義務付ける行為は、商標が重要な競争手段であり、かつ、ライセンシーが他の商標を併用することを禁止する場合を除き、競争を減殺するおそれは小さいと考えられるので、原則として不公正な取引方法に該当しない。

③　販売価格・再販売価格の制限

ライセンサーがライセンシーに対し、ライセンス技術を用いた製品に関し、販売価格または再販売価格を制限する行為は、ライセンシーまたは当該製品を買い受けた流通業者の事業活動の最も基本となる競争手段に制約を加えるものであり、競争を減殺することが明らかであることから、原則として不公正な取引方法に該当する。

④　競争品の製造・販売または競争者との取引の制限

ライセンサーがライセンシーに対し、ライセンサーの競争品を製造・販売することまたはライセンサーの競争者から競争技術のライセンスを受けることを制限する行為は、ライセンシーによる技術の効率的な利用や円滑な技術取引を妨げ、競争者の取引の機会を排除する効果をもつ。したがって、これらの行為は、公正競争阻害性を有する場合には、不公正な取引方法に該当する。なお、当該技術がノウハウに係るものであるため、当該制限以外に当該技術の漏洩または流用を防止するための手段がない場合には、秘密性を保持するために必要な範囲でこのような制限を課すことは公正競争阻害性を有さないと認められることが多いと考えられる。このことは、契約終了後の制限であっても短時間であれば同様である。

⑤　最善実施努力義務

ライセンサーがライセンシーに対して、当該技術の利用に関し、最善実施努力義務を課す行為は、当該技術が有効に使われるようにする効果が認められ、努力義務にとどまる限りはライセンシーの事業活動を拘束する程度が小さく、競争を減殺するおそれは小さいので、原則として不公正な取引方法に該当しない。

⑥　ノウハウの秘密保持義務

ライセンサーがライセンシーに対して、契約期間中および契約終了後において、契約対象のノウハウの秘密性を保持する義務を課する行為は、公正競争阻害性を有するものではなく、原則として不公正な取引方法に該当しない。

⑦　ライセンサーがライセンシーに対して、ライセンス技術に係る権利の有効性について争わない義務を課す行為は、円滑な技術取引を通じ競争の促進に資する面が認められ、かつ、直接的には競争を減殺するおそれは小さい。しかしながら、無効にされるべき権利が存続し、当該権利に係る技術の利用が制限されることから、公正競争阻害性を有するものとして不公正な取引方法に該当する場合もある。なお、ライセンシーが権利の有効性を争った場合に当該権利の対象となっている技術についてライセンス契約を解除する旨を定めることは、原則として不公正な取引方法に該当しない。

（v）その他の制限を課す行為

①　一方的解約条件

ライセンス契約において、ライセンサーが一方的にまたは適当な猶予期間を与えることなく直ちに契約を解除できる旨を定めるなど、ライセンシーに一方的に不利益な解約条件を付す行為は、独占禁止法上問題となる他の制限行為と一体として行われ、当該制限行為の実効性を確保する手段として用いられる場合には、不公正な取引方法に該当する。

②　技術の利用と無関係なライセンス料の設定

ライセンサーがライセンス技術の利用と関係ない基準に基づいてライセンス料を設定する行為、例えば、ライセンス技術を用いない製品の製造数量または販売数量に応じてライセンス料の支払義務を課すことは、ライセンシーが競争品または競争技術を利用することを妨げる効果を有することがある。したがって、このような行為は、公正競争阻害性を有する場合には、不公正な取引方法に該当する。

③　権利消滅後の制限

ライセンサーがライセンシーに対して、技術に係る権利が消滅した後においても、当該技術を利用することを制限する行為、またはライセンス料の支払義務を課す行為は、一般に技術の自由な利用を阻害するものであり、公正競争阻害性を有する場合には、不公正な取引方法に該当する。ただし、ライセンス料の支払義務については、ライセンス料の分割払いまたは延べ払いと認められる範囲内であれば、ライセンシーの事業活動を不当に拘束するものではないと考えられる。

④　一括ライセンス

ライセンサーがライセンシーに対してライセンシーの求める技術以外の技術についても、一括してライセンスを受ける義務を課す行為は、ライセンシーが求める技術の効用を保証するために必要であるなど、一定の合理性が認められる場合には、前記（ⅳ）①の原材料・部品に係る制限と同様の考え方によって判断される。しかしながら、技術の効用を発揮させる上で必要でない場合または必要な範囲を超えた技術のライセンスが義務付けされる場合は、ライセンシーの技術の選択の自由が制限され、競争技術が排除される効果をもちうることから、公正競争阻害性を有するときには、不公正な取引方法に該当する。

⑤　技術への機能追加

ライセンサーが、すでにライセンスした技術の新機能を追加して新たにライセンスする行為は、一般的には改良技術のライセンスにほかならず、それ自体はライセンスに伴う制限とはいえない。しかしながら、ある技術がその技術の仕様や規格を前提として、次の製品やサービスが提供されるという機能（以下「プラットフォーム機能」という）をもつものであり、当該プラットフォーム機能を前提として、多数の応用技術が開発され、これら応用技術の間で競争が行われている状況において、当該プラットフォーム機能をもつ技術のライセンサーが既存の応用技術が提供する機能を当該プラットフォーム機能に取り込んだ上で新たにライセンスする行為は、ライセンシーが新たに取り込まれた機能のライセンスを受けざるをえない場合には、当該ライセンシーがその他の応用技術を利用することを妨げ、当該応用技術を提供する他の事業者の取引機会を排除する効果をもつ。したがって、このような行為は、公正競争阻害性を有する場合には、不公正な取引方法に該当する。

⑥　非係争義務

ライセンサーがライセンシーに対し、ライセンシーが所有し、または取得することとなる全部または一部の権利をライセンサーまたはライセンサーの指定する事業者に対して行使しない義務を課す行為は、ライセンサーの技術市場もしくは製品市場における有力な地位を強化することにつながること、またはライセンシーの権利行使が制限されることによってライセンシーの研究開発意欲を損ない、新たな技術の開発を阻害することにより、公正競争阻害性を有する場合には、不公正な取引方法に該当する。

⑦　研究開発活動の制限

ライセンサーがライセンシーに対し、ライセンス技術またはその競争技術に関し、ライセンシーが自らまたは第三者と共同して研究開発を行うことを禁止するなど、ライセンシーの自由な研究開発活動を制限する行為は、一般に研究開発をめぐる競争への影響を通じて将来の技術市場または製品市場における競争を減殺するおそれがあり、公正競争阻害性を有する。したがって、このような制限は原則として不公正な取引方法に該当する。ただし、当該技術がノウハウとして保護・管理される場合に、ノウハウの漏洩・流用の防止に必要な範囲でライセンシーが第三者と共同して研究開発を行うことを制限する行為は、一般に公正競争阻害性が認められず、不公正な取引方法に該当しない。

⑧　改良技術の譲渡義務・独占的ライセンス義務

ア　ライセンサーがライセンシーに対し、ライセンシーが開発した改良技術について、ライセンサーまたはライセンサーが指定する事業者にその権利を帰属させる義務、またはライセンサーに独占的ライセンスをする義務を課す行為は、技術市場または製品市場におけるライセンサーの地位を強化し、また、ライセンシーに改良技術を利用させないことによりライセンシーの研究開発意欲を損なうものであり、また、通常、このような制限を課す合理的な理由があるとは認められないので、原則として不公正な取引方法に該当する。

イ　ライセンシーが開発した改良技術に係る権利をライセンサーとの共有とする義務は、ライセンシーの研究開発意欲を損なう程度は上記アの制限と比べて小さいが、ライセンシー自らの改良・応用研究の成果を自由に利用・処分することを妨げるものであるので、公正競争阻害性を有する場合には、不公正な取引方法に該当する。

ウ　もっとも、ライセンシーが開発した技術が、ライセンス技術なしには利用できないものである場合に、当該改良技術に係る権利を相応の対価でライセンサーに譲渡する義務を課す行為については、円滑な技術取引を促進する上で必要と認められる場合があり、また、ライセンシーの研究開発意欲を損なうとまでは認められないことから、一般に公正競争阻害性を有するものではない。

⑨　改良技術の非独占的ライセンス義務

ア　ライセンサーがライセンシーに対し、ライセンシーによる改良技術をライセンサーに非独占的ライセンスする義務を課す行為は、ライセンシーが自ら開発した改良技術を自由に利用できる場合は、ライセンシーの事業活動を拘束する程度は小さく、ライセンシーの研究開発意欲を損なうおそれがあるとは認められないので、原則として不公正な取引方法に該当しない。

イ　しかしながら、これに伴い、当該改良技術のライセンス先を制限する場合（例えば、ライセンサーの競争者や他のライセンシーにはライセンスしない義務を課すなど）は、ライセンシーの研究開発意欲を損なうことにつながり、また、技術市場または製品市場におけるライセンサーの地位を強化するものとなりうるので、公正競争阻害性を有する場合には、不公正な取引方法に該当する。

⑩　取得知識、経験の報告義務

ライセンサーがライセンシーに対し、ライセンス技術についてライセンシーが利用する過程で取得した知識または経験をライセンサーに報告する義務を課す行為は、ライセンサーがライセンスをする意欲を高めることになる一方、ライセンシーの研究開発意欲を損なうものではないので、原則として不公正な取引方法に該当しない。ただし、ライセンシーが有する知識または経験をライセンサーに報告することを義務付けることが、実質的には、ライセンシーが取得したノウハウをライセンサーに義務付けるものと認められる場合は、前記⑧または⑨と同様の考え方により、公正競争阻害性を有するときには、不公正な取引方法に該当する。

注

1　眼鏡用多焦点レンズの特許所有者である Univis Corporation はライセンサーとして、Univis Company に当該レンズの製造および販売のライセンスを許諾したが、その条件として研磨・仕上げのライセンスを供与した研磨・仕上げ業者に対してレンズの再販売価格を指定していた。連邦最高裁判所は、研磨・仕上げ業者へのレンズの最初の販売により、当該特許は消尽し、ライセンサーが研磨・仕上げ業者の再販売価格をコントロールすることはできないと判断した。

2　Ethyl Gasoline は鉛添加溶液およびこれを混ぜたガソリンに関する特許の所有者であり、石油精製メーカーに当該ガソリンを製造・販売するライセンスを許諾し、鉛添加溶液を販売したが、石油精製メーカーに対して卸業者へのガソリンの販売価格を一定の水準に維持することを要求していた。

3　Khan とその会社は、State Oil が所有するガソリンスタンドとコンビニをリースし運営する契約を締結した。契約には、State Oil により提案された小売価格（suggested retail price）からマージンを差し引いた価格でガソリンを State Oil から購入することが義務付けられており、ガソリンスタンドの顧客にいくらの価格でも売ることができたが、その提案小売価格より高いときにはその余剰分は State Oil に返還され、より安い価格のときにはマージンを減額することが規定されていた。

4　Albrecht は、Herald が発行する朝刊新聞の宅配新聞販売業者であったが、Herald により提案されたものより高い価格で顧客に販売し始めた。Herald は、Albrecht が高い価格で販売するときには彼と競争する権利を留保しており、Albrecht の顧客 1,200 人の内の 300 人について、Albrecht が提案どおりの価格に従うときはその 300 人を戻すという条件で他の販売業者に委ねた。その後 Herald は、Albrecht が提案価格で販売するならば顧客を取り戻すことができる旨彼に通告した。連邦最高裁判所は、このような最高再販売価格維持は当然違法であるとの判断を下した。

5　電力会社が 20 年間特定の発電プラントでボイラー燃料として必要とする石炭の全量を供給するという、電力会社と石炭会社間の契約がクレイトン法に違反するかどうか争われた。連邦最高裁判所は、契約が排他的取引であっても、契約の履行が関連市場の実質的なシェアにおける競争を締め出すものでなければ、その取引は違反しない、そして当該契約による石炭の必要量は全供給量の1%以下であるとして、クレイトン法に違反しないと判断した。

6 American Bar Association, *The Federal Antitrust Guidelines for the Licensing of Intellectual Property-Origins and Applications, 2nd* [ed]. (ABA Publishing, 2002), at 79-80.

7 Id. at 85.
Summit Technology, Inc., No. 9286 (FTC Mar. 24, 1998).

第 7 章

国際技術ライセンス契約の紛争解決

1　国際仲裁

(1)　仲裁による紛争解決

(a) 仲裁の選択

国際取引契約においては、当事者間で紛争が生じた場合訴訟によって解決するよりも仲裁による解決を選択することが多い。一般的に仲裁手続の利点は次のように挙げられている。第1に、契約による仲裁の合意は、紛争の解決がどこでどのようになされるかについての当事者の懸念を取り除くことができる。第2に、仲裁の付託により、当事者は公平な仲裁廷を期待することができる。第3に、当事者は当該紛争に対してなされた仲裁判断の執行が確保されることを期待することができる。第4に、当事者は当該仲裁に適用されるべき手続を定める権限を享受することができる。

それでは、このような仲裁は、国際取引の紛争を解決する手段として、訴訟手続の利用と比較して、具体的にどのような特性を有しているであろうか。

①　手続の迅速性

仲裁手続は、多くの事件を抱えた法廷地における第一審裁判所における訴訟手続よりも一般的に迅速に行われるが、さらにあらかじめ仲裁条項における証拠に関するルール等を定めることにより手続を早めることができる。一方で、例えば、アメリカの訴訟手続におけるディスカバリーのような完全な証拠開示による証拠収集は期待できないことになる。しかし、国際取引関係は、当事者間の継続的な取引関係である、あるいは多くのプロジェクト等の複数の取引から構成されていることがしばしばであり、1つの紛争はできるだけ早く解決することが当事者のビジネス上要請されている。

② 手続費用の廉価性

仲裁に要する費用は、仲裁手続の期間に対応して、一般的に訴訟費用よりも安価であるが、同じく仲裁条項においてどのように仲裁手続を簡略化するかを定めるかによって、さらにある程度費用を削減することが可能である。もっとも、それはその簡略化の程度にかかっており、一方で当事者は当然のことながら仲裁人の費用や仲裁機関の経費を負担しなければならず、必ずしも常に安価になるというわけではない。

③ 専門家の判断

当事者は、仲裁手続においては仲裁人に当該紛争の性質に対応した専門家を要請することができる。例えば、先端技術や建設土木等の技術分野では、当該紛争を適切に解決しようとする者は専門的な知識を必要とし、その分野に精通していることが必要である。また、仲裁手続を選択することによって、例えば、アメリカにおける陪審裁判を避けることが可能である。

④ 手続の非公開性

当事者は、当該紛争およびその解決に関して公への開示をコントロールすることができる。当事者の合意によって公開されない限り、誰もが自由にアクセスできるような公の記録は存在しない。国際取引の当事者は、当事者間で紛争が生じていることが公になることを嫌うのが通常であり、とりわけ先端技術分野等の競争の激しい業界においてはその傾向が一段と強くなる。

⑤ 仲裁場所の中立性

当事者は、仲裁の場所としてそれぞれの国から中立的な国を選ぶことができる。一方の当事者にとって、相手方の国の第一審裁判所で紛争の訴訟手続を追行することが明らかに不公平ないし不利益になることが予想される場合には、仲裁は中立的な解決を提供する機会として貴重なものとなる。

⑥ 仲裁判断（arbitral award）の拘束性

仲裁判断は、明らかに法に違反する、あるいは詐欺であるような場合を除き、ほとんどの国の法制度において最終的かつ拘束力あるものとされている。

（b）仲裁条項

仲裁条項は、各種の国際取引契約（国際技術ライセンス契約を含む）の中で一般条項の1つとして埋もれがちであり、ありきたりの標準条項が用いられる例も多く見受けられる。しかし、このような仲裁条項の内容が、紛争解決の問題に敏感なあるいは経験を有する当事者によって異議を申し立てられ、法律問題として交渉の最終段階まで論争の対象になることもしばしばである。当事者は、上記の仲裁の特性を活かすためにどのような内容を契約に織り込むべきか慎重な検討が必要である。

（i）仲裁の合意

国際取引契約の当事者間に生じた紛争を仲裁に付する旨の仲裁の合意は、主たる契約の1条項である仲裁条項として規定される例が多いが、このような仲裁契約は主たる契約とは独立した存在であることが国際的に認識されている。

仲裁契約の分離可能性（severability）の問題については、わが国においても最高裁は、仲裁契約の効力は、主たる契約から分離して別個独立に判断されるべきものであり、当事者間に別段の合意がない限り、主たる契約の成立に瑕疵があっても、仲裁契約の効力に直ちに影響を及ぼすものではないと判示している（最判昭和50年7月15日判決）。

さらに、わが国における仲裁の申し立てをめぐる判例であるが、知財高裁平成18年2月28日判決において、控訴人は、被控訴人に対し、両者間の特許ライセンス契約に基づきランニング・ロイヤルティの支払いを求めたところ、第一審において訴えが却下されたので控訴するに至った。当該特許ライセンス契約によれば、「本契約は、本契約に定めるいずれかの義務の不履行の場合、一方当事者が相手方当事者に書面にて通知することにより終了することができるが、当該債務不履行が書面による通知後40日以内に是正されなかった場合に限られる。ただし、かかる債務不履行が存在するか否かの疑義が当該40日の期間内に仲裁に付された場合、40日の期間は、当該仲裁が継続する間、進行を停止する」と規定されていた。控訴人は、当該規定が、債務不履行による本件契約解除の通知がなされた場合には、債務不履行を争う当事者が当該通知の受領後40日以内に仲裁の申し立てをしない限り、本件契約が解除により終了することを定めたものであり、被控訴人がかかる仲裁の申し立てをしなかったから、控訴人が請求している本件契約の解除原因である債務不履行についての履行請求はもはや仲裁条項の対象にはなりえない、と主張した。これに対し被控訴人は、控訴人の主張は本件契約が解除されたから妨訴抗弁が成立しないという趣旨と解されるところ、かかる主張は仲裁の分離独立性に関する上記最高裁の判例および法令（仲裁法13条6項等）を無視した独自の見解であり、失当である、と主張した。

知財高裁は、被控訴人が解除通知の受領後40日以内に仲裁の申し立てをしなかったことは、単に是正期間が経過したことを意味するにすぎず、仲裁の合意についてまで当然に解除の効果が発生することを意味するものではないし、解除原因である債務不履行の有無やその不履行債務の履行請求に関する紛争がもはや本件合意による仲裁の対象となりえないことを意味するものではないと判断し、控訴を棄却した。

（ii）仲裁機関と仲裁規則

国際仲裁は、常設の国際仲裁機関による仲裁と紛争当事者間のその都度の合意に基づくアドホック（ad hoc）仲裁に分けることができる。

国際取引においては、機関仲裁として、ICC（国際商業会議所）国際仲裁裁判所、アメリカ仲裁協会（American Arbitration Association, ACC）もしくはロンドン国際仲裁裁判所（London Court of International Arbitration, LCIA)、またはアドホック仲裁として、UNCITRAL（United Nations Commission on International Trade Law、国際連合国際商取引法委員会）のいずれかの仲裁規則が採用されるのが一般的である。わが国においては仲裁機関として日本商事仲裁協会があり、その仲裁規則が対象となる。

当事者は、それぞれの仲裁規則の特徴を十分に理解して当該契約関係の紛争解決に適する仲裁規則を選択しなければならない[1]。

（iii）仲裁人の指名

仲裁人は、1人であれ3人であれ独立した中立の人で構成されることが原則である。当事者は、仲裁人を指名する、あるいは仲裁人の数と選定の方法を定め、その資格を明示することができる。例えば、仲裁人の数は３人とし、仲裁人は、一定の国籍をもつ者、当該紛争の分野において専門的知見を有する者あるいは法律家で構成することを要求することができる。これにより中立的かつ専門的な仲裁廷の構成が可能となる。

（iv）仲裁地と仲裁地法

当事者は、それぞれの便宜および費用という実際的な考慮から自分の国における場所を仲裁地として主張するのが通常であるが[2]、中立的な国における場所が基本的に当事者双方にとって受け入れやすい中立的な仲裁地である。しかし、このような中立的な場所についての合意が得られない場合もしばしばありうるが、最後の方策としてはいわゆる被告地主義により、いずれかの当事者が仲裁を申し立てた場合、相手方である被申立人の所在地を仲裁地とすることが考えられる。

当事者が契約において適用すべき準拠法を特定していない場合には、仲裁地の法が、仲裁手続上の問題、仲裁合意の有効性や解釈の問題などに適用されることが一般的に認められている。とりわけ次のような問題は仲裁地いかんにより左右されることになり、仲裁の行方に影響することが大きいと考えられる。第１に、いかなる紛争が仲裁適格性を有するかについては、各国の裁判所によって差異が存在する。例えば、アメリカの裁判所は、仲裁を尊重する強い連邦の政策の下に、証券法、反トラスト法等を含む幅広い紛争の仲裁適格性を認めているが、他の国では仲裁適格性についてより狭い見解がとられている。第２に、各国の裁判所が命ずる証拠開示の範囲や方法は国により異なっている。例えば、アメリカおよびイギリスにおいては、実質的な文書のディスカバリーが可能であり、仲裁人はその仲裁法に基づいて当事者に対し文書のディスカバリーを強制することができるが、大陸法においては文書のディスカバリーの命令は抑制的である。第３に、各国の裁判所は暫定的救済を認めることがあるが、それは国により異なっている。例えば、イギリスおよびアメリカにおいては、裁判所は、仲裁手続が行われている間は当事者がその管轄区域から資産を散逸させる、または移すことを禁ずる暫定的命令を発することができる。第４に、仲裁判断の最終性はほとんどの国において認められつつあるが、国によっては裁判所への訴えによる仲裁判断の審理の可能性は完全には否定されるには至っていない。裁判所による仲裁判断の審理は、明らかな法違反、不公平や詐欺などのような理由に限定されるが、その介入の程度は国により実際上異なっている。

なお、わが国においては、UNCITRAL1985 年国際商事仲裁モデル法を範として、新しい仲裁法が平成 16 年 3 月 1 日から施行されている。本法は、仲裁地が日本にある仲裁手続および仲裁手続に関して裁判所が行う手続に適用される（1 条)。

（v）証拠開示

証拠開示の範囲は、仲裁地における仲裁人の経験と方針にかかってくることがしばしばである。いずれの仲裁規則もこの点具体的な明示の規定を設けていない。当事者は、証拠開示および証拠に関するルールならびに仲裁人の権限を定めておく必要がある。この証拠開示をどのようにかつどの程度行うかにより、仲裁に要する時間と費用が大きく変わってくる。

（vi）秘密保持

当事者は、仲裁人、仲裁機関およびいずれの当事者も仲裁手続や仲裁判断など仲裁における秘密保持の義務を負う旨契約に規定しなければならない。

（vii）懲罰的損害賠償

国際取引における紛争の仲裁による解決は、一方当事者が被った損害を迅速かつ公平に回復して、当事者の関係を早急に正常な状態に戻すことを目指しており、懲罰的損害賠償の概念は必ずしも仲裁の裁定に適切なものということはできない。当事者は、懲罰的損害賠償を救済方法から明示的に排除しておく必要がある。

（viii）救済方法

仲裁判断による救済は、金銭的な救済であるのがほとんどである。しかし、迅速で効果的な救済を必要とする事態に備えて、当事者は、仲裁人が差止救済または特定履行を命ずる権限を有することを定めておくことが考えられる。

（ix）仲裁判断の執行可能性

当事者は、仲裁を紛争解決方法として選んだ以上、上述したような仲裁判断が最終かつ拘束力ある旨を契約に定めなければならない。

外国仲裁裁定の承認と執行に関する1958年ニューヨーク協定（1958 New York Convention on the Recognition and Enforcement of Foreign Arbitral Awards）の締約国は、他の締約国において下された仲裁判断を承認・執行することに合意しているが、その適用範囲について一定の制限および仲裁判断の承認と執行を拒否する抗弁が存在する。

締約国は、対象とする仲裁判断を相互主義の原則に基づき締約国でなされた仲裁判断に限定すること、また国内法により商事と認められた法律関係から生ずる紛争のみに適用することを宣言することができる（1条）。

仲裁判断の執行を受ける当事者が有する抗弁は、①仲裁の合意が準拠法等により有効でないこと、②仲裁手続における適切な通知がなされなかったこと、③仲裁判断が仲裁付託事項の範囲外であること、④仲裁機関の構成等が当事者の合意に従っていないこと、⑤仲裁判断が当事者を拘束するものに至っていないこと、⑥当該紛争が仲裁により解決することが不可能なものであること、あるいは⑦仲裁判断の承認と執行がその国の公の秩序に反することである（5条）。したがって、当事者はこのような抗弁を吟味し、その放棄等について契約に定めておく必要が生じる。

（c）仲裁の準拠法

上述したように当事者間の合意である仲裁契約は、主たる契約の中で仲裁条項として規定されるのが通常である。仲裁に関連する準拠法は厳密には、主たる契約の準拠法とは区別して、仲裁契約の準拠法、仲裁手続の準拠法および仲裁判断の準拠法に分けられる。もっとも、主たる契約の準拠法とは別に、仲裁の準拠法が当事者間の合意により明記される場合は多くはないのが通常である。

仲裁契約の準拠法については、当事者の自治、すなわち当事者の合意による指定が認められる。明示の意思による指定がないときには黙示の意思により、それでも明らかでないときには上述したように仲裁地の法によるものと解される。

わが国の判例であるが、最高裁は、仲裁契約中で準拠法について明示の合意がされていない場合であっても、仲裁地に関する合意の有無やその内容、主たる契約の内容その他諸般の事情に照らし、当事者による黙示の準拠法の合意があると認められるときには、これによるべきであると判示している（リング・リング・サーカス事件最高裁平成9年9月4日判決）。

なお、平成18年1月1日から施行された法の適用に関する通則法によれば、当事者による準拠法の選択がないときは、最密接関係地法による（8条1項）とされている[3]。わが国仲裁法によれば、当事者自治が認められるが、当事者による準拠法の選択がないときには仲裁地法（日本法）が準拠法となる（44条1項2号、45条2項2号）。

仲裁手続の準拠法については、UNCITRAL国際商事仲裁モデル法は厳格な属地主義の立場をとっており（1条2項）、わが国仲裁法においても仲裁地が日本にある場合には、原則としてわが国仲裁法の諸規定が適用される（3条1項）[4]。

仲裁判断の準拠法についても、当事者の自治、すなわち当事者の合意による指定が認められる。当事者による明示の意思がないときには、UNCITRAL国際商事仲裁モデル法によれば、仲裁廷が適当と認める抵触法により実質法を決定して適用する（28条2項）が、わが国仲裁法においては、仲裁廷は最密接関係地法を適用しなければならない（36条2項）。

（d）訴訟の選択

当事者は、以上のような仲裁に代えて訴訟を選択することも可能である。当事者によっては、裁判所が提供する法的安定性、ディスカバリーのような完全な証拠開示や国内法による上訴の制度、判決における判断基準の明確性および予測可能性、訴訟により明確な黒白をつけるという紛争解決方式などを好む場合がありうる。

仲裁は、当該契約の当事者間のみにおける紛争を解決できるが、当該契約の範囲外にあるが、他の契約関係を結んでいる者との紛争やまったく関係のない第三者との紛争など第三者が絡んでくる紛争については対象外とせざるをえない。この意味において当事者は当該紛争を一挙には解決できないような事態が生じうる。当該契約の当事者のみならず他の契約関係にある者も同一の仲裁手続に入るためには（いわゆる多数当事者における仲裁の場合）、その旨の明確な合意が要求される[5]。

仲裁または訴訟のいずれを選択するかは、当該国際取引における当事者関係、その国際取引の性格、予想される紛争の性質などいかんによってくるが、仲裁を原則としながら、特定の紛争については訴訟で決するという枠組みも選択肢として考えられる。例えば、特定の種類の紛争については、知的財産権の侵害または無効確認訴訟のように、訴訟で勝敗を明らかにする解決やある程度訴訟の勝ちが予想される場合などである。

（2）　ミニトライアルによる代替的紛争解決

上述したような仲裁は、国際取引の当事者にとって紛争解決策として必ずしも満足のいくものでない場合がしばしば生じる。国際取引をめぐる経済的・社会的環境は今日ますます激動し、当事者自身の事業経営も厳しい競争に晒されている。国際取引における当事者は、紛争をできるだけ早く処理して次なる展開を図りたいのであり、仲裁よりも迅速で、簡略かつ費用の安い、すなわちより効果的な紛争解決策を常に求めている。ここではその１つとして、アメリカを中心として盛んに利用されているミニトライアル（minitrial）と呼ばれる代替的紛争解決方法（Alternative Dispute Resolution, ADR）を検討する。

（a）ミニトライアルの選択

ミニトライアルとは、訴訟手続の一部を取り入れたルールの下で、紛争に関連する情報の交換と当事者の主張が、当事者の最高事業責任者の眼前で行われ、それによって当事者間の交渉を促進して紛争を解決するプロセスであり、当事者間における紛争を自力で解決するために考案されたADRの１つである。

ミニトライアルは、ビジネス上の紛争を解決するための当事者間の合意に基づく柔軟な方法であるが、その本質は、当該紛争と当事者それぞれの立場の強さについての関連情報を関係当事者に対して直接的に提供し、それによって各当事者が事情を十分に知らされ、前向きの解決の交渉をするよう促すものである。そのプロセスは、当該紛争の性質、当事者およびその最高事業責任者、さらにそれぞれの弁護士の特定の要求に対応して柔軟に構築することが可能である。

（b）ミニトライアルのルールと実施

当事者は、ミニトライアルのルールについてあらかじめ合意書の形で規定しておく必要がある。その枠組みとして次のような点が考えられる。第1に、当事者は、いかなる紛争を対象とするのか、その対象を特定しなければならない。第2に、証拠開示は、比較的限定されるのが通常である。第3に、当事者は、最善の主張を行い、証拠提示の後、交渉に応じる義務がある。第4に、出席者の数は最小限にとどめられ、各当事者の最高事業責任者の名前、地位および紛争解決の権限、さらにそれぞれのスタッフ、弁護士、専門家および証人の数が明示されなければならない。第5に、当事者は、ミニトライアルの日時と場所、当事者の主張、反論および質問等のスケジュールを決める必要がある。第6に、ミニトライアル前の準備書面等の交換とそのスケジュールを定めなければならない。第7に、当事者は、中立のアドバイザーを起用するのかどうか、そしてその選定の方法を定めておく必要が生じる場合がある。第8に、当事者は、すべての文書および陳述に対して秘密を保持し、それらを将来の他の手続に用いない義務を負っている。この義務には、ミニトライアルそのものについての情報も含まれる。第9に、アドバイザーその他の費用負担の仕方を定めておく必要がある。

ミニトライアルは、上記のルールに基づいて、通常、以下のように行われる。

当事者は、それぞれの弁護士を起用して、その主張を法的観点から争点に整理し、準備書面の形で相手方に送付する。これに対する応答書等が交わされる。

ミニトライアル当日においては、当事者双方の弁護士が、最高事業責任者の眼前で、法廷における論争のごとく法的主張を行い、これを裏付ける証拠および証人を提出し、相手方がこれらに対して質問・応答を行う。当事者は、合意により中立的なアドバイザーを起用することができるが、その場合双方が論争を尽くした後、アドバイザーの見解（訴訟になった場合に予測される結果についての意見を含む）が求められる。その後直ちに他の出席者は退席し、双方の最高事業責任者が、ビジネス上の観点から当該紛争を解決すべく妥協できないかの議論を尽くすことになる。

最高事業責任者は、当該紛争に関連する情報をすべて聞き知り、弁護士間の論争を通じてそれぞれの法的立場の強さと弱さを理解した上で、ビジネス上の観点から交渉することになるので、比較的短時間で打開の道を見いだすことが可能である。

（c）ミニトライアルの活用

このようなミニトライアルによる紛争解決は、まず当事者がこのような方法によって紛争を解決しようとする意思を表明することから始まるのはいうまでもないが、どのような紛争がこのミニトライアルによる解決方法に適しているであろうか。その典型的なものは次のように考えられる。第１に、長期のビジネス関係にある当事者間の紛争は、どのようなものであれ原則としてミニトライアルによって解決するのに適している。この簡略化された私的な紛争解決プロセスは、当事者による和解の雰囲気を促し、敵対的な威嚇を減少させて善意の感情を醸成し、紛争解決後も好ましいビジネス関係を継続することを可能にする。第２に、当事者が責任ないし過失の所在には合意してはいるが、損害賠償額等について意見を異にする場合、ミニトライアルは適切な解決策を提示することができる。必要に応じて中立的なアドバイザーないし専門家の見解を考慮しつつ、最高事業責任者が即断することが可能である。第３に、紛争解決の最大の障害がコミュニケーション不足にあることがしばしばであるが、そのような状況において当事者が現実に直面する必要性がある場合、まさにミニトライアルはその威力を発揮することができる。

一方、ミニトライアルは、例えば、企業に対する個人による懲罰的損害賠償の主張、政府がからむ紛争、多数当事者間の紛争、純粋の法律問題などについては、その性格上必ずしも適切な解決方法とはならないと考えられる。

以上述べたところからミニトライアルは、とりわけ従来のビジネス関係の維持、紛争解決の迅速さないし即決性、コストの大幅な節約および厳格な秘密保持という観点において、当事者間における紛争のきわめて有用な解決策となりうる。その柔軟性は、最高事業責任者がプロセス全体をコントロールして、ビジネス関係の維持を図ろうとする要求に応えるものであり、一方で、専門家等の活用により高度な技術的な問題にも対処しうるものである。しかも、そのプロセスは、当事者間の最終的な合意に向けて双方の努力を集中させることにあり、訴訟手続に特有の敵対性を大きく緩和することが可能である。

ところで、ミニトライアルが失敗に帰した場合には、当事者の残された道は訴訟または仲裁である。しかし、紛争解決手段としての優れた性格から、ミニトライアルを仲裁の前段階に位置づけることが考えられる。ミニトライアルから仲裁までを紛争解決の一連のプロセスとし、これを２段階に分けて構成するものである。ミニトライアルが不幸にも実らなくても、これを次の仲裁へ連動させることにより、一からの仲裁手続よりもはるかに時間、コストおよびエネルギーを節約することが可能である。

2　国際訴訟

企業間の国際訴訟は、類型的に、①外国企業が原告として、わが国企業を外国の裁判所に提訴する場合、②外国企業が原告として、わが国企業を日本の裁判所に提訴する場合、③わが国企業が原告として、外国企業を外国の裁判所に提訴する場合、④わが国企業が原告として、外国企業を日本の裁判所に提訴する場合、に分けられる。これらの関係を規律するルールを概観する。

（1）　準拠法の選択

準拠法の選択とは、渉外的法律関係についていかなる地の法により規律するかを決める問題である。

（a）当事者自治の原則

契約の準拠法をどのように決定すべきかについて、沿革的には、あらかじめ一定の客観的な連結点により準拠法を決定するという客観主義がとられ、契約締結地法、契約履行地法や当事者の属人法などが準拠法とされていた。しかし、契約の内容や種類の多様化とともに客観主義による準拠法の決定が困難になり、契約における意思自治の考え方が浸透するとともに、抵触法レベルにおける渉外的契約の準拠法の決定についても当事者による自治を認めるべきという考え方が普及してきた。また、この考え方は当事者の予見可能性を高め、裁判所などの手間を省けることになる。このようにして当事者自治の原則は国際的に認められるに至った。

しかしながら、複雑化した競争社会を規制するために国家による私的自治への介入、すなわち契約の自由に対する実質的な制限が認められるようになるに従い、抵触法レベルにおいてもこのような当事者自治の原則に対して批判がなされ、当事者自治の制限説が主張された。

質的制限説によれば、当事者が自由に準拠法を指定できるのは、当事者の任意の選択を許している任意法規の範囲内に限られる。しかし、強行法規と任意法規の区別は、実質法上のものであり、任意法規が何かはいずれかの国の実質法を準拠法とする決定があって初めて判明するので、抵触法的指定ではなく実質法的指定の問題とされる。当事者は、当事者自治により強行法規を含めて自由な準拠法決定を行うことができる、と批判された。

量的制限説によれば、当事者による準拠法指定の対象となる実質法は無制限ではなく、契約と一定の実質的関係を有する、契約締結地などの法に限られる。しかし、当事者の自由な準拠法指定を認めたのは、契約における意思自治を認めたからであり、量的に制限する根拠に乏しい、と批判された。

また、附合契約について当事者自治を認めない考え方も主張される。しかし、附合契約に対する規制は準拠実質法による規制で十分であり、著しい不公正が生じる場合には公序による制限を認めるのが通常である。抵触法レベルにおける当事者自治を否定する理由とまではならない、と批判される。

最近の立法例においては、当事者自治を原則としながら、消費者契約や労働契約のような特定の類型の契約については例外とする、あるいは当事者による選択がない場合には客観的に準拠法を決定する補充的方法を定めておくという方法もとられている。また、強行法規の特別連結理論によれば、経済的弱者を保護する必要のある契約については、契約の準拠法とならなかった国の強行法規であっても、当該契約関係と密接な関係を有する一定の国の強行法規が特別連結により適用される。このような理論が条約や立法例において認められるに至っている。

（b）わが国抵触法による規律

（i）当事者による準拠法の選択

法の適用に関する通則法（以下「適用通則法」という）は、契約の準拠法の選択について当事者自治の原則を認めている。すなわち、法律行為の成立および効力は、当事者が当該法律行為の当時に選択した地の法による（7条）。

国際契約においては、当該契約関係を規律する準拠法に関して当事者間の合意により、準拠法条項として規定するのが原則である。しかしながら、交渉によっても利害が一致しない場合がしばしば生じる。そのような場合には、「当事者による準拠法の選択がないとき」として、適用通則法のルールが適用されることになる。

伝統的な準拠法単一の原則（契約の成立や効力などをすべて1つの準拠法によるべしとする原則）に対して、当事者の意思の尊重や期待の保護の観点から、契約を分割してそれぞれに準拠法を指定する分割指定も認めるのが最近の見解である。

当事者は、法律行為の成立および効力について適用すべき法を変更することができる。ただし、第三者の権利を害することとなるときは、その変更を第三者に対抗することができない（9条）。もっとも、法律行為の方式については、契約締結時に決定された準拠法に固定されている（10条1項）。

明示の準拠法選択がないとき、従来、契約をめぐる諸事情からみて当事者間に合意が存在することが認められる場合には、黙示の準拠法選択が認められていたが、この解釈は、適用通則法の下においても基本的に維持されると解されている。

（ii）当事者による準拠法選択がないとき

当事者による準拠法の選択がないときは、法律行為の成立および効力は、当該法律行為の当時において当該法律行為に最も密接な関係がある地の法による（8条1項）。このように適用通則法は準拠法選択における客観的連結の一般原則を採用しているが、これを補充するために特徴的給付の理論を取り入れている。この理論は、現代の契約の多くが金銭的給付を対価として、それ以外の給付が反対給付としてなされることに着目し、金銭的給付は契約の個別的特徴を示さないが、その反対給付が当該契約の特徴を示すものと解し、反対給付の義務を負う者の常居所地法（あるいは事業所所在地法）を原則として当該契約の準拠法と解する[6]。

もっとも、適用通則法は特徴的給付による指定が類型的な特定であるとして推定にとどめている。すなわち、法律行為において特徴的な給付を当事者の一方のみが行うものであるときは、その給付を行う当事者の常居所地法（その当事者が当該法律行為に関係する事業所を有する場合にあっては当該事業所の所在地の法または主たる事業所の所在地の法）を当該法律行為に最も密接な関係がある地の法と推定する（8条2項）。

（iii）消費者契約

消費者契約について消費者保護のために当事者自治の原則が制限される。適用通則法11条1項によれば、消費者契約の成立および効力について、消費者の常居所地法以外の法が準拠法として選択された場合であっても、消費者がその常居所地法中の特定の強行規定を適用すべき旨の意思を事業者に対し表示したときは、当該消費者契約の成立および効力に関しその強行規定の定める事項についてはその強行規定をも適用する。この場合、その強行規定の定める事項についてはもっぱらその強行規定が適用されるのではなく、当事者が選択した法に加えて、消費者の常居所地法上の特定の強行規定が累積的に適用されることになる。消費者契約の成立および効力について準拠法が選択されなかった場合には、消費者の常居所地法が当該消費者契約の成立および効力の準拠法となる（11条2項）。ただし、能動的消費者についての適用除外、消費者の常居所地の誤認および消費者性の誤認による適用除外が定められている（11条6項）。

（iv）労働契約

労働契約についても労働者の保護のために当事者自治の原則が制限される。適用通則法12条1項によれば、労働契約において労働契約の最密接関係地法以外の法が選択された場合であっても、労働契約について選択された地の法に加えて、労働者が当該労働契約の最も密接な関係がある地の法中の特定の強行規定を適用すべき旨の意思を使用者に対し表示したときは、当該労働契約の成立および効力に関しその強行規定の定める事項についてはその強行規定をも適用する。労働契約の最密接関係地法を認定するに当たっては、当該労働契約において労務を提供すべき地の法が当該労働契約の最密接関係地法と推定され、その労務を提供すべき地を特定することができない場合には当該労働者を雇い入れた事業所の所在地の法が最密接関係地法と推定される（12条2項）。

労働契約において準拠法選択がなされなかったときは、労働契約の成立および効力については、当該労働契約において労務を提供すべき地の法を当該労働契約に最も密接な関係がある地の法と推定される（12条3項）。

（2） 国際裁判管轄

国際裁判管轄とは、渉外的民事事件についてどの国が裁判を行うべきかを決める問題である。国際訴訟の類型に関する上記④の場合において、当該訴訟についてわが国裁判所に国際裁判管轄が認められるかが問題となる。

わが国において国際裁判管轄について理論的な見解は次のように分かれている。①逆推知説。国内管轄規定によりわが国のいずれかの裁判所の裁判籍が認められるときには、そこからわが国の国際裁判管轄が逆に推知される。この見解に対しては、わが国の国際裁判管轄が肯定されるのが先決であるという、論理的に逆転しているとの批判や国内土地管轄からは過剰な国際裁判管轄を引き出すことになるという批判がある。②管轄配分説。この問題は、国際的な裁判管轄の場所的な配分の問題として条理によるべきである。この見解については、理念として正しいが、裁判管轄のルールとしてはあいまいすぎるとの批判がある。そこで、わが国内の裁判管轄の場所的配分のルールである国内土地管轄規定を同じ場所的配分のルールである国際裁判管轄に類推適用すべきと主張される（修正類推説）。しかし、具体的にどのような修正を加えるべきか明らかではない。③利益衡量説。国際裁判管轄の判断においては、単に管轄規則のあてはめに終始するのではなく、原告の利益、被告の利益や当事者の対等性など事件ごとに個別的な利益衡量が必要である。この見解については、法的安定性を欠いているとの批判がある[7]。

マレーシア航空事件（最高裁昭和56年10月16日判決）において、最高裁はわが国の国際裁判管轄について次のように判示した。外国法人である被告がわが国となんらかの法的関連を有する事件については例外的にわが国の裁判権が及ぶ場合もある。この例外的扱いの範囲については、当事者間の公平、裁判の適正・迅速を期するという理念により条理に従って決定するのが相当であり、被告の居所、法人の事務所・営業所、義務履行地、被告の財産所在地、不法行為地など、民訴法の規定する裁判籍のいずれかがわが国内にあるときは、これらに関する訴訟事件につき、被告をわが国の裁判籍に服させるのが右条理に適う。
その後下級審裁判所は、わが国で裁判を行うことが当事者間の公平、裁判の適正・迅速を期するという理念に反する「特段の事情」がある場合を除き、民訴法の規定する裁判籍のいずれかがわが国内にあれば国際裁判管轄を認めるという考え方（修正逆推知説）を発展させてきたが、最高裁は、ファミリー事件（最高裁平成9年11月11日判決）においてこの考え方を確認するに至った。

2012年4月1日、財産権上の訴えについて国際裁判管轄の規定を新設することを内容とする改正民事訴訟法が施行された。財産関係に関する具体的な国際裁判管轄は以下のとおりである。

① 被告の住所地・主たる営業所所在地

当事者間の公平の理念から「原告は被告の法廷に従う」の格言により、被告がわが国に住所または主たる事業所・営業所を有する場合には、わが国に国際裁判管轄が認められる（民事訴訟法3条の2、1項、3項）。

② 契約債務履行地

契約事件について債務履行地がわが国にある場合には、わが国に国際裁判管轄が認められる（民事訴訟法3条の3、1号）。

③　不法行為地

不法行為事件についてわが国に不法行為地がある場合には、わが国に国際裁判管轄が認められる（民事訴訟法3条の3、8号）。隔地的不法行為の場合は、加害行為地、結果発生地のいずれについても国際裁判管轄が認められる。

④　不動産所在地

不動産については、所在地の登記制度との関係などから、被告の不動産がわが国にある場合には、わが国に国際裁判管轄が認められる（民事訴訟法3条の3、11号）。

⑤　併合請求管轄

請求の客観的併合については、併合される複数請求の一の請求についてわが国の国際裁判管轄が認められる場合、当該一の請求と他の請求との間に密接な関連があるときに限り、わが国の裁判所に訴えを提起することができる（民事訴訟法3条の6）。請求の主観的併合については、客観的併合の場合と同様に、併合される請求間の密接関連性を要求するほか、訴訟の目的である権利または義務が数人について共通であること、または同一の事実上および法律上の原因に基づくことを要件として、国際裁判管轄が認められる（民事訴訟法3条の6、38条前段）。

⑥　応訴管轄

被告が本案について応訴し、国際裁判管轄欠如の抗弁を提出しなかった場合には、当事者間の公平の見地から当該裁判所に国際裁判管轄が認められる（民事訴訟法3条の8）。

⑦　合意管轄

当事者は、合意により、いずれの国の裁判所に訴えを提起することができるかを定めることができる（民事訴訟法3条の7、1項）。国際裁判管轄の合意は、一定の法律関係に基づく訴えに関する書面による合意でなければ、効力を生じない（民事訴訟法13条の7、2項）。管轄合意は、専属管轄規定に反するものであってはならない（民事訴訟法3条の10）。外国裁判所の専属管轄の合意は、その裁判所が法律上または事実上裁判権を行うことができないときは援用できない（民事訴訟法3条の7、4項）。

裁判管轄の合意は一般的には認められるのが原則であるが、その条件などは国により異なっており、裁判管轄に関する一般的な条約も成立するには至ってない。

> わが国の最高裁は、チサダネ号事件（最高裁昭和50年11月28日判決）において合意管轄について次のように判示した。わが国国際民事訴訟法上の条理解釈として、外国裁判所に専属管轄を認める合意は、日本の専属管轄に属する事件でないこと、および当該外国裁判所がその外国法上当該事件につき管轄権を有すること、という２要件を満たせば原則として有効であるが、合意がはなはだしく不合理で公序法に違反するときなどの場合は格別である。

ハーグ国際私法会議において包括的な裁判管轄に関する条約の締結に向けて努力がなされたが、その成立には至らず、2005年に小規模な条約として「管轄合意に関する条約」が採択された。この条約によれば、専属的管轄合意により指定された裁判所が、当該国の法により合意が無効である場合を除き、国際裁判管轄を有する、そして指定された裁判所が下した判決は、他の締約国において承認・執行が義務付けられている。

（3）　外国判決の承認と執行

国際訴訟の類型に関する上記①の場合において勝訴した原告、③の場合において勝訴した原告は、当該外国判決の承認および執行に関して、下記のようにわが国の民事訴訟法および民事執行法の適用を求めることになる。

国家は外国判決の効力を内国で認める国際法上の義務を負っていないが、当事者の権利を国際的に実現すること、内外判決の矛盾を防止すること、司法エネルギーを節約することなどの理由から、多くの国は一定の条件の下で外国判決を承認している。

外国判決の承認とは、外国判決が判決国で有する既判力や形成力を内国でも認めることであり、判決効の内容や範囲は原則として判決国法により定まる。これに対して執行力は、判決内容の強制的実現を判決国執行機関に命じるものであるから、そのまま承認することはできず、内国において執行判決により承認要件の充足を審査した上で改めて付与されなければならない（民事執行法 24 条）。

わが国は、外国判決の効力の承認のためになんらの特別の手続を必要とせず、一定の要件を充足する限り自動的に承認する制度を採用している。民事訴訟法 118 条は外国判決承認の要件を以下のように定めている。

①外国裁判所の確定判決であること

当該外国判決は、判決国法上、通常の不服申し立て手段に服するものであってはならず、外国裁判所が私法上の法律関係について終局的になした裁判でなければならない。

②外国裁判所が国際裁判管轄を有すること

外国裁判所が国際裁判管轄を有すること（間接管轄）が必要であり、その有無は承認国であるわが国の直接管轄（わが国裁判所の国際裁判管轄）の基準に照らして判断されなければならないとするのが一般的な見解である。一方で、間接管轄は直接管轄とは異なり、外国ですでに終了した手続に対する事後的評価にかかわるものであり、直接管轄よりも緩やかな基準で判断すべきであると主張されている。

③敗訴の被告が適正な送達を受けたこと

敗訴の被告が訴訟の開始に必要な呼び出しもしくは命令の送達（公示送達その他これに類する送達を除く）を受けたことまたはこれを受けなかったが応訴したことという要件は、防御の機会なくして敗訴した被告の保護を図る趣旨である。判決国とわが国との間に送達条約（1965 年民事または商事に関する裁判上および裁判外の文書の外国における送達および告知に関する条約）などの条約上の取決めがある場合、それを遵守しない送達については適式性を否定する見解が主張されている。

一方で、コモンロー系の国において代理人である弁護士が訴状を名宛人に直接交付する、あるいは直接郵送するという方法については、条約上の正規の送達方法ではないが、それによって被告が訴訟の開始を了知し、適時に対応できたかどうかを個別の事情を勘案して認容しようとする見解もある。

④判決の内容および訴訟手続がわが国の公序に反しないこと

外国判決の内容および訴訟手続がわが国の公序に反するときは、外国判決は承認されない。公序違反か否かの審査においては、判決主文のみならず、理由中の判断や審理で提出された証拠資料なども審査の対象となりうる。もっとも、実質的再審査は禁止されており、承認国の公序維持の立場から承認国内における外国判決の効力を否定する限度にとどまる。

⑤相互の保証があること

相互の保証とは、判決国がわが国裁判所の同種の判決を民事訴訟法118条と重要な点で異ならない要件の下で承認するとき、わが国は当該外国判決を承認するものであり、外国におけるわが国判決の効力を確保しようとする政策的な要件である。しかし、その実効性や要件充足の判断の困難性などの観点からその存在意義が疑問視されている。

（4）　訴訟対策

企業の法務部門は、国際訴訟の類型に関する上記①および③の場合において、外国裁判所に提訴されそうなときあるいは外国裁判所に提訴しようとする場合にはこれらに備えて、直ちに訴訟対策に着手しなければならない。なお、上記②および④の場合においては、国内訴訟に準じて対応することになる。

全社的な訴訟対策チームの迅速な立上げ、証拠資料の収集・検証・分析、関係者のヒアリング・検証・分析、調査の実施などは、国内訴訟の場合と同様であり、これらの共同作業を踏まえて、訴訟戦略を立案することが必要である。

弁護士の起用については、国内訴訟とは異なる観点からの検討が必要である。すなわち、国際訴訟の場合、海外の法廷地において活動している有能な弁護士を起用しなければならない。また、その起用の仕方も、国内の法律事務を経由する方法と現地の法律事務所を直接起用する方法がある。国際法務の経験や知見が少ない企業の場合は前者の方法に頼らざるをえないとも考えられるが、費用と時間の両面で大きな負担がかかることになるので、現地の法律事務所を直接起用することが望ましい。グローバルに事業を展開する企業の法務部門は、いつ何時に生じるかもしれない国際訴訟に備えて、日頃から海外の法律事務所とのネットワークをつくっておく必要がある。

また、どのような海外法律事務所を起用するかは、当該紛争の規模や性質などの観点を勘案することになるが、その専門分野に着目して、例えば、環境法、知的財産法や競争法など、当該紛争にかかわる特定の分野に強い法律事務所を起用する必要がある。

注

1　ICC1998年仲裁規則、AAA2000年仲裁規則、LCIA1998年仲裁規則、UNCITRAL1976年仲裁規則、JCAA1997年仲裁規則。
　中村達也『国際商事仲裁入門』（中央経済社、2001）216頁以下（主要仲裁規則の主な比較）参照。

2　当事者はそれぞれ、往復の時間、経費、コミュニケーションの設備、仲裁機関のサービスや証拠開示の仕方などの諸要素を考慮する。

3　法の適用に関する通則法7条1項（当事者による準拠法の選択）の下での黙示の意思の解釈あるいは8条1項（最密接関係地法）の解釈により、結果として仲裁地法が適用される可能性は高いと考えられる。

4　仲裁地が日本にある仲裁において、当事者が外国の仲裁法に基づいて仲裁を行うことを合意した場合にも当該外国の仲裁法の指定は、いわゆる準拠法選択としての効力は認められず、無効とされる。近藤昌昭ほか『仲裁法コンメンタール』（商事法務、2003）10-11頁。

5　大隈一武『国際商事仲裁の理論と実務』（中央経済社、1995）125-128頁。

6　櫻田嘉章『国際私法第5版』（有斐閣、2006）213頁。

7　本間靖規・中野俊一郎・酒井一『国際民事手続法第2版』（有斐閣、2012）40-42頁。

第 8 章

国際技術ライセンス契約関係の発展

1　改良技術の交換とサブライセンス

（1）　改良技術の交換

ライセンサーにとって、自己の所有する技術のライセンスは単にロイヤルティ収入ということが目的というわけではなく、むしろライセンシーの技術開発力に期待してライセンシーから改良技術を得ることを企図する例も多く見受けられる。ライセンシーからの改良技術とともに、ライセンサー自らも許諾技術の改良に努める。ライセンサーとライセンシーの関係が単なる技術移転の関係から改良技術の交換を通じたいわば協力関係へと発展することになる。技術または知的財産が企業にとって貴重な経営資源であり、かつ技術革新が急速に展開される今日、このような関係の構築は必然的な流れと考えられる。

（a）独占的グラントバックと非独占的グラントバック

ライセンサーは、許諾技術についてライセンシーに独占的ライセンスを与える場合には、ライセンシーの改良技術についても独占的グラントバックに固執しようとするが、ライセンシーによる改良技術の促進という観点がきわめて重要である。

改良技術の開発についてライセンシーにインセンティブを与えるために、また競争法上の問題からも、ライセンサーへのグラントバックは非独占的とする必要がある。一方、ライセンサーの改良技術についてもライセンシーに対して非独占的とする。さらに、いずれの改良技術についても大きいものについては有償をベースとする。このような配慮により、ライセンシー、ライセンサーいずれも改良技術の開発に向けたインセンティブが働くと考えられる。

（b）商業化完成型ライセンス関係

ライセンサーは、自身が商業化した技術をライセンシーに移転するのが原則である。しかし、競争者に先駆けて当該技術をできるだけ早く世に送り出したい、あるいは当該技術を商業化の段階にまで達するには自社単独では相当な時間を必要とする、もしくは商業化のために必要な技術力や生産能力を欠いているような場合には、この商業化未完成の技術をライセンシーにライセンスして、ライセンシーによる商業化を期待する例がありうる。ライセンシーからの改良技術のグラントバックによって、ライセンサーはその基本技術を完成することができる。

このようなライセンシーは、当該技術分野において優れた技術力や生産能力を有することは当然のことながら、さらに資金力やマーケティング力などの経営資源を有する企業であることが多く、一方ライセンサーは、いわゆるベンチャービジネスや技術志向のメーカーである例がしばしば見受けられる。

（c）共同開発型ライセンス関係

ライセンサーは、ライセンシーからの改良技術を加えて、さらなる改良技術を開発するという改良技術の交換から、さらに改良技術を相互に共同して開発するという共同開発関係の段階に入るに至るほどライセンシーの技術開発力に期待する例も多く見受けられる。

この場合当初のライセンス関係が実質的に共同開発関係に発展するという枠組みと当初から共同開発関係の中の一環としてライセンスが位置づけられる枠組みが考えられる。

共同開発関係においてライセンシーは、ライセンス関係におけるいわば受身の立場から共同開発におけるパートナーの立場に立つことになる。いずれのアプローチかにより、契約関係の法的な性格およびそれぞれの権利・義務も変わってくる可能性があるので、ライセンサー、ライセンシーはそれぞれの立場からの利害を調整しておく必要がある。

（2）　サブライセンス

サブライセンスは、ライセンサーの許諾なしには生まれないのが原則であるが、サブライセンス関係をどのような枠組みにするかにより、ライセンサー、ライセンシーいずれにとってもライセンス関係からの果実を最大限に得るための有力な手段の 1 つであると考えられる。

（a）ライセンシーグループの形成・拡大のためのサブライセンス

ライセンサーは、許諾技術についてライセンシーにサブライセンス権を与えることにより、サブライセンシーからのロイヤルティの一部を得ることができるが、それ以上にライセンシーの技術マーケティング力を利用することにより、ライセンシーグループを形成・拡大することが可能である。

ライセンサーは、当該技術分野のグローバルな技術市場においてリーダーシップを確立することがその技術戦略ないしライセンス戦略であるならば、ライセンサー自身の技術マーケティング力には限界があることから、ライセンシーと協力しつつ、ライセンシーの力を最大限に活用することが必要となる。

ライセンシーにとっても、サブライセンスによりロイヤルティ収入を確保できるとともに、自らの技術力の影響を世に示すことができる、さらに自らの改良技術のライセンス活動にきわめて有利な状況が整うことになる。

（b）改良技術のサブライセンス

ライセンサーは、ライセンシーの改良技術のグラントバックに期待するが、それを自ら実施するだけではなく、そのグループ会社にも実施させたい場合がしばしばである。とりわけライセンサーがグローバル企業である場合には、国内外において多くの生産子会社を有しており、経営戦略の観点からこれらのグループ会社にライセンサーの基本技術に加えてライセンシーの改良技術を実施させる必要がある。

さらに、ライセンサーは、当該技術分野における最新の技術をライセンスするためには、自らの基本技術にライセンシーによる改良技術を加える必要が生じる。ライセンサーは、改良技術のサブライセンス権をライセンシーから得ることによって、そのライセンス活動を発展させることができる。

ライセンシーにとっても、その改良技術の影響力を広める機会となるとともに、ライセンサーからその許諾技術についてのサブライセンスを得るための対価とすることが可能となる。

2　クロスライセンスとパテントプール

（1）　クロスライセンス

クロスライセンス（cross license）とは、特許等の複数の権利者がそれぞれ所有する技術について、相互にライセンスすることである。クロスライセンスは、例えば、固定額のロイヤルティもしくランニングロイヤルティを規定する、またはなんらの対価を伴わないこととする、地理的制限または使用分野の制限を設ける、あるいは２つの特許、一定の数の特許または特許のポートフォリオ全体を対象とすることなどによって、その範囲は大きく異なってくる。

クロスライセンスは、当事者双方の足りない技術をお互いに補うことによって、双方の特許・技術の価値を高めることを可能にし、通常はロイヤルティの支払いを伴わないことも多いことから、技術開発の負担を軽くすることに役立つものである。

企業が所有する知的財産としての技術の価値が高ければ高いほど、他の企業が一方的にその技術を導入することは、対価がどのようなものであれ、ますます難しくなっている。とりわけ先端技術の分野においてはその傾向が著しく、相互に技術を交換するのでなければ技術を出さないという企業が多くなっている。すなわち、クロスライセンスによってのみ技術の導入が可能となる。技術力をもち、数多くのライセンスを許諾できる企業ほど、他企業から技術を導入できる機会が多いことになる。クロスライセンスの対象となる双方の技術は、同一の技術分野に属するもの、あるいは関連するものであるのが通常であるが、ライセンサーであり、同時にライセンシーでもある両当事者のいずれにとっても技術の結集を図ることが可能である[1]。

ところで、クロスライセンスという技術・知的財産の交換による他企業の技術へのアクセスというアプローチは、技術や知的財産を収入源とみるのではなく、一定の目標を達成するために交渉の過程で用いられる通貨や取引のチップ、あるいは「てこの力（leverage）」とみなしている。このような特定の目標は戦略的な観点から次のように考えられる[2]。

① 設計の自由を確保するためのクロスライセンス

設計の選択肢を拡げ、コストが高くつく設計の迂回を避け、そして特許侵害にかかわる監視と訴訟の可能性を避けるために、設計の自由度が必要とされる。このような設計の自由のためのクロスライセンスは、まさに知的財産権の交換、つまり企業がその知的財産権の実施を相手方の知的財産権と交換することのみによって許諾することである。エレクトロニクス、コンピュータや半導体のような産業においては、関連特許の数が膨大でかつその所有が分散しているので、一定の製品を商業化するためには複数の他企業からライセンスを得ることが不可欠となる。

② 技術を獲得するためのクロスライセンス

設計自由度のためのクロスライセンスの場合は知的財産権の交換のみであるが、上述した技術獲得のためのクロスライセンスの場合にはさらにノウハウや技術援助を伴うことになる。

③ 特許侵害に備えたクロスライセンス

潜在的な競争相手から将来的に特許を侵害したとして訴えられるかもしれない場合に備え、直ちにクロスライセンスを交渉の手段として用いることができるように、企業は多数の特許を特許資産として保有する場合がある[3]。

特許ポートフォリオが充実した企業間においては、包括的クロスライセンスの形態がしばしば採用される[4]。両当事者のそれぞれが保有する特許ポートフォリオについて包括的にクロスライセンス契約を結び、お互いに特許の自由な使用を確保するものである。両者の特許ポートフォリオの価値がまったく同一とは限らず、その価値の差額は金銭により補填することが必要となる[5]。

対象となる特許はリスト化されており、個別特許に対するライセンスおよびロイヤルティという観念はあまりないのが一般的である。当該クロスライセンス契約の範囲内であらかじめ特定された分野において新たに生じた特許については、漸次特許リストに加えられると規定する場合もある。包括的クロスライセンス契約の期間は、比較的長期となる可能性がある。

（2） 国際標準とパテントプール

現代のグローバル市場における激しい競争環境の下で、企業は自己の製品がグローバル市場での標準規格品の座を獲得し維持するためには、生産活動において量産効果によりコスト競争力を高めるだけでなく、商品化計画の上でも優位に立たなければならない。そのために企業は経営政策として製品・技術の国際標準化を追求する必要がある。

国際標準を構築するためのプロセスは、大きく次のような類型に一般的に分けることができる[6]。

第１に、デファクト標準（De Fact Standard）設定型。具体的な製品や作業の規格・仕様を市場に投入する前に数社共同で標準化し、それを他のメーカー等にも公開し、開発・生産・販売に入る場合。企業がデファクト標準の計画設定を最も積極的かつ具体的に推進するルートであり、主として特定の製品の規格化を目指して複数の企業が契約を結ぶ形がとられる。

第２に、デファクト標準目標型。企業間においてデファクト標準そのものを目的とする共通の取決めではなく、他の目的の共同事業・提携契約を通じてデファクト標準を確立しようとする場合。共同開発に多く例が見受けられるが、環境関連の技術開発や部品共通化などの技術提携においても当該契約関係の目的として追求される。

第３に、デジュリ標準（De Jure Standard）先取り型。大手企業あるいは複数の企業が業界団体、政府などを動かし、またはそれらの機関の計画に参加して、国際標準化機関に既存のもしくは新規の基準を公的な業界標準として認めさせる場合。このタイプの目的は、自社や業界の製品規格を国際規格に認めさせるという具体的・短期的で明確な利益の獲得・維持のものから、包括的・長期的でリスク回避や社会的な効率化を含むものにまで及んでいる。

このような国際標準化を構築するための手段の 1 つとして、企業の有する知的財産権の活用の観点からパテントプール（patent pool）の利用が盛んに行われている。

パテントプールにおいては、ライセンシーはライセンス会社を通じて特許権者の有する特許について一括して許諾を受けるが、ライセンシーはライセンス会社に対価であるロイヤルティをまとめて支払う。ライセンス会社にどのような権利を与えるかによって、2 つのパテントプールの形態に一般的に分けることができる[7]。

第 1 は、サブライセンス型パテントプール。特許権者は、ライセンス会社にサブライセンス権付きライセンスを許諾し、ライセンス会社がライセンシーにサブライセンスすることにより、特許を実施できるようにする仕組みである。第 2 は、ジョイントライセンス型パテントプール。ライセンス会社は、サブライセンス権をもつことはなく、ライセンス契約の交渉、締結およびロイヤルティ徴収業務につき特許権者の代理人としての役割を担い、ライセンス契約は特許権者とライセンシー間で直接成立する仕組みである。

（a）アメリカにおける動向

パテントプールとは、特許等の複数の権利者が、それぞれ所有する特許等または特許等のライセンスを許諾する権限を一定の企業体や組織体に集中し、当該企業体や組織体を通じてパテントプールの参加企業等が必要なライセンスを受けるものである。

パテントプールが形成されると、参加企業等はプールされた特許等を自由に実施することが可能であり、自己の特許等を第三者にライセンスすることも認められる。パテントプールは技術標準化の手段としてしばしば用いられるが、その場合プールされる特許等は専門家により技術標準に不可欠であるかどうか判断されるのが通常である。また、プールされたパテントポートフォリオから得られたロイヤルティは、各特許権等の利用頻度や存続期間などに応じて配分される[8]。

連邦最高裁判所は、Standard Oil Co. (Indiana) v. United States, 283 U.S. 163 (1931) において、ガソリン分解の競合する技術の所有者間のパテントプールが反トラスト法に違反したとする司法省の訴えを拒絶した。問題の複数の特許は、相互に抵触するのものであったので、当該技術が使用されるためにはなんらかの取引が必要であった。さらに、プールのメンバーが特許化された分解プロセスに対して相当程度のコントロールを有していたとしても、最高裁が事実関係を分析したように、最終製品市場において、他の分解プロセスおよび古い非分解プロセスによってつくられたガソリンとの非常な競争があった。しかも、プールは非独占的ライセンスを認めており、各プールメンバーは、第三者にその特許を自由にライセンスすることができたのである[9]。

アメリカ司法省が反トラスト法上の観点から承認したパテントプールの例は次のとおりである[10]。

多くのエレクトロニクス会社は、MPEG-2 標準または DVD-ROM・DVD-Video 標準を含むパテントプールに対する司法省のレビューを求めた。

1 つ目のプールは、多くのエレクトロニクス会社およびコロンビア大学により提案されたものであり、彼らは、MPEG-LA と称する有限責任会社を設立し、MPEG-2 標準に従うために必須の 27 の特許を出資した。2 つ目のプールは、Phillips、Sony および Pioneer によってつくられ、DVD-ROM および DVD-Video 標準に従うために必須の特許を対象とした。Toshiba、Matsushita、Hitachi、Mitsubishi、Time-Warner および Victor によってつくられた 3 つ目のプールは、DVD 標準に従う目的のための特許をプールしていた。

これらのパテントプールの基本的特徴は同じであった。

第 1 に、各プールにおいて、当事者は、技術標準に必須の（essential）特許のみを供出することができた。MPEG-2 プーリングにおける「必須の」という定義は、プールに含まれる各特許の技術的代替がないこと、およびプールされた特許がお互いに関連してのみ MPEG-2 製品にとって有用であることを要求していた。各プールにおける特許保有者は、競合する技術をプールしたのではなく、1 つの技術の補完的構成物を組み立てたのであった。

第 2 に、とりわけ重要なことだが、許諾されたライセンスは非独占的であった。各々の特許保有者は、プールから独立して、第三者にその特許を自由にライセンスすることができた。

第3に、各プールにおいて、独立の専門家が、特許が必須のものか、そしてプール内に含まれるべきかどうかを決定する。

第4に、各プールは、第三者に対して平等なアクセスを約束した。プールは、ライセンスを要請する会社に無差別のベースに基づきライセンスをオファーした。パテントポートフォリオは、すべての第三者に同じ条件でオファーされた。

第5に、それぞれのプールは、反競争的リスクを相殺する効率性を提供した。

このようにして、プーリングは、業界標準技術に従って製品を製造するために必要とされた多様なライセンスを蓄積するために要求される時間と費用を削減することができたのである。

（b）わが国における動向

公正取引委員会は、標準化活動およびそれに伴うパテントプールの形成・運用に関して、「標準化に伴うパテントプールの形成等に関する独占禁止法上の考え方（平成19年9月28日改正」）を公表した。このガイドラインによれば、「規格に係る特許についてのパテントプールに関する独占禁止法上の問題点の検討」は以下のとおりである。

（i）基本的な考え方

規格に係る特許についてパテントプールを形成・運用することの独占禁止法上の問題の有無については、個別の事案ごとに、(ア)規格がどの程度普及しているか、(イ)規格が広く普及している場合には当該プールが関連する市場でどのような地位を占めるかなど、関連する市場の状況を踏まえ、競争促進的な効果および競争制限的な効果を含め、競争に及ぼす影響について総合的に検討した上で判断する必要がある。

複数の事業者が、規格に係る特許についてパテントプールを通じてライセンスする際に、ライセンシーの事業活動について一定の制限を課しても、規格を採用した製品の販売価格や販売数量を制限するなど明らかに競争を制限すると認められる場合を除き、(ア)当該プールの規格に関連する市場に占めるシェアが20%以下の場合、(イ)シェアでは競争に及ぼす影響が適切に判断できない場合は、競争関係にあると認められる規格が他に4以上存在する場合には、通常は独占禁止法上の問題を生じるものではない。

(ii) パテントプールの形成に関する独占禁止法上の考え方

① パテントプールに含まれる特許の性質

パテントプールが、規格の機能・効用を実現するために必須な特許(必須特許)[11]のみにより構成される場合には、これらすべての特許は規格で規定される機能および効用を実現する上で補完的な関係に立つことから、ライセンス条件が一定に定められていても、これらの特許権の競争が制限されるおそれはない。したがって、パテントプールに含まれる特許の性質に関して独占禁止法上の問題が生じることを確実に避ける観点からは、パテントプールに含まれる特許は必須特許に限られることが必要である。

なお、独占禁止法違反行為の未然防止の観点からは、パテントプールに含まれる特許が必須特許であるか否かについて、恣意的な判断を避けるため、パテントプールに参加する事業者から独立した専門的な知識をもった第三者が行うことが必要である。

必須特許とはいえない特許が合理的な理由なくパテントプールに含まれている場合には、規格技術の間の競争に以下のような影響が及ぶ結果、技術市場における競争が実質的に制限されるなど、独占禁止法上の問題が生じるおそれがある。

(ア) パテントプールに含まれる特許が相互に代替的な関係にある場合(以下、このような関係にある特許を「代替特許」という)、これらの特許はライセンス条件等で競争関係に立つことから、パテントプールに含められライセンス条件が一定とされることにより、これらの代替特許間の競争が制限される。

(イ) また、パテントプールに含まれる特許は相互に代替的な関係にない場合であっても、パテントプールに含まれる特許が当該プール外の特許と代替的な関係にある場合、必須特許と一括してライセンスされることにより、当該プール外の代替特許は、容易にライセンス先を見いだすことができなくなり、技術市場から排除される。

したがって、必須特許以外の特許がパテントプールに含まれる場合には競争制限効果が大きくなりうるため、当該規格の普及の程度、代替的なパテントプールや規格技術の有無などの市場の状況の外、以下の点も勘案し競争に及ぼす影響について総合的に判断することになる。

(ア)　パテントプールに必須特許以外の特許が含められることに、合理的な必要性が認められるかまたは競争促進効果が認められるか。

(イ)　パテントプールに特許を含める者が、当該プールを通さずに当該特許を他の事業者に直接ライセンスすることが可能か。また、事業者がパテントプールに含まれる特許の中から必要な特許のみを選択してライセンスを受けることが可能か。

②　パテントプールへの参加に係る制限

(ア)　パテントプールへの参加の制限

パテントプールへの参加を一定の条件を満たす者に制限することは、制限の内容が、パテントプールを円滑に運営し、規格を採用する者の利便性を向上させるために合理的に必要と認められるものであり、競争を制限するものでなければ、通常は独占禁止法上の問題を生じるもではない。

また、特定の規格を策定するに当たり、規格を迅速に広く普及させるため、標準化運動の参加者が、規格の策定後は規格に係る特許はパテントプールを通じてライセンスすることを事前に取り決めることは、対象が必須特許に限られ、かつ、ほかに当該特許の自由な利用が妨げられないなどの場合は、通常は独占禁止法上の問題を生じるものではない。

(イ)　パテントプールの参加者に対する制限

パテントプールに参加する者に対して、パテントプールの運営のために一定のルールを課すことなどは、制限の内容がパテントプールを円滑に運営し、規格を採用する者の利便性を向上させるために合理的に必要と認められるものであり、かつ、特定の事業者にのみ不当に差別的な条件を課すものでない限り、通常は独占禁止法上の問題を生じるものではない。

しかしながら、パテントプールに参加する者に対して、パテントプールを通す以外の方法でライセンスすることを認めないなど、特許の自由な利用を制限することは、通常はパテントプールの円滑な運営に合理的に必要な制限とは認められず、製品市場および技術市場における競争に及ぼす影響も大きいと考えられことから。独占禁止法上の問題となるおそれがある（私的独占、不当な取引制限等）。

③　パテントプールの運営

通常、パテントプールの運営においては、ライセンシーからのライセンス料の徴収、ライセンス条件の履行状況の確認などの活動を通じて、ライセンシーによる製品の生産・販売数量、販売価格などライセンシーの事業活動に関する重要な情報がパテントプールの運営者に集中することになる。パテントプールの参加者やライセンシーがこれらの情報にアクセスできる場合、ライセンシーが製品の生産・販売数量、販売価格などについて相互に制限を課すために用いるなど、独占禁止法違反行為を行うための手段として利用されるおそれがある。

したがって、独占禁止法違反を未然に防止し、パテントプールに期待される競争促進効果を十分に発揮させるためには、パテントプールの運営者に集中するライセンシーの事業活動に関する情報について、パテントプールへの参加者やライセンシーがアクセスできないようにすることが重要であり、例えば、パテントプールの参加者と人的・資本的に関係のない第三者に運営業務を委託するなどの措置が講じられることが望ましい。

（iii）パテントプールを通じたライセンスに関する独占禁止法上の考え方

規格に係るパテントプールについては、規格を採用する事業者の事業活動に及ぼす影響が大きく、影響が及ぶ範囲も多数のライセンシーに斉一的かつ広範にわたることから、競争への影響について慎重に検討する必要がある。

①　異なるライセンス条件の設定

規格について特許を有する者がパテントプールを形成し、規格を採用する者にライセンスする際に、ライセンスされる特許の利用範囲（技術分野、地域等）や利用時期を制限し、それらに応じてライセンス料に差を設けることは直ちに独占禁止法上問題となることはなく、個々の事案について、差を設けることの合理的な必要性を踏まえつつ競争への影響が判断される。パテントプールを通じたライセンスにおいて、特段の合理的な理由がなく、特定の事業者にのみ（ア）ライセンスすることを拒絶する、（イ）他のライセンシーに比べてライセンス料を著しく高くする、（ウ）規格の利用範囲を制限するなどの差を設けることは、差別を受ける事業者の競争機能に直接かつ重大な影響を及ぼす場合には独占禁止法上問題となるおそれがある（私的独占、共同取引拒絶等）。したがって、独占禁止法違反行為の未然防止の観点からは、合理的な理由のない限り非差別的にライセンスすることが必要である。

② 研究開発の制限

規格に係る特許についてパテントプールを通じてライセンスする際に、ライセンシーに対して、規格技術または競合する規格についてライセンシーが自らまたは第三者と共同して研究開発を行うことを制限することは、代替的な規格技術や規格の開発が困難となり、製品市場または技術市場における競争が制限されるおそれがある（私的独占、不当な取引制限等）。

③ 規格の改良・応用成果のライセンス義務（グラントバック）

規格に係る特許についてパテントプールを通じてライセンスする際に、ライセンシーが規格技術に関して行う改良・応用の成果について、当該プールに加えるように義務付けることは、

（ア） ライセンシーによる改良・応用の成果が当該プールに集積されるため、代替的な規格技術や規格を開発することが困難となるなど、当該規格に関連する市場に占める当該プールの地位が強化される

（イ） ライセンシーによる改良・応用の成果の中に機能および効用が類似のものがある場合は、多数の代替特許がプールに含まれることとなり、これら代替特許間の競争が制限される

ことなどにより、技術市場における競争が制限されるおそれがある。

④ 特許の無効審判請求等への対抗措置（不争義務）

規格に係る特許についてパテントプールを通じてライセンスする際に、ライセンシーに対して不争義務を課し、ライセンシーがライセンスされた規格

に係る特許について無効審判請求を提起した場合には、当該プールに含まれるすべての特許について当該ライセンシーとの契約を解除することは、当該プールに参加する個々の特許権者が個別にこのような措置を採る場合に比べてライセンシーの事業活動に及ぼす影響が大きく、ライセンシーが、ライセンスを受けた特許の有効性を争う機会を失うおそれがある。したがって、規格に係る特許についてパテントプールを通じてライセンスする際に、ライセンシーがライセンスを受けた特許の有効性を争う場合には、プールの参加者が共同でライセンス契約を解除する旨を取り決めることは、独占禁止法上問題となるおそれがある（共同の取引拒絶）。

⑤　他のライセンシー等への特許権の不行使（非係争義務）

規格に係る特許についてパテントプールを通じてライセンスする際に、ライセンシーに対して、ライセンシーが有しまたは獲得することとなる全部または一部の特許について他のライセンシーに対して権利行使しないよう義務付けること（非係争義務）は、実質的に、多数の特許が当該プールに集積されることとなるため、当該規格に関連する市場に占める当該プールの有利な地位が強化されるまたはライセンシーの有する代替特許間の競争が制限されるなど、技術市場における競争が実質的に制限されるおそれがある（私的独占、不当な取引制限）。

3　ライセンスネットワーク

（1）　ライセンス関係の枠組み

ライセンサーが許諾技術の技術市場においてリーダーシップをとるための有用な方法として、多くのライセンシーと締結した個々の国際技術ライセンス契約を、ライセンサーを核とするライセンス関係として構築することが考えられる。このようなライセンスのネットワークの中核にライセンサーが位置することが可能であれば、その内容と範囲いかんによっては当該技術のネットワークを世界中にはりめぐらせることが可能である。

まず、前提条件として、ライセンサーが戦略的なライセンス活動の対象とする技術について積極的な国際技術移転に努め、相当な成果を上げ、複数のライセンシーを有していることが必要である。当該技術にはある程度の国際競争力があることを証明しているが、ライセンサーとしてはさらなるライセンスの展開によりリーダーとしての位置の確保を図りたいところである。

このための国際技術ライセンス契約の枠組みは、ライセンサーからの改良技術の絶えざる供与、ライセンシーからの改良技術のグラントバックとその改良技術のライセンサーによるサブライセンスをベースとして、ライセンサーとすべてのライセンシーをメンバーとする技術交換会の定期的な開催を中心とする「技術の流れ」の構築である[12]。つまり、ライセンス契約上、ライセンサーは、それぞれのライセンシーに対してライセンシーの改良技術のグラントバックと当該改良技術のライセンサーによるサブライセンスを要求する権利を有し、一方で、自らの改良技術をライセンシーに供与する義務を負う。そしてライセンサーは、このような改良技術の交換をライセンサーが中心となる技術交換会によって実現し、技術の流れをつくることを約束するのである。

（2） ライセンスネットワーク構築の条件

上記のような改良技術交換のネットワークが実際に効果を発揮するための条件設定はどのようなものであろうか。

第 1 に、ライセンシーからその改良技術のライセンサーへのグラントバックは、非独占的かつ無償とする。独占的な権利をライセンサーに与えることは、ライセンシーの事業活動を抑制することになり、かえって好ましくない結果となる。第 2 に、ライセンサーは、グラントバックされた改良技術のサブライセンスを許諾できる無償の権利を有し、ライセンサーにライセンシーのためにサブライセンスを許諾する同様な権利を与える第三者に対し、サブライセンスを供与する。したがって、ライセンシーからグラントバックされたサブライセンス付のライセンスと、ライセンシーとなる第三者によりライセンサーに許諾されたサブライセンス付のライセンスは、対価関係に立つことになる。第 3 に、ライセンシーがその改良技術について特許権を出願しない場合には、ライセンサーが発明者の名前で出願し、発明者から当該特許権を譲り受け、ライセンシーに非独占的ライセンスを供与することとする。これによってライセンサーはライセンシーの改良技術の特許権を取得する機会を確保することができる。第4に、ライセンサーは、すべてのライセンシーをメンバーとする改良技術交換会を定期的に主催する。この交換会は、お互いの改良技術について情報を交換し、それを評価して交換を促進することを目的とするが、同時にライセンサーが改良技術交換の中心であることを認識させるのに役立つものである。第5に、このような改良技術交換のプログラムに参加することは、ライセンシーのオプションとする。すなわち、その参加はライセンシーの自由な選択に委ねることを原則とするべきである。この種のネットワークは、改良技術が自由にかつ絶えず関係当事者の間を流れることが前提であり、そのためには強制的ではなく、拘束的でないことがむしろ望ましいと考えられる。第6に、参加の期間は限定された（例えば5年から7年）ものとする。改良技術の交換が相互的である以上、交換に値する技術が生まれるのは技術移転後のある程度の期間内であるのが通常であり、その限られた期間に集中するのが効率的であると考えられる。また、なんらの新しい改良技術を生み出さなくなったライセンシーが長期間いわばただ乗りをすることを阻止することは、ライセンシー間の公平の見地からも必要とされる。

以上のような枠組みの中で、ライセンサーが許諾技術の継続的な改良に努め、その改良技術あるいは他のライセンシーの改良技術をライセンシーに供与しつつ、さらにライセンシーの数を増やしていくならば、ライセンサーは改良技術の真の核となり、グローバルな改良技術交換のネットワークの中心となることができる。また、改良技術そのものも相乗効果によりさらなる改良がなされる結果となる。もっとも、枠組みが設定されたらそれで十分というわけではなく、かかるネットワークの成否は、改良技術交換会をどのように運営するのか、改良技術の情報開示をどのようにするのかなど、ライセンサーのリーダーシップいかんによっているのはいうまでもない。これはまさにライセンサーのライセンス戦略が力を発揮するところである。

4　ライセンスネットワーク・ジョイントベンチャー

(1)　ライセンスネットワーク・ジョイントベンチャーの形成と運営

上述したライセンスネットワークは、中核となるライセンサーが単独の企業であることを前提としていたが、この発展としてライセンサーが複数の企業である場合が考えられる。しかも、単なるパテントプールの形態とは異なり、複数のライセンサーが彼らの所有する知的財産を核とする共同事業のためにジョイントベンチャーを形成するという発展形態である。

すなわち、特定の技術分野における特許・ノウハウ・著作権等を有する複数の知的財産権者が、共同事業として、新しい製品・技術の共同研究開発を目的とし、共同研究開発の成果としての新製品・新技術についてライセンス活動を展開し、さらにはジョイントベンチャー自らが生産・販売する選択肢をもつためにジョイントベンチャーを形成する。ここではこのようなライセンス戦略を武器とする事業形態をライセンスネットワーク・ジョイントベンチャーと称するが、そのフレームワークを構築する要素は以下のように考えられる。

①　新製品・新技術の研究開発

このジョイントベンチャーは、新製品・新技術の研究開発を目的とする。国際標準化との関係において、国際標準化を目標とする場合と国際標準化を目標とはしない場合がありうる。前者における研究開発が国際標準化に達したときには、いわば標準化型ジョイントベンチャーとなる。後者は、国際標準化を目標とせず、国際標準化には至らない非標準化型ジョイントベンチャーである。

②　複数の知的財産権者

特定の技術分野における特許権、ノウハウ、著作権等を所有する複数の知的財産権者が、新製品・新技術の共同研究開発のために、ジョイントベンチャーに出資金とともに彼らの知的財産権を提供し、ジョイントベンチャーを形成する。知的財産権者は、共同事業者として、ジョイントベンチャーに対して持分ないし株式を有する。

③　共同事業の内容

共同研究開発の成果の実施として、まず、ライセンス活動を行うが、この場合ジョイントベンチャーが共同事業者にライセンスを許諾する場合と第三者に対してライセンスを許諾する場合がありうる。さらに、ジョイントベンチャーがライセンス活動のみならず、共同開発した技術に基づいて生産・販売に乗り出す場合が考えられる。後者においては、ジョイントベンチャーの活動が生産の段階にとどまり、生産ジョイントベンチャーとなる例も多く見受けられる。

④　事業形態

ジョイントベンチャーの形態としては、パートナーシップ型ジョイントベンチャーとコーポレート型ジョイントベンチャーがあり、共同事業の内容により決まってくる。共同研究開発とその成果の実施という本来的にグローバルな視野をもつことから、コーポレート型ジョイントベンチャーを選ぶことが多いと考えられる。とりわけ、生産活動にまで共同事業を展開する場合には、コーポレート型ジョイントベンチャーによる事業基盤の構築が必要となる。

⑤　ライセンス活動のネットワーク

ジョイントベンチャーによるライセンス活動は、上述したようなネットワーク型を基本とし、グローバルな技術市場において開かれたものとして展開する。ネットワーク効率性を上げるために、多くのライセンシーがこのネットワークに参加できるようにすることが原則である。

⑥　「技術交換会」の機能強化

上述したライセンスネットワークにおけるライセンサーが主宰する技術交換会は、ライセンサーとライセンシー間およびライセンシー相互間における改良技術の交換を主たる目的とするものであるが、この技術交換会の機能を本ジョイントベンチャーとの関係において一段と強化する。すなわち、改良技術や関連技術情報の単なる交換の場からいわば共同研究開発の第一線の場へと格上げする。ジョイントベンチャーの中ではメンバーによる基本技術の共同研究開発を行い、さらに改良技術についても共同研究開発を継続しているが、さらにネットワークに参加する多くのライセンシーも加えて、いわば新たな改良技術の開発に取り組むのである。この場合もジョイントベンチャーのメンバーがライセンサーの立場でこのような共同研究開発のシステムをどのように構築するかにかかってくる。

（2）　ライセンス条件とライセンシーに対する制限

上述したライセンスネットワークにおけるライセンス条件等を本ジョイントベンチャーの趣旨から整理すると次のようになる。

（ｉ）ライセンス条件

ライセンシー間の競争環境に差別を設けないために、ライセンシーによる最恵待遇条項の発動ができるようにジョイントベンチャーはライセンサーとしての義務を負う。この条項の内容としては、ロイヤルティや秘密保持期間などの基準をライセンス契約上明確にする必要がある。

ライセンサーからのライセンシーに対する許諾技術のライセンスおよびその改良技術のライセンスは非独占的かつサブライセンス付きである。ただし、ライセンスネットワークの趣旨からこれに参加しないライセンシーに対しては、ライセンサーは改良技術のライセンスおよびサブライセンスの義務を負わない。ライセンシーからのライセンサーに対する改良技術のグラントバックは、非独占的かつサブライセンス付きである。

このような双方の改良技術のライセンスは、それぞれのインセンティブの観点から大きなものについては有償とすることを原則とする。

（ii）ライセンスネットワーク参加の条件

ジョイントベンチャーによるライセンスネットワークの構築は、改良技術の開発を目的とするものであるから、この意味においてライセンシーは改良技術の開発に貢献することが期待されている。改良技術の開発は、ライセンシーが許諾技術を吸収し、改良していこうとする積極的な姿勢および方針なくして達成することは不可能である。一方で、ライセンシーが実際に改良技術の開発に貢献し、成果を上げることができる期間は、ライセンス契約締結後の一定の期間（例えば 7 年間）内であるのが通常である。

したがって、ライセンシーがライセンスネットワークへ参加するかどうかは、各ライセンシーのオプションとする、そして参加の期間は原則として一定の期間とする。なお、ライセンシーが当該期間内において改良技術の開発に貢献した実績を上げた場合には、当該ライセンシーは参加期間を更新する権利をもつこととする。

サブライセンシーについても技術開発力において改良技術の開発に貢献しうることが明らかに期待できる場合には、ネットワークに参加することが可能とする。

ところで、ライセンスネットワーク・ジョイントベンチャーは、ライセンスを希望する第三者に対してライセンスを拒絶することの可否についてはどのように考えるべきであろうか。

このようなライセンスネットワーク・ジョイントベンチャーによって開発された新製品・新技術が国際標準化を達成している場合とそこまでに至っていない場合がありうる。前者において、さらにその国際標準が当該技術分野においていわゆる必須のものとなっている場合が考えられる。

本ライセンスネットワークは開かれたものであることが原則であり、とりわけ当該新製品・新技術が国際標準化により必須のものとなっている場合には、いかなる第三者に対してもライセンスの拒絶は原則として認容されない。しかし、ネットワークへの参加は、当該第三者が改良技術に貢献しうることが条件であり、これを満たしていない者は参加することはできないことになる。

当該新製品・新技術が必須のものに至っていない場合には、例えば、当該ネットワークと現に市場において競合している第三者については合理的な範囲でライセンスの拒絶は認容することができる。

（3） ジョイントベンチャーのメンバーに対する制限

ライセンスネットワーク・ジョイントベンチャーは、知的財産権者が共同事業のために形成し運営するものであり、本来的に共同事業者内に閉ざされた性格のものである。しかし、新製品・新技術の共同開発というグローバルな視野を必要とする以上、閉ざされた性格をそのままで維持することはジョイントベンチャーのグローバル市場における競争力の喪失につながると考えられる。とりわけジョイントベンチャーがコーポレート型の場合は、企業としてのビジネスにおける競争力の確保という観点が必要である。

したがって、本ジョイントベンチャーも、ジョイントベンチャー設立後の一定期間（例えば5年間）後は、新しいメンバーを受け入れる機会を設けておく仕組みが求められる。また、既存のメンバーについても離脱の機会を与えて、いわば新陳代謝を促すことが必要な場合も考えられる。

ジョイントベンチャーに参加するためには、このジョイントベンチャー設立の趣旨から対象技術分野における新製品・新技術の開発に貢献しうる能力をもっていなければならない。既存のメンバーと同様の技術力や信用力を有していることが第1であるが、必ずしもそれらに限定されるわけではなく、その他の経営資源を提供できる場合も含まれる。当該ジョイントベンチャーの企業としての基盤を強化するために新たな経営資源が必要となるからである。また、参加する者は、ジョイントベンチャー契約を遵守し、共同事業者およびジョイントベンチャーのメンバー（パートナーシップ型の場合）または株主（コーポレート型の場合）としての責任を果たすことが要求される。

ライセンスネットワークに参加して実績を上げたライセンシーは、まずこのような資格を有する者と考えられる。

5　国際事業提携関係への発展

（1）　国際共同研究開発とライセンス（国際研究開発提携）

（a）事業提携の目的と当事者の関係

国際共同研究開発は、国を越えて企業間で共同研究開発関係を構築するものであり、企業は特定の研究開発を行うために最適なパートナーを世界中から探し出す。相手方パートナーは、規模が大きいか小さいか、同じ業種か異業種か、民間企業か政府企業かなどを問わず、当該企業が目的とする研究開発の事業戦略に沿って選択することになる。

垂直的共同研究開発は、川上と川下、素材と加工・組立、原材料と製品などの分野において、供給側である川上企業とユーザー側である川下企業との間の協力によって新たな技術または製品を生み出すことを目指す。提携当事者は、相互に補完関係にあることがしばしばである。

水平的共同研究開発は、同業種または同業者間で行われる共同研究開発関係であり、競争者との事業提携となる。したがって、技術的なリーダーシップをとられてしまう、開示した技術情報が取り込まれる、研究開発の実施において有利な立場をとれない、あるいは研究開発期間終了後の競争に負けるおそれがあるなどのリスクが生じる。このようなリスクまたは懸念は、元来,事業提携関係につきものであり、競争者間の事業提携であることにより増幅されるが、次のような配慮によってこれをいくらか軽減することが考えられる。

第 1 に、将来において業種的あるいは地理的に競合が起こりにくいようなパートナーを選択する。第 2 に、共同研究開発の対象を基礎研究分野に限定する、あるいは中核の技術以外の分野での共同研究開発にとどめる。第 3 に、研究開発の作業を当事者の間で明確に分担し、重複する作業ないし共同作業を最小限にする。第 4 に、研究開発期間経過後の競争に対する懸念については、当初の共同研究開発提携契約において研究開発成果の事業化の枠組みを定めておく必要がある。

標準化共同研究開発は、新しい技術ないし製品について事実上の標準を確立してグローバル市場に普及させるために多数の企業が提携する。提携当事者は、非競争者よりもむしろ競争者の関係にあることがしばしばである。

（b）共同研究開発関係

（i）共同研究開発の計画と実施

① 計画の策定

共同研究開発の当事者は、共同研究開発の目的と内容を次のような観点からできるだけ明確にする必要がある。

第 1 に、共同研究開発の目的およびその目的に沿った研究開発活動の対象となる一定の研究開発分野を定めなければならない。第 2 に、その目的は、定められた研究開発分野における研究開発活動を導くものであり、特定のマイルストーン（milestone）に応じて複数のステージに分けられる。第 3 に、共同研究開発の枠組みは、このようにして特定された目的と分野によって設定されるが、その実行計画として具体的な研究開発の作業が定められる。第4に、共同研究開発の実行と完成のために一定の期間を設ける必要がある。

研究開発計画の目的を達成するために、当事者の有する知的財産権のライセンスを相手方に許諾する必要が生じる場合がある。この場合には、国際技術ライセンス契約が研究開発の目的に必要な範囲で、提携契約とともにまたはその一部として締結される。

研究開発活動ないし作業そのものは、参加当事者が共同してあるいは分担して行われる。共同作業か分担作業かの決定は、それぞれの当事者が得意とする研究開発力等の経営資源の内容と当事者の合意いかんによるが、分担作業については、参加当事者間で分担範囲を明確に特定するとともに、適正に配分することが重要である。

研究開発の費用については、研究開発予算が組まれ、それに従って支出される。共同作業の場合には、費用の分担のルールを定めておく必要がある。

②　共同研究開発の組織的運営

共同研究開発を円滑かつ効率的に運営するための組織的な方法として、参加当事者の代表により構成される常設の組織、例えば、研究開発委員会を設ける必要がある。この組織にどのような機能をもたせるかは当事者間の合意によるが、研究開発計画の全体的な目的を形づくり、研究開発費用の支出を監視し、各当事者の研究開発状況などを吟味するなどの総合的な管理・調整機能を果たすものとするが、具体的には次のような役割を与えることが考えられる。

研究開発委員会は、研究開発の計画、調整および監督の責任と権限を有し、研究開発のプロセス全体を監督する。年次研究開発予算を作成して当事者に提案し、商業化の目標とタイムテーブルを設定し、当事者に資金計画を提案し、研究開発にために必要なポリシーと行動計画を提供する。

さらに、この委員会の下に、研究開発活動を促進するために、例えば、技術委員会を設けて、技術情報の交換、各当事者による共同研究開発報告書の作成についての指導、研究開発活動・作業の具体的な調整、その進捗状況のチェック、将来の研究開発作業の優先度の設定などの技術的側面を担当させることが考えられる。この技術委員会には、研究開発作業に従事する研究者を参加させ、参加当事者の研究開発の本拠地で交互に開催するなどの運営上の工夫をすることが望ましい。

③　第三者との研究開発

共同研究開発に参加する当事者は、研究開発提携契約によって構築された共同研究開発計画が、その目的を達成するための排他的なメカニズムであることを謳い上げる。しかし、当該研究開発分野ないし製品について、第三者との研究開発を絶対的に禁止することはできないし、それが必要条件となれば共同研究開発の合意の形成そのものが妨げられる。しかしながら、当該研究開発に専念するため、あるいは秘密情報が漏洩しないように研究開発の分野や期間などの点において合理的な範囲内で第三者との研究開発を制限することは必要である。一方で、当初の参加者のみでは目的とする研究開発の成果を十分に上げることはできない事態も生じてくる。このような場合に備えて、第三者が新たに参加することができるような枠組みを設けておくことが望ましい。

④　秘密情報の管理

共同研究開発において、各当事者がその所有する秘密情報を開示する場合の開示の仕方、受領された秘密情報の被開示者による管理および共同研究開発の過程において開示された秘密情報の管理については、当該共同研究開発目的外の使用禁止および第三者への漏洩禁止は当然であるが、さらに当事者が元来所有する技術情報との混合ないし汚染（contamination）を避け、研究開発の成果の帰属をできるだけ明確にする観点からのルールを設けることが必要である。このような開示と管理のルールに関する規定を研究開発提携契約に定めるとともに、上記の委員会がこのための総合的な管理の責任と権限を与えられるとする仕組みが最も適切である。

⑤　特許侵害

共同研究開発に関連する特許の侵害問題は、共同研究開発の過程において、第三者が各当事者の登録した特許権を侵害する場合、および各当事者が第三者の特許権を侵害する場合に生じる。いずれの当事者も特許侵害問題を知るに至れば直ちに他方の当事者に報告する義務がある。特許権者である当事者は、侵害者に対して警告するとともに速やかに侵害訴訟を提起する準備をし、あるいは防衛する責任を負うのが原則である。共同研究開発のためにあるいは共同研究開発の成果の帰属として、他方の当事者がライセンスを受けている場合には、他方の当事者は特許権者にできるだけの支援を行い、当該訴訟に参加する権利を有する。第三者に対する侵害訴訟において、特許権者が侵害を知った後一定の期間内にその義務を果たさないときは、他方の当事者が特許権者の費用負担において行動を起こすことができるものとする。

（ii）共同研究開発の成果

①　研究開発成果の評価

共同研究開発の成果は、まず当該研究開発を担当した当事者によって確認されるが、参加当事者全員によって成果そのものの特定とその範囲の確定がなされて、評価されるためには、評価のための客観的な手順、例えば、試作テストの方法と期間、技術委員会による専門的な評価、さらにその評価に基づいた研究開発委員会による事業化の可能性も含めた総合的な評価などを定めておくことが必要である。成果の評価は、各当事者の利害に直接関係してくる成果の帰属および成果の実施の前提であるから、関連するすべての情報が開示され、参加当事者の客観的かつ公平な判断が下されなければならない。

②　研究開発成果の帰属

成果の帰属のルールは、当該発明がいずれかの当事者によって行われた場合、単独発明としてその当事者の単独所有となり、発明が共同で行われた場合には、共同発明として共同所有となるのが一応の原則である。研究開発作業が分担作業であればそれぞれの当事者の単独発明となり、共同作業であれば共同発明となるのが通常であるが、必ずしもそのようにいいきることはできない。共同作業の場合においても、いずれかの当事者の貢献が大きいと当事者全員が認めることができるならば、その当事者の単独発明とするのに支障はない。

ところで、単独発明と共同発明に観念的に分けることはできるものの、実際には参加当事者の研究者が技術情報を交換し、議論を交わしつつ、技術情報が混ざり合って研究開発作業を行った結果、発明という成果に至った場合には、共同作業においてはもちろんのこと、分担作業においてもいずれの当事者の発明かを区別することは困難である。

しかし、知的財産権の共同所有は、次のような点において問題を生じることから、できるだけ共同所有を避けて当事者の利益を確保する方法を考えることが必要である。第1に、共同所有の効果は、同じ国においても知的財産のタイプにより異なる。第2に、共同所有の効果が国により異なることがある。第3に、訴訟手続において共同所有者は、訴訟に参加しなければならない必要的当事者としばしばみなされる[13]。

したがって、共同発明とすることはできるだけ避けるために、貢献度の比較においてより貢献度の大きい当事者の単独発明とし、他方の当事者には実質的に特許権に近いようなライセンスを与えることにより調整することが望ましい。当該発明が単独発明か共同発明かの判断は、技術委員会を経て最終的に研究開発委員会が決定する仕組みによって行われる。

③　特許出願

研究開発の成果である発明の帰属の問題と特許出願権の問題は直ちに同一のものと考えるべきではない。特許出願権は特許を受ける権利であり、財産権として譲渡可能である。どの国に特許権を登録するかという特許出願のポリシーは、当事者の将来の事業戦略、とりわけマーケティングおよびライセンスの戦略に関連してくる。一方、特許出願と登録の維持には相当な手間と費用の負担が必要となる。参加当事者にとって特許出願が将来の事業戦略にからんで重大な関心事となることから、次のような利害調整方法が考えられる。

単独発明の場合、発明の帰属と特許出願権をリンクさせ、まず発明者の属する当事者が特許として出願するのか、どの国に出願するのかを決める権利を有するのが原則である。当該当事者が特許出願しない国については、他方の当事者がその名義において自己の費用負担で出願することができるものとし、当該当事者は無償かつ無制限のライセンスを受けることとする。

上述のような単独所有となるべく努力したにもかかわらず、どうしても共同出願とならざるをえない共同発明の場合、費用折半負担による共同出願が原則であり、共有特許となる。いずれかの当事者が出願を望まない、あるいは出願すべき国について意見を異にする場合には、出願を希望する当事者がその単独名義において自己の費用負担で出願することができるものとし、他方の当事者は無償かつ無制限のライセンスを受けることとする。

（iii）研究開発成果の実施

共同研究開発成果の実施の態様として、単独事業化、共同事業化あるいは第三者へのライセンスが考えられる。研究開発提携契約の締結時点でどこまで将来の事業化の絵を描けるかは、研究開発の成果の見通しがなければ困難であるが、その大枠を合意しておくことが望ましい。とりわけ当該共同研究開発においてリーダーシップをとる当事者によりその成果が取り込まれてしまうことを懸念する当事者にとっては、当初の提携契約に事業化の枠組みを設定することによりその懸念を軽減することができる。

共同事業化の場合、例えば、ジョイントベンチャーなどの形態とその実施の手順やジョイントベンチャーへのライセンスについて定める。

単独事業化の場合は、各当事者はそれぞれの国および隣接する国を固有の市場として独占的権利を主張することが多い。この場合競争法上の検討が必要である。

参加当事者が単独でまたは共同で事業化しない場合における第三者へのライセンスについては、研究開発費の回収という共通の利益にかかわる範囲で、ライセンスの対象とする技術と国などの枠組みを定める。

（2）　国際少数資本参加とライセンス（国際少数資本参加提携）

（a）事業提携の目的と当事者の関係

資金力、マーケティング力や基礎的技術力を有する大企業（以下出資企業という）が特定の技術分野において優れた技術を開発中または開発した小規模な企業ないしベンチャービジネス（以下開発企業という）に出資を行い、その開発技術をライセンスにより取得しようとする例がしばしば見受けられる。とりわけ先端技術分野においてこのような事業提携が盛んに行われる。激しい技術革新が、自社の経営資源の成長を待てない大企業と早急に資金と販路を必要とする技術志向企業のそれぞれのニーズと戦略を結びつけるに至る。

出資企業のこのような事業提携の目的は次のように考えられる。第 1 に、出資企業の既存の製品ラインを補完し、あるいはその製品ラインを新しい製品分野に拡大するために、開発企業の技術に基づく新製品の迅速な導入を図ること。第2に、出資企業の市場参入を容易にするために、開発企業から特定の市場における知見を習得すること。第3に、新たな開発のためのショーウインドーとして新技術・新製品へのアクセスを獲得すること。第4に、出資企業の経営陣や従業員を開発企業のより積極的な企業家精神の企業文化に晒すこと。第5に、開発企業の将来の買収への第一歩として位置づけること。

一方、開発企業の目的は、上記の出資企業のそれとは裏表の関係にあるといえる。第1に、新規または追加の研究開発資金を調達すること。第2に、出資企業からの資金を活用して、生産能力の確立と拡大を図ること。第3に、当該事業提携により市場における信用を獲得し、第三者からの資金調達を可能にすること。第4に、開発企業が内部的にもっていない出資企業の物流や流通における知見を習得すること。

このような目的をもつ当事者間の利害関係は常に一致するものではなく、事業提携関係は必ずしも安定したものではない。当事者のそれぞれの最終目標として、出資企業の開発企業をコントロールすること、そして開発企業の出資企業から独立性を維持することという経営戦略は、相いれないことになり、事業提携関係は常にある種の緊張関係にあるといえる。

(b) 事業提携関係

出資企業は、開発企業またはその株主と株式購入に関する出資契約および株主間契約を締結する。当事者は、以下のような基本的な内容に関する枠組みについて合意する必要がある。

(i) 株式購入

出資企業の出資は、優先株式の購入という形によるのが通常である。優先株は、配当および残余財産の分配において出資企業に優先権を与える。しかも、優先株は、普通株の価格を必ずしも引き上げず、取締役会にその指名者を送り込むことが可能である。また、出資企業は、その優先株を普通株に転換する権利を有している。

出資企業が開発企業の事業に不安をもっているときには、段階的に株式を購入する方法がありうる。このような段階的な購入、つまり、投資の分割は、あるマイルストーンを満たすごとに行われるのが通常であるが、単に一定の時間の経過に基づく方法もある。マイルストーン方式は、開発企業の事業が失敗するときに出資企業のリスクを減ずると同時に、開発企業に対し成功へのインセンティブを与えることになる。

（ii）株式譲渡制限

出資企業は、株式譲渡制限条項によってその持株を譲渡することが禁じられる。第三者からの株式購入の申し入れについて、非譲渡当事者が第 1 拒否権をもつとする仕組みは、開発企業または他の株主に出資企業の株式を買い取る機会を提供するとともに、出資企業に撤退する機会を与えることになるので、当事者間の利害調整方法として合理的である。もっとも、当該第三者が株式の価格について公正な評価ができるかは疑問である。このような提携関係においては、いずれにしろ開発企業または他の株主が出資企業の持株を買い取るのが通常である。

（iii）議決権

出資企業は、開発企業における重要な意思決定事項については、取締役会または株主総会において決議要件として、例えば、3 分の 2 の多数決ないし全員一致による特別決議を要求する。このような特別決議事項として、例えば、研究開発方針の変更、一定額を超える予算の変更、当事者に対する追加資本の要求、第三者の参加、第三者への資産売却などが挙げられるが、当事者間の利害調整が必要とされる。

（iv）取締役会

出資企業は、開発企業の意思決定に加わるためにその取締役会に代表を送り込むことを望む。これは優先株に対しクラス別議決権を与えることにより、あるいは株主間の議決権契約によって可能である。しかし、出資企業は開発企業のビジネスの一部にしか関係しないので、開発企業は、出資企業が他の分野のビジネスの計画についての意思決定にかかわる機会をもつことを望まない場合がある。このような利害の対立の解決策の1つとして、出資企業の代表に取締役会のメンバーとしての地位よりもオブザーバーの地位を与えることが考えられる。もっとも、出資企業は、その持株比率が相当大きくなれば取締役として代表を送り込む権利を留保すべきである。

（v）出資企業の利益保護

その他出資企業の利益を保護するための方策として次のような条項を設けることが考えられる。

① アンチ・ダイリューション（antidilution）

この条項は、株式の価値が不安定な時の開発企業に対する早期の投資を保護するために重要なものである。出資企業は、その出資時点におけるより低い価格で将来の株式売却や募集がなされる場合に備えて、その持株の価値に対する保護を要求する[14]。

② 株式償還（redemption）

出資企業の保護策の1つとして出資企業は、開発企業がある将来の時期に一定の価格で出資企業の株式を買い戻すことを要求する。この償還権は、出資企業がその資本に対する一定の利益を獲得するよう確保し、そして開発企業が上場企業とならなかったときに現金化する方法を提供する。

③ 株式相乗り売却権（co-sale rights）

この権利は、開発企業の創業者や主要な株主がその株式を売却するときに、出資企業が同じ価格でその売却に参加できるよう確保するものであり[15]、これにより出資企業は現金化の機会を他の主要な株主と同じくすることができる。

④ 将来の資金調達に対する第1拒否権（first refusal on future financing）

この権利は、出資企業が開発企業に対する持株比率を将来にわたって維持することを確保する。一方、開発企業としては、出資企業にさらなる追加資金の供給を促すためになんらかのインセンティブ（例えば、追加出資に対するより有利な優先株や追加融資に対するより有利な利子など）を与える仕組みを設ける必要がある。

（c）技術開発関係

当該事業提携において開発企業は、目標とする技術の開発義務を負っているが、この義務の性質は開発企業の利害にとって重要である。かかる義務は、新たな技術を開発する義務、開発中の技術であれば開発を完成させる義務、すでに開発した義務であればさらに改良ないし関連する新たな技術を開発して完成させる義務に及んでいる。絶対的な開発義務というものは、技術開発の不確かさの本来的な性格から論外であり、開発企業としては、その義務を合理的な商業的努力（reasonable commercial efforts）のレベルにとどめたいところである。出資企業は、当該開発が開発企業により完成されるよう促す商業的なインセンティブをある程度は当てにすることはできるが、契約上の義務としてより重い最善努力義務を主張することがしばしばである。

最善努力義務は、この種の技術開発契約にみられる例が多いが、その義務の内容は必ずしも明確ではなく、紛争になったときには結局のところ裁判所によりケース・バイ・ケースで判断が下されることになる。したがって、両者の利害を予め調整する方法として、例えば、一定期間において当該開発に投入する要員および資金を定めるなど、最善努力義務を尽くすための具体的な枠組みを設ける必要があると考えられる。

（d）ライセンス関係

出資企業（以下ライセンシーという）は、開発企業（以下ライセンサーという）が開発した技術のライセンスを取得するために国際技術ライセンス契約を締結する。このような少数資本参加提携にともなうライセンス契約関係は、通常のライセンス契約とは異なる考慮が必要と考えられる。

（i）許諾技術の範囲

許諾製品について、ライセンシーはライセンサーの現在および将来の製品にアクセスできることを望むが、ライセンサーは将来のマーケティングにおける柔軟性を留保するために許諾製品の範囲を限定しようとする。

許諾地域については、ライセンサーが、将来の戦略を考慮していかなる市場においても当該技術に関して最も強い地位を維持しようとするのは当然である。一方、ライセンシーもライセンサーの技術をその製品ラインを通じて世界中で利用したいと望み、とりわけ特定の市場または地域においては製造・販売の独占権を主張する。しかし、開発企業であるライセンサーは、独占権の許諾が将来のマーケティングの足かせとなり、その製品が国際標準となる可能性を奪うことになるので、独占権の許諾については慎重にならざるをえない。ライセンサーは、たとえ独占権を許容するにしても、その地域と期間をできるだけ限定し、かつ独占権の許諾とこれに対応するライセンシーの明確な義務を結びつけることが必要である。

出資企業であるライセンシーは、基本的な技術力や資金力などの経営資源を有しているから、ライセンサーからの許諾技術を基に改良技術または関連する新しい技術を開発する可能性はきわめて高い。出資企業の当該事業提携に対する最終的な目標はここに存するといっても過言ではない。したがって、ライセンサーにとってグラントバック条項は、その技術をさらに発展させるために重要な役割を担うこととなる。

（ii）技術援助

出資企業であるライセンシーは、許諾技術を十分に実施しうる技術力を備えているのが通常であり、許諾技術に関するライセンサーの技術援助も限定的なもので足りる。したがって、ライセンサーの技術援助は有償をベースとして、通常の国際技術ライセンス契約におけるよりも範囲は限定されることになる。

（iii）期間

ライセンス関係は当該事業提携の一環として生じることから、国際技術ライセンス契約の期間は、出資契約および株主契約と連動させる考え方もあるが、必ずしもその必要性はなく、当該技術の許諾期間として独自に一定の期間を定めるのが賢明である。この場合、許諾特許の有効期間をベースとしてライセンス期間を定めるのが通常である。

出資企業の立場からは、その持株を売却して投下資金を回収する時期を早めたいと望むような環境の変化がありうる。この意味において出資関係は解消し、実質的な事業提携も解消することになるが、それにかかわらず出資企業はライセンシーとして、ライセンス関係の継続を望む場合がある。

一方、開発企業であるライセンサーは、上述したライセンシーからの改良技術のグラントバックによる貢献を期待しつつ、将来の技術戦略における自由度をできるだけ確保しなければならない。したがって、ライセンス期間は当初の技術に関連する特許権の有効期間をベースに限定すること、そして独占権を与える場合にはできるだけ短い期間とすることが必要になる。さらには、ライセンサーの権利を侵害するような契約違反が生じたときには、ライセンサーはライセンス期間を短縮するオプションをもつこととする。

（3） 国際共同生産とライセンス（国際生産提携）

国際生産における事業者間の提携には、国際生産受委託、国際 OEM および国際共同生産の形態がありうる。

（a）国際生産受委託

国際生産受委託には、ライセンスを伴う場合とライセンスを伴わない場合がある。前者においてライセンサーである委託企業は、委託の対象製品にかかわる技術を委託先となるライセンシーに供与し、このライセンシーが委託者のためにその生産能力を提供する提携関係であり、委託企業が海外における生産能力の確保を目的としてライセンスを供与する場合である。生産面におけるライセンス戦略の 1 つの形態であり、そのライセンス関係は、技術の売買を目的とする単純なライセンスよりも、許諾技術の範囲や技術援助の面においてより包括的な関係になると考えられる。

さらに、通常のライセンス関係に加えて、一般的に次のような基本的な要素が契約関係に組み込まれることになる。

①事業提携の範囲。生産数量はどれくらいか、生産期間は何年間など。②優先順位。生産を受託する企業は、その受託生産についてどの程度の優先順位を与えるか。③規格基準。受託製品はどのような規格基準を満たさねばならないか、製品に欠陥がある場合どのような責任が生じるかなど。④生産のスピード。どのようなタイムテーブルで生産しなければならないか、その不

履行があった場合いかなる責任が生じるかなど。⑤引取価格。生産コストはどれぐらいか、どのようにして引取価格は競争力があるという保証を維持することができるかなど。⑥秘密情報。どのような秘密情報が生産を受託する企業に与えられる必要があるか、その情報の秘密保持をどのようにして確保することができるかなど。⑦代替供給源。どのような生産・供給の代替源を確保しうるかなど。

（b）国際 OEM とライセンス

（i）事業提携の目的

国際 OEM（Original Equipment Manufacturing）は、国を越えた企業間における生産提携関係の 1 つで、相手先ブランドによる生産によって製品を供給・調達する事業提携関係である。OEM に適した製品の多くは、マーケットシェアを上げて生産効率を高めることにより競争力において優位となる、あるいはそのようなライフサイクルに位置する製品である。

OEM 委託企業（以下委託企業という）は、OEM 供給企業（以下供給企業という）から OEM 製品の供給を受けて自らの最終製品に組み込むのが通常であるが、その対象製品は、特定の要求に応じるために高度にカスタム化された特殊製品から単なる標準製品にまで及んでいる。

特殊製品供給型 OEM における供給企業は、委託企業の製品販売のためにユーザーに役立つような特定の供給に応じる特殊製品を供給することを要求されており、その需要は委託企業に大きく依存することになる。この場合の OEM 関係は、大規模な委託企業と小規模な供給企業の提携関係というのが典型である。

OEM 関係の当事者は潜在的に競争者であることがしばしばであり、さまざまな懸念ないしリスクが生じるおそれがある。供給企業の観点からは、OEM 関係に対する事業戦略を次のように考えることができる。

第 1 に、特定の流通ルートへの過剰な依存を避け、将来における事業活動の自由を確保する必要がある。委託企業に対して、原則として独占的なマーケティングの権利を与えるべきではない。独占的な権利を認める場合にも、特定の垂直的、地理的な市場を独占的な地域とし、その期間を一定の期間に限定する必要がある。第 2 に、供給企業としては、多くの OEM 供給先の開拓に努め、経営の強い独立性を維持しつつ、現在の委託企業の事業提携とのバランスをとる必要がある。第 3 に、委託企業と競合関係が生じている、あるいは将来生じるおそれがある場合には、両者の関係を調整する必要がある。第 4 に、委託企業がエンドユーザーへの販売を拡大できるように協力する。委託企業に対して技術面および販売面における支援を積極的に行う。第 5 に、OEM 関係を長期的に継続できるかは、供給企業の研究開発の成果にかかっており、その経営資源を研究開発力の強化のために投入する。

標準製品供給型 OEM においては、委託企業は、その販売する最終製品に供給企業が供給する標準製品を組み込み、あるいは単に再ブランド化してエンドユーザーに販売することになるが、供給企業にその供給を大きく依存している。この場合の OEM 関係は、海外市場においてマーケットシェアを急速に高めることができるような技術力と生産力のある供給企業とそのような海外におけるマーケティング力を潜在的にもつ企業との間の事業提携関係が典型である。委託企業のブランド・ネーム（brand name）による大量の製品販売が期待されている。

供給企業の観点からは、委託企業のマーケティング活動に絶えず目を配り、適正な利益が生じるよう事業提携関係を維持しつつ、なんらかの形でそのマーケティングのプログラムに参加することが必要である。

（ii）OEM 契約関係

OEM 関係の基本的関係は、理論的には供給企業による OEM 製品の生産、委託企業による製品の引取りおよび供給企業から委託企業への技術援助という要素から成り立っており、さらに委託企業による OEM 製品を組み込んだ最終製品のマーケティングまで加えることができる。

①　対象製品

対象製品の範囲が当事者間の製造および引取りの権利・義務の範囲を画することになるから、対象製品の定義を明確にすることが必要である。市場のニーズや技術の進展に応じて契約期間中に改良製品または新製品が生まれることが予想される。供給企業は、これらの製品または技術に対する権利の自由をできるだけ確保しておきたいが、一方委託企業は、当然に対象製品の中に包含させたいところである。改良製品と新製品の境界は必ずしも常に明らかであるわけではない。改良製品については、原則として対象製品に入れることとするが、どこまでの範囲を対象とするべきか詳細な定義が必要である。既存製品に置き換わる真の新製品については、供給企業の利益のために対象製品の範囲外とするが、委託企業のためにその製品について第1交渉権（right of first negotiation）を与えることにより利害の調整を図ることが考えられる。

② 製品のデザイン・規格

加工組立産業の特殊製品供給型OEMにおいては、対象製品のデザインはとりわけ重要であり、委託企業の協力を欠かすことはできない。製品の規格（specifications）の設定、原型モデルの試作などのデザイン・スケジュールについて、マイルストーンに応じた期間設定が必要である。そしてOEM製品の製造、検査、品質テストおよび製品の引取りについての手順と基準が定められ、委託企業は、供給企業の品質管理の方法を監査する権限を留保する。

供給企業がその大量のOEM製品について委託企業の要求する品質を達成することができないような事態を生じた場合には、委託企業としてはその事業目的を達成することができなくなるので、単に供給企業の契約違反に対する救済のみでは不十分であり、自ら対象製品の製造を遂行するために供給企業から当該技術の非独占のライセンスを受けることができる仕組みを設ける必要がある。

③ 製品化のための技術援助とライセンス

対象製品の使用および機能に関する技術援助は、特に加工組立産業における場合には、委託企業にとって有用である。委託企業は、ユーザーに技術サービスを提供するために供給企業のハードウェアおよびソフトウェアの技術を必要とする。委託企業としては、対象製品の機能と価値を十分に理解して、それを最終製品に組み込まなければならない。供給企業としては、過度に技術情報が流出することを懸念してその技術援助を抑制するのではなく、委託企業を援助することに積極的に取り組み、さらに自らの技術開発に努めることが当該OEM関係を成功に導くことになることを認識すべきである。

④ 秘密保持

製品デザインの技術的検討や供給企業からの技術援助などによる情報交換を通じて秘密情報が開示される。とりわけ供給企業は、その技術情報が必要以上に開示され、委託企業により取り込まれてしまうことを懸念する。供給企業は、当該 OEM 関係の目的以外にその開示した技術情報を使用することを一切禁止するのが通常である。

⑤　保証

OEM 関係における製品の品質の保証を要求する委託企業と製品の欠陥についてのリスクの制限を望む供給企業との間の利害関係については、供給者側の利益がより尊重されるのが通常である。例えば、保証違反による救済方法について、供給企業の唯一の責任は、その選択により、当該製品の修繕・治癒または取替え、もしくは製品の引取りと代金の返還であるとされる。供給企業は、これら以上に当該製品の販売、製造または使用から生ずる付随的損害および結果的損害に対する責任を一切負わないものとする。

⑥　特許侵害

供給企業は、その供給する OEM 製品の販売、製造または使用による第三者の特許権の侵害については責任を負うのが原則であるが、OEM 関係の特性から次のような場合には責任を負わないのが通常である。

第 1 に、製品の規格またはデザインが委託企業により一方的に指定され、供給企業はそれに従ったにすぎない場合。第 2 に、委託企業の供給した製品を使用して供給企業は OEM 製品を製造し、それを委託企業に供給する場合。第 3 に、委託企業が供給企業から供給された製品に変更を加える場合。第 4 に、委託企業がその製品に供給企業の製品を結合させる場合。

⑦　製造物責任

委託企業は、供給企業から引き取った製品を加工あるいは組み込んで最終製品を製造し、そのブランド名で市場へ出荷するのであるから、ユーザーないし消費者からの製造物責任追及に対して責任を負うのは当然である。しかし、委託企業は、供給企業の製品の欠陥に直接起因するものについては、供給企業に責任を転嫁しようとする。

供給企業としては、ユーザー・消費者からの訴訟に巻き込まれることはあっても、委託企業に対しては保証の否認と同様に製造物責任も免れたい。

両者間でどのように製造物責任の付保およびコスト負担をするかについて定めるとともに、保険でカバーされない責任をどのように配分するか合意しておく必要がある。

⑧　OEM 関係の解消

契約期間満了ないし期間前解除による解消の事後措置として、供給企業は、OEM 関係の特性からその後の一定の最小期間の間は委託企業に技術、サービス、予備品、ソフトウェアなどの提供を継続することが要求される。

供給企業が一方的に解除の原因を引き起こした場合、例えば、破産、支払不能、事業再構築、買収などにより当該事業を継続できなくなったときには、上述した製品規格・デザインの達成不能の場合と同様に、委託企業が対象製品およびその技術のライセンスを受けて当該製品を製造できるように委託企業を保護する必要がある。

（c）ライセンスと国際共同生産

（i）事業提携の目的と当事者の関係

ライセンサーがライセンシーに単にその所有する技術を供与するだけではなく、許諾技術を基に製品を共同で生産して、その製品を両者が引き取るという事業形態がしばしば見受けられる。いいかえれば、生産ジョイントベンチャーにおける共同事業者の一方が、当該ジョイントベンチャーにライセンスを許諾して共同事業としての生産活動を行うという関係である。

このような事業提携は、生産における規模の利益の追求が基本的な目的であるが、それとともにライセンサーである共同事業者にとっては、その知的財産の戦略的な活用による海外における生産拠点の確保や海外市場への新規参入のための手段であり、他方の共同事業者にとっては、ジョイントベンチャーを通じて許諾技術やノウハウを習得するための絶好の機会となる。

（ii）ライセンスの範囲と生産ジョイントベンチャー

ライセンサーは、単なる技術の売買により収入を得ることでは満足せず、ライセンスを「てこの力」として当該ジョイントベンチャーを戦略的な生産拠点に位置づけるので、積極的にジョイントベンチャーを育成することに努めるし、またそのような義務を負っているといえる。したがって、ライセンシーであるジョイントベンチャーは、一般的な技術移転によるライセンスよりも有利なライセンスを享受することが可能である。

すなわち、第1に、許諾されるライセンスの範囲はより広く、その条件は優遇される。例えば、許諾地域における生産の独占的ライセンスがより安いロイヤルティでより長期間にわたって許諾される。第2に、ライセンサーは、ライセンシーによる将来の技術開発力を見込んで改良技術のグラントバックに期待する。さらに、第3として、ライセンサーは、知的財産所有者の観点から、許諾技術の使用に関してよりコントロールを加える傾向がある。一方、第4に、ジョイントベンチャーは、それが存続する限り、ライセンサーからさまざまな技術援助を期待することができる。

（iii）ライセンス関係とジョイントベンチャー関係

このような提携関係は、ライセンス関係とジョイントベンチャー関係が一体化したものであるが、両者の法的な関係は別個のものとして構成される必要がある。生産設備という固定した資産に象徴される生産ジョイントベンチャーといえども、その存続期間が特定される、あるいは環境の変化に応じて当初のジョイントベンチャー関係はいつ解消するとも限らない。ライセンサーである共同事業者がジョイントベンチャーから撤退しようとする場合でも、他方の共同事業者は、単独または新しいパートナーとジョイントベンチャーを継続することを望むことがある。また、反対に他方の共同事業者がジョイントベンチャーから撤退したいと望む場合もある。このような生産提携については、ライセンス関係の継続とジョイントベンチャー関係の解消という、相反する方向も視野に入れて、その枠組みの構築を検討することが必要と考えられる。

注

1　C. Nagai, Real-Life Experiences In Licensing, *les Nouvelles, March 1993*, at 17.

2　Jack A. Nickerson, Strategic Objectives Supported by Licensing, Russell L. Parr & Patrick H. Sullivan ed., *Technology Licensing － Corporate Strategies for Maximizing Value* (John Wiley & Sons, Inc., 1996), at 71-74.

3　ステファン C. グレーザー（田名千忍・植村麻里訳）「知的財産の戦略的運営」『国際商事法務』Vol. 27 No. 6 (1999) 628 頁。

4　鮫島正洋編著『新・特許戦略ハンドブック』（商事法務、2006）242 頁。

2004 年 4 月、ソニーは、デジタル機器の汎用技術の分野で韓国サムソン電子社と広範囲な包括クロスライセンス契約を締結した。2004 年 3 月末日までにアメリカで成立した特許を対象に、個別の交渉をせずに両社が自由に特許を利用しあえるという内容である。

5　鮫島正洋「知的資産経営と特許戦略」永田晃也・隅蔵康一編『知的財産と技術経営』（丸善、2005）39 頁。

6　竹田志郎・内田康郎・梶浦雅巳『国際標準と戦略提携』（中央経済社、2001）54,56,58 頁。

7　加藤恒『パテントプール概説』（発明協会、2006）25-27 頁。

8　山田勇毅『戦略的ライセンス－特許ライセンスの留意点』（経済産業調査会、2002）20 頁。

9　American Bar Association, *The Federal Antitrust Guidelines for the Licensing of Intellectual Property* － *Origins and Applications* (ABA Publishing, 2002), at 82.

10　Id. at 84.

11　このような必須特許とは、規格を採用するためには当該特許権を侵害することが回避できない、または技術的に回避可能であってもそのための選択肢は費用・性能等の観点から実質的には選択できないことが明らかなものを指す。

12　Larry W. Evans, Case History of Successful Licensing, *les Nouvelles, June 1993*, at 76.

13　Mark F. Radcliff, et al., Strategic Alliances and Intra-Industry Licenses, *8 No. 4 The Computer Law 21* (1991), at 27.

14　さまざまな方法があるが、1 つの例として、優先株から普通株への転換率を遡及的に調整することによって、出資企業の優先株の価値が低下することを防止する。

15　その持株の一定比率まで可能とされるのが通常である。

事項索引

あ行

か行

さ行

た行

な行

は行

ま行

や行

ら行

わ行

著者紹介

井原　宏（いはら　ひろし）

京都大学法学部卒業、ケンブリッジ大学大学院比較法研究課程修了、住友化学法務部長、経営法友会代表幹事、筑波大学大学院教授（社会科学系）、筑波大学大学院ビジネス科学研究科長、明治学院大学法学部教授、明治学院大学学長補佐、弁護士、筑波大学監事を歴任。現在、国際取引法学会代表理事会長、筑波大学名誉教授、京都大学博士（法学）。

主要著作

『企業の国際化と国際ジョイントベンチャー』（商事法務研究会、1994）、『現代国際取引法』（商事法務研究会、1999）、『国際事業提携　アライアンスのリーガルリスクと戦略』（商事法務研究会、2001）、『グローバル企業法　グローバル企業の法的責任』（青林書院、2003）、『国際契約法』（大学教育出版、2006）、『国際知的財産法』（有信堂高文社、2007）、『国際取引法』（有信堂高文社、2008）、『国際売買契約　ウィーン売買条約に基づくドラフティング戦略』（編著、レクシスネクシス・ジャパン、2010）、『判例　ウイーン売買条約』（編著、東信堂、2010）、『グローバル企業法』（東信堂、2011）、『国際ジョイントベンチャー契約　国際ジョイントベンチャーのリスクとリーガルプランニング』（東信堂、2013）、『現代企業法務 1　国内企業法務編』（編著、大学教育出版、2014）、『グローバルビジネスロー　基礎研修 1　企業法編』（編著、レクシスネクシス・ジャパン、2015）、『企業経営のための経営法学』（大学教育出版、2021）など。

国際技術ライセンス契約—そのリスクとリーガルプランニング

2021年7月10日　初版　第1刷発行　〔検印省略〕

＊定価はカバーに表示してあります。

著者© 井原　宏　　発行者 下田勝司　　印刷・製本／中央精版印刷株式会社

東京都文京区向丘 1-20-6　郵便振替 00110-6-37828

〒 113-0023　TEL 03-3818-5521（代）　FAX 03-3818-5514

発行所　株式会社 東信堂

Published by TOSHINDO PUBLISHING CO., LTD.

1-20-6, Mukougaoka, Bunkyo-ku, Tokyo, 113-0023 Japan

E-Mail：tk203444@fsinet.or.jp　http://www.toshindo-pub.com

ISBN978-4-7989-1709-2　C3032　©IHARA Hiroshi

新版 国際[illegible]法 [illegible]
国際民事訴訟法・国際私法論集　高桑 昭　六五〇〇円
国際技術ライセンス契約　井原 宏　三二〇〇円
国際ジョイントベンチャー契約　井原 宏　五八〇〇円
グローバル企業法　井原 宏　三八〇〇円
判例 ウィーン売買条約　河村寛治・井原 宏 編著　四二〇〇円
講義 国際経済法　柳 赫秀 編著　四六〇〇円

国際法〔第4版〕　浅田正彦編著　二九〇〇円
ベーシック条約集〔二〇二一年版〕　編集代表 浅田 正彦　二六〇〇円
国際環境条約・資料集　編集 松井・富岡・田中・薬師寺・坂元・高村・西村　八六〇〇円
国際人権条約・宣言集〔第3版〕　編集 松井・薬師寺・坂元・小畑・徳川　三八〇〇円
判例国際法〔第3版〕　編集代表 薬師寺・坂元・浅田・酒井　三九〇〇円
ケースブック国際環境法　編集代表 繁田泰宏・佐古田彰　二八〇〇円

【坂元茂樹・薬師寺公夫両先生古稀記念論集】
現代国際法の潮流　編集 浅田・桐山・徳川・西村・樋口
Ⅰ 総論、法源・条約、機構・経済、海洋、南極・宇宙
Ⅱ 人権、刑事、遵守・責任、武力紛争　各八四〇〇円
21世紀の国際法と海洋法の課題　編集 松井・富岡・坂元・薬師寺・桐山・西村　七八〇〇円
国際海洋法の現代的形成　田中 則夫　六八〇〇円
国際海峡　坂元茂樹編著　四六〇〇円
日中戦後賠償と国際法　浅田 正彦　五二〇〇円
国際環境法の基本原則　松井 芳郎　三八〇〇円
北極国際法秩序の展望：科学・環境・海洋　稲垣 治・柴田明穂 編著　五八〇〇円
国際人道法講義　東澤 靖　二五〇〇円
国際規範としての人権法と人道法　篠原 梓　三二〇〇円
通常兵器軍縮論　福井 康人　三六〇〇円
大量破壊兵器と国際法　阿部 達也　五七〇〇円
国際法新講〔上〕〔下〕　田畑茂二郎　〔上〕二九〇〇円 〔下〕二七〇〇円

国際法外交ブックレット
為替操作、政府系ファンド、途上国債務と国際法　中谷 和弘　一〇〇〇円
イランの核問題と国際法　浅田 正彦　一〇〇〇円

〒113-0023　東京都文京区向丘 1-20-6　TEL 03-3818-5521　FAX03-3818-5514　振替 00110-6-37828
Email tk203444@fsinet.or.jp　URL:http://www.toshindo-pub.com/

※定価：表示価格（本体）＋税